D1755743

Karolien Notebaert, Peter Creutzfeldt

Wie das Gehirn Spitzenleistung bringt

Karolien Notebaert, Peter Creutzfeldt

Wie das Gehirn Spitzenleistung bringt

Mehr Erfolg durch Achtsamkeit –
Methoden und Beispiele für den Berufsalltag

Frankfurter Allgemeine Buch

Bibliografische Information der Deutschen Nationalbibliothek
Die Deutsche Nationalbibliothek verzeichnet diese Publikation in der
Deutschen Nationalbibliografie; detaillierte bibliografische Daten sind
im Internet über http://dnb.d-nb.de abrufbar.

Frankfurter Allgemeine Buch

Copyright: FAZIT Communication GmbH
Frankfurter Allgemeine Buch, Frankenallee 71–81
60327 Frankfurt am Main

Umschlag: Anja Desch, Frankfurt am Main
Titelgrafik: © leedsn/Thinkstock/Getty Images (Artwork: Anja Desch)
Satz: Uwe Adam, www.adam-grafik.de
Foto Karolien Notebaert: Gregor Albrecht & Alexander Zintler
Druck: CPI books GmbH, Leck
Printed in Germany

3., aktualisierte und erweiterte Auflage
Frankfurt am Main 2017
ISBN 978-3-95601-234-1

Alle Rechte, auch die des auszugsweisen Nachdrucks, vorbehalten.

Inhalt

Vorrede der Autoren	9
Vorwort	13
Vorwort zur 3. Auflage	18

Teil I: Warum ich tue, was ich tue – Die zwei Seiten der Medaille   19

1. Bottom-up-Prozesse: Emotionen, Gedanken, Impulse   22
   - Emotionen regieren unsere Welt   22
   - An den Nerven arbeiten: Emotionen im Gehirn   28
   - Die Amygdala: Das notwendige Übel   30
   - Was ist mit positiven Emotionen?   33
   - Digitale Revolution: Legt sie unsere Schaltzentrale lahm?   34
   - In Kürze   37

2. Belohnung oder Bestrafung: Wer bin ich?   39
   - BIS und BAS   40
   - Ihr Gehirn im Ruhezustand: Ein Fenster zu Ihrer Persönlichkeit?   48
   - BIS und BAS unterhalten sich: Lost in translation   51
   - Ich kenne meine Persönlichkeit, und was jetzt?   54
   - In Kürze   59

3. Die Neuro-Regeln von Spitzenleistung und Entscheidungsfindung   61
   - Spitzenleistung: Was braucht es?   62
   - Selbstregulation im Gehirn   67
   - Selbstregulation: Eine Frage begrenzter Ressourcen   69
   - Die Kapazität des Präfrontalkortex erhalten   73
   - Mindfulness: Selbstregulation im Gehirn   77
   - In Kürze   81

4. The Mindful Brain – Wie funktioniert das?   83
   - Mindfulness: Der Schlüssel zu Spitzenleistungen   84
   - Was Mindfulness für mein Gehirn tun kann   88

Die Neurowissenschaft der Mindfulness 93
Die positive Auswirkung von Mindfulness auf unser Verhalten
und unsere Kognitionen – eine Übersicht 100
In Kürze 100

5. Finanzielle Entscheidungen und Mindfulness 102
Wie werden Informationen im Gehirn verarbeitet? 102
Der Mythos rationaler Entscheidungen 104
Wie trifft das Gehirn (finanzielle) Entscheidungen? 104
Warum trifft das Gehirn „Fehlentscheidungen"? 108
Wie kann Mindfulness unsere Entscheidungen verbessern? 110

Teil II: Mindfulness: Eine qualitativ andere Lebenseinstellung **115**

1. Was ist Mindfulness? Einführung in Definition
und Praxis 117
Wann ist es wichtig, achtsam zu sein? 121
Akzeptanz, „Sein-Modus" und Integration in Ihren Alltag 123
Abgrenzung: Der Unterschied zu anderen Methoden 125
In welchen Situationen fällt uns Mindfulness besonders leicht
oder schwer? 128
Die Praxis – So einfach wie herausfordernd 129
Mindfulness und die Gedankenwanderung (Default Mode Network):
paradoxe Symbiose 132
In Kürze 135

2. Nützliche Prinzipien, Mythen und Tipps 137
Von „Om" und Räucherstäbchen zum wachsamen Zeitgenossen 139
Mantras, Motivation und nochmals die wache Entspannung 141
„Vorbehaltlose Achtsamkeit" und Autonomie 143
In Kürze 145

3. Mindfulness-Meditation: Techniken 146
Regelmäßigkeit als Schlüssel 146
Meditationstechniken: Der Körper 148
Mindfulness mit Fokus auf die einzelnen Sinne 152
Mindfulness-Techniken: Die Gedanken 154

Mindfulness-Techniken: Die Emotionen 156
Aktive Meditation 158
Meditation für Eltern und Kinder 162
In Kürze 164

4. Mindfulness im Alltag: Die „informale" Übung 165
Momente der Achtsamkeit im Alltag: „Downtime" als Chance 167
Mit Anderen präsent sein 171
„Arbeit als Meditation" 173
Mit Emotionen achtsam umgehen 173
Den Schmerz unangenehmer Gefühle ertragen oder versuchen, sich dagegen zu wehren? 180
Ansätze, die ganz auf Meditation verzichten oder deren „formale" Praxis grundverschieden ist 182
In Kürze 184

5. Zehn Herausforderungen von innen, auf die Sie sich einstellen wollen 186
Herausforderung 1: Wie messe ich den Fortschritt? 187
Herausforderung 2: Umgang mit hartnäckigen alten Impulsen 189
Herausforderung 3: „Ich habe keine Zeit" oder „Mein Umfeld lässt das nicht zu" 190
Herausforderung 4: „Das kriege ich nie hin", „Ich bin zu unruhig dafür" oder auch „Es reicht jetzt" 191
Herausforderung 5: Das Problem mit dem Alleinsein 192
Herausforderung 6: „Störende" Impulse während der Meditation 193
Herausforderung 7: Die innere Haltung zu angenehmen und unangenehmen Erfahrungen 194
Herausforderung 8: Doch wieder auf das Denken zurückzugreifen 195
Herausforderung 9: Die Tendenz zum Multitasking 196
Herausforderung 10: Die Haltung gegenüber „nicht Eingeweihten" 201
In Kürze 202

6. Mindfulness in Organisationen – bei der Arbeit 204
Ein „achtsames Unternehmen"? Was ist das? 204
Grundsätzlich ein hoher Anspruch 210
„Achtsame Organisationen" in konkreten Situationen 213

    Eine „Mindful High Performance Culture"
    (Achtsame Hochleistungskultur)   219
    In Kürze   225

7. Mindfulness außerhalb der Arbeit:
    Bildung, Gesundheit, Hobby, Sport und Spiel   227
    Wie alt muss jemand sein, um von Mindfulness zu profitieren?   227
    Eine lebensbejahende Haltung   228
    Gesundheit   229
    Balance   231
    Stress   233
    Sport   234
    Musik und Hobbys   236
    In Kürze   237

Epilog – abschließende Gedanken   239

Anmerkungen   241

Glossar   247

Literatur   253

Die Autoren   263

Vorrede der Autoren

Karolien Notebaert

Meine Phase der „Warum-Fragen" endete nie wirklich, seitdem ich fünf Jahre alt war. Um ehrlich zu sein, wurde es nur schlimmer, und das brachte mich schließlich zur Wissenschaft, die es mir erlaubte, ständig meine Wie- und Warum-Fragen zu stellen. Jede Antwort ging mit mindestens zehn neuen Fragen einher – eine fesselnde, nie endende Geschichte, mein persönlicher Spielplatz. Ironischerweise hätte ich nie gedacht, einmal ein Buch darüber zu schreiben, welche Qualität sich dahinter verbirgt, eben diese Wie- und Warum-Fragen *nicht* zu stellen. Ein Buch über Achtsamkeit (englisch Mindfulness), über das bloße Sein. Ein Buch darüber, es einfach gut sein zu lassen. Oder mit den Worten der Beatles, die mit einem ihrer Klassiker voll ins Schwarze treffen: Let it be.

An welcher Stelle kommt nun die Wissenschaft ins Spiel? Ich habe Achtsamkeit durch die Neurowissenschaften als Strategie kennengelernt, Emotionen, Gedanken und Gefühle äußerst effektiv, aber gleichzeitig ohne Anstrengung zu regulieren. Je mehr ich über dieses Phänomen gelesen und in Erfahrung gebracht habe, desto faszinierter wurde ich von der Eleganz dieser einfachen und doch in höchstem Maße wirkungsvollen Technik. Zu verstehen, warum Achtsamkeit zu diesen enormen positiven Effekten führt, stärkte meinen Glauben weiter. Für mich als Wissenschaftlerin war das der nötige Schritt, um es nun selbst auszuprobieren. Mein Verständnis dafür, wie sich Mindfulness auf unser Gehirn auswirkt, half mir, es in meinen Alltag einzubinden.

Ich hoffe daher, dass die im ersten Teil des Buches beschriebenen (neuro)wissenschaftlichen Zusammenhängen für Sie die gleiche Bedeutung haben werden wie für mich. Wie Sie jedoch im zweiten Teil sehen werden, gibt es darüber hinaus etwas, das sich „die Wissenschaft des Inneren" nennt, was im Grunde das lehrreichste und reinste Verständnis von Achtsamkeit ist: wenn wir sie für uns selbst erfahren.

Ich habe dieses Buch zusammen mit Peter Creutzfeldt, meinem lieben Freund und Kollegen, geschrieben. Zusätzlich dazu, dass Peter einen Großteil des Buches geschrieben hat, war er für mich eine große Inspiration und motivierte mich während der Arbeit an diesem Buch. Obwohl wir Mindfulness aus zwei unterschiedlichen Perspektiven und mit unterschiedlichem Hintergrund entdeckt haben, finde ich es nach wie vor absolut faszinierend, wie wir immer wieder dieselbe Sprache zu sprechen scheinen. Unsere endlosen Diskussionen waren Nahrung für mein Gehirn und entscheidend für mein Verständnis. Peter, ich fühle mich geehrt, dieses Buch mit Dir geschrieben zu haben. Danke!

Da ich Deutsch nicht als Muttersprache beherrsche, schrieb ich meinen Teil des Buches in Englisch und habe diesen übersetzen lassen. Da das Thema sehr speziell ist, habe ich nach einem deutschsprachigen Wissenschaftler mit exzellenten Kenntnissen über das Gehirn gesucht, der darüber hinaus im Besitz einer spitzen Feder ist. Nils Winter ist sein Name. Nils, ich weiß, dass diese Übersetzung nicht immer eine einfache Aufgabe war. Nichtsdestotrotz hast Du eine ausgezeichnete Arbeit geleistet! Dieses Buch würde sich nicht so flüssig und verständlich lesen lassen, wäre nicht so unterhaltsam, wenn Du nicht wärst. Danke!

Außerdem möchte ich Gregor Albrecht und Alexander Zintler (www.gregoralbrecht.com) für die Produktion der Videos danken. Ihr zwei habt unsere Erwartungen übertroffen, und wir sind stolz, dass wir mit so kreativen Köpfen zusammenarbeiten durften. Ein besonderes Dankeschön geht an Lars Richter, der viele der Abbildungen in diesem Buch zeichnete. Ihr drei seid aufsteigende Talente in Eurem jeweiligen Gebiet, Respekt! Dankeschön!

Danke an alle, die das Buch während der Entstehung Korrektur gelesen haben. Ihr alle habt viel zur Qualität dieses Buches beigetragen. Vielen Dank an Martin Schubert, Sascha Schwarz und Delphine Watteyne!

Zuletzt möchte ich meinem geliebten Freund und Partner in Crime Enrico Rück für seine ständige Zuwendung und endlose Liebe danken, die er mir während der Arbeit an diesem Buch geschenkt hat. Enrico, neben Deiner täglichen Unterstützung habe ich dank Deiner interessanten Fragen und unserer höchst faszinierenden Diskussionen über Neurowissenschaft und Mindfulness neue Einsichten erlangt, die sicherlich zur Qualität des Buches beigetragen haben. Zudem habe ich durch unsere gemeinsamen Meditationssitzungen und täglichen Interaktionen Mindfulness auf einer höheren Ebene erfahren können. Du bist für mich eine große Inspiration. Danke, meine große Liebe.

Peter Creutzfeldt

Als ich nach dem Abitur ein Jahr „Auszeit" nahm und herumreiste, entdeckte und lernte ich in Indien „Meditation". Damals hatte ich romantische Assoziationen mit Herrmann Hesses „Siddhartha". Meine Bekannten und Familie assoziierten nach meiner Rückkehr allerdings eher „Sekte". So seltsam war es, wenn man sich 1980 auf den Boden setzte, die Augen schloss und den Atem beobachtete. „Jetzt erst recht", war meine innere Antwort, und so wurde Meditation – und später die Idee, dass die Qualität, die während der Meditation kultiviert wird, nämlich Mindfulness, in das tägliche Leben integriert werden kann – die wichtigste Entdeckung meines Lebens. Deshalb wollte ich Mindfulness zwanzig Jahre später, als ich mich im Bereich der Führungskräfteentwicklung selbständig machte, zum Zentrum meiner Arbeit machen. Denn ich hatte selbst erkannt, wie zentral diese Qualität für mich persönlich in meiner Zeit als Führungskraft gewesen war. Aber auch im Jahr 2000 war in Europa „Mindfulness" oder „Achtsamkeit" noch etwas für Spinner und Esoteriker, auch wenn Jon Kabat-Zinn in den USA schon tausende von Patienten erfolgreich durch sein „Mindfulness Based Stress Reduction"-Programm geführt und Richard Davidson in Michigan bereits die ersten tibetischen Mönche im Hirnscanner untersucht und dramatische Unterschiede zu Menschen, die nicht meditieren, gefunden hatte. Wenige Jahre später begann ich davon zu träumen, dass in Europa ein Hirnforscher daran interessiert sein könnte, den praktischen Nutzen von Meditation/Mindfulness durch seine Arbeit zu bestätigen. Dass ich jetzt dieses Buch mit einer so jungen wie brillanten Hirnforscherin wie Karolien Notebaert schreiben durfte und ein Verlag wie Frankfurter Allgemeine Buch dieses Thema so seinen Lesern zugänglich macht, ist ein in Erfüllung gegangener Traum und eine Ehre.

„Fruchtbar" wäre eine Untertreibung für meine Zusammenarbeit mit Dir, Karolien! Einerseits das Gefühl zu haben, dass wir auf unseren unterschiedlichen Lebenswegen schon unabhängig voneinander zu einem identischen Verständnis gekommen sind, und andererseits durch den Austausch das Privileg zu haben, mein wissenschaftliches Halbwissen prüfen und verwerfen und immer wieder von Dir lernen zu können, dafür ein herzliches Danke!

Mehr als ich je zu träumen gewagt hatte, ist das Buch durch zwei Aspekte aufgewertet worden, bei denen ich von einer Reihe von Menschen unterstützt worden bin: das „Probelesen" mit wertvollem Feedback und die Interviews mit Meditierenden, die sich bereit erklärt hatten und durch deren persönliche Berichte das Thema den Lesern zugänglich wird! Dafür danke ich sehr herzlich Raj Bissessur, Fong Chen Chiu, Cord Dismer, Marion und Dr. Sören Fischer, Jutta Häuser, Ursula Leitzmann, Nicole Pindinello, Dr. Holger Rohde, Enrico Rück, Saskia Schomerus und Tania Seehase.

Hier können Sie uns besser kennenlernen:
www.notebaert-consulting.com/book
www.workinginthezone.com/de/buch

Vorwort

Wenn Ihnen etwas wirklich bei Ihren Herausforderungen im Leben helfen könnte, was würden Sie sich dann erhoffen? Hier einige Stimmen aus unserem Umfeld:

„In den wichtigsten Momenten meines Lebens Entscheidungen zu treffen, die ich nie bereut habe; dramatisch erhöhte Lebensqualität- und Intensität; Leidenschaftlich und humorvoll unterwegs zu sein; und auf Distanz zu meinen aufbrausenden Emotionen gehen zu können."

„Zu innerer Ruhe kommen, in Frieden mit mir selbst zu sein; ich fühle mich mehr ‚zu Hause'. Ich war früher jemand, der immer irgendetwas hinterher gelaufen ist, auf der Suche nach Glück, irgendwelche eigene oder fremde Erwartungen zu erfüllen oder Bestätigung von anderen Menschen zu bekommen – jetzt weiß ich, dass es darum geht, mich selbst wertzuschätzen, statt mich beweisen zu müssen."

„Eine breite Perspektive in der Zusammenarbeit mit anderen und dadurch bessere Entscheidungen; entspanntere Zusammenarbeit und dadurch eine erhöhte Vitalität und weniger Erschöpfung."

„Die Fähigkeit, meine Emotionen von dem, was passiert, zu trennen und dann objektiver zuzuhören, bessere Entscheidungen zu treffen, breitere Visionen und Perspektiven sowie Wertschätzung der Beiträge aller Beteiligten zu haben."

„Einfach eine höhere Stress-Toleranz"

Dabei fassen die befragten Personen[1] nicht einfach ihre Wünsche zusammen, sondern sprechen von ihren tatsächlichen positiven Erfahrungen. Sie haben kein geheimes Selbstmanagement-Seminar gemacht. Sie sind nicht der Welt entflohen, auch waren alle bei unserem Gespräch nüchtern! Aber allen ist gemeinsam, dass sie irgendwann in ihrem Leben (manche in den vergangenen Monaten, andere vor 35 Jahren) etwas kennengelernt haben, das im heutigen Sprachgebrauch als „Achtsamkeit" und im englischsprachigen Raum als „Mindfulness" bezeichnet wird und das sie seither begleitet. Unsere Frage an diese Menschen, deren Antworten Sie eben gelesen haben, war: „Was war für Sie in Ihrem Leben der größte Nutzen, den Ihnen Mindfulness gebracht hat?"

Achtsamkeit bzw. Mindfulness ist einer der meist beforschten Bereiche der vergangenen Jahre, weil sich scheinbar endlose positive Nebenwirkungen dieser so einfachen Methode gezeigt haben. Wissenschaftler begannen mit einer Serie von Studien, in denen zwei Gruppen verglichen wurden: Eine Gruppe von Menschen, die keine Erfahrung mit dieser Methodik hatten und die aber offen dafür waren, es auszuprobieren; und eine andere Gruppe, deren Mitglieder diese nicht praktizierten, die sogenannte Kontrollgruppe. Im Vergleich stellte sich eine Reihe positiver Auswirkungen im Bereich körperlicher und mentaler Fitness heraus. Aspekte dieser Auswirkungen waren u. a. Leistung, Entscheidungsfähigkeit, Glück, Immunfunktion, Kooperation und Kommunikation. Weitere komplementäre Hirnforschungsstudien zeigten, dass sich nicht nur die Funktion des Gehirns verbesserte – man fand sogar sichtbare strukturelle Veränderungen in den Gehirnen der Probanden! Und hier fängt die Wissenschaft von Mindfulness erst an.

Und hier beginnt gleichzeitig unsere Geschichte, denn die Menschen, die sich für diese Studien zur Verfügung gestellt hatten, waren Menschen wie Sie und wir, die die Herausforderungen der modernen Welt mehr oder weniger gut managen konnten, deren Lebensgeschichte vielleicht eher irgendwann einmal so aussah:

Es ist 7:00 Uhr und der Wecker klingelt. Moment mal – das war, bevor Sie Kinder hatten! Also, von vorne: Sie sind seit 5:30 Uhr auf. Nach einer kurzen Nacht und einer morgendlichen Demonstration Ihrer Rolle als Prokurist im Konfliktmanagement in der Kinderabteilung mussten Sie sich auf den Weg zur Arbeit machen. Ausnahmsweise sind Sie dankbar für die rote Ampel – damit Sie mit einem kurzen Blick auf die E-Mail ausloten können, ob sich noch jemand zu Ihrem Projektvorschlag von gestern Nacht gemeldet hat. Ihr Tag ist voll gebucht mit Meetings – kaum Zeit, das Team ins Lot zu bringen. Ein wichtiges Mittagessen mit Thomas, der, so viel Sie wissen, das Projekt an sich reißen will. Der Hai! Eine Million Gedanken schießen Ihnen durch den Kopf. Wenn Sie nur die Ressourcen hätten, dann ginge das schon (…). Am späten Nachmittag dann das Meeting mit den Haifisch-Gesellschaftern der Firma (…). Die laden Sie auch noch zum Abendessen ein. Also rufen Sie zu Hause an und nehmen später Ihr Smartphone mit ans Bett, um noch die Mails zu lesen, die Ihnen morgen früh wieder Stress bedeuten würden. Sie schlafen nach ein oder zwei Glas Wein schnell ein und sind um 3:30 Uhr hellwach. Die Präsentation für den nächsten Tag fällt Ihnen ein. Schaffen Sie es noch, den Mitarbeiter, der sie erstellt hat, rechtzeitig zu treffen? Sie haben die finale Version nicht gesehen. Sie versuchen, Ihre Gedanken zu bezwingen. Je mehr Sie es versuchen, desto unruhiger werden Sie. Die Chefetage hat die Ziele noch etwas erhöht. Da müssen Sie noch mal ganz gut pushen, um da mitzugehen (…).

STOPP!

Eigentlich wissen wir doch alle, wie diese Geschichte weitergehen wird! Nur vom Lesen wird man ja schon erschöpft! Und dennoch begegnet uns in unserer Arbeit mit erfolgreichen leistungsorientierten Menschen immer wieder das Denkmuster, Leistung könne ständig noch weiter gesteigert werden, indem man sich selbst und andere unter mehr und mehr Druck setzt und Ziele noch ambitionierter ansetzt. Wenn es ein Jahr keine Produktivitätssteigerung gibt, dann stimmt irgendwas nicht. Aber wie lange kann das gutgehen? Denn im Allgemeinen verlieren wir auf diese Art nachhaltig die Fähigkeit, überhaupt eine Produktivitätssteigerung leisten zu können: die inneren Ressourcen, die wir dafür bräuchten, sind auf dem Weg einfach verbraucht. Mit Hilfe von Mindfulness gehen wir auf eine qualitativ völlig andere Weise an das Thema Leistungsfähigkeit und Bewältigung der modernen Herausforderungen wie Vereinbarkeit von Arbeit und Familie, 24-Stunden-Erreichbarkeit, scheinbare Notwendigkeit des ständigen Multitasking usw. heran.

Die wissenschaftliche Forschung hat bewiesen, dass Mindfulness eine äußerst wirkungsvolle Methode im Umgang mit dieser Komplexität ist, ein Weg aus dem Erleben als Opfer der Digitalen Revolution heraus. Die durch regelmäßige Praxis von Mindfulness entstehenden strukturellen Veränderungen im Gehirn haben einen positiven Einfluss auf Resilienz und Umgang mit Stress, auf unsere körperliche und geistige Gesundheit sowie auf unsere Beziehungen.

Dieses Buch wird Sie durch die verschiedenen Schritte leiten, die die Basis dafür bilden, was wir im Englischen eine „Mindful High Performance" („achtsame Hochleistung") nennen. Wir bieten Ihnen dazu Einsichten in die entscheidenden Funktionen des Gehirns, denn das Gehirn ist der Regisseur unseres Verhaltens und unserer Entscheidungen. Dieses neue Verständnis erlaubt Ihnen, die Emotionen, die sowohl im positiven wie auch im negativen Sinn die Hauptrolle in Ihrem Verhalten spielen, sowie die Muster zu enthüllen, die sich durch diese Emotionen entwickelt haben. Und Sie werden lernen, wie Sie sich von Verhaltensmustern, die Ihr eigenes Wohlergehen untergraben, ein Stück befreien können.

Mindfulness kann auf zwei Arten angewandt werden: Die meisten von uns kennen Mindfulness als Meditationspraxis. Neben der Meditationspraxis lohnt sich vor allem die Integration von Mindfulness in unser tägliches Leben. Auf diese Weise gelingt es uns, unmittelbar und unverzüglich einen Zustand innerer Balance zu erreichen, besser zu fokussieren, kreativer zu sein und das Beste aus uns selbst herauszuholen, indem wir Zugang zu unseren Potentialen bekommen. Diese vielfältigen Nutzen haben auch bekannte Hochleistungsorganisationen wie z. B. die Universitäten von Oxford, Harvard, Frankfurt und Berlin sowie Unternehmen wie Google, Apple, die Deutsche Bank, BMW und Rewe erkannt und nutzen deshalb Mindfulness für sich und ihre Mitarbeiter, um ihr Leistungsvermögen zu verstärken oder um Unternehmenskulturen zu entwickeln.[2]

Wir werden Ihnen nicht vorschlagen, Ihre Umwelt völlig neu zu gestalten. Das wäre wahrscheinlich das stressigste Projekt, dem Sie sich je gewidmet haben! Wir sind aber davon überzeugt, dass es immer neue Möglichkeiten gibt, sich auf Situationen und Menschen, die einem im Leben begegnen, zu beziehen. Mindfulness eröffnet erstaunliche Perspektiven und hilft nachweislich der Fokussierung auf Wesentliches und dem Loslassen von Trivialem.

Mit diesem Buch tragen wir zum Einläuten einer neuen Ära bei, in der Mindfulness als entscheidende Lebensqualität in Ihr alltägliches Leben integriert werden kann. Sie begeben sich damit auf eine Reise, auf der Sie herausgefordert werden, das interessanteste Geschöpf in Ihrem Leben zu entdecken, zu entdecken und zu akzeptieren: Sie selbst! Und Sie sind der Schlüssel zur Mindful High Performance.

Doch zunächst einige Hinweise zu diesem Buch sowie klärende Gedanken zur Begrifflichkeit Achtsamkeit bzw. Mindfulness. Sie werden beim Lesen des Vorworts bereits festgestellt haben, dass wir oft den englischen Begriff für Achtsamkeit verwenden.[3] Dies hat folgende Gründe: In unserer Sprache weckt der Begriff „Achtsamkeit" Assoziationen von Entspannung, „Entschleunigung", ja sogar Rückzug aus dem Alltag. Mit Sicherheit entspannt Meditation. Der Begriff greift aber für die Vermittlung von Lebensqualität, einer entscheidenden Variable für Leistungsfähigkeit, zu kurz. Um uns hier abzugrenzen, verwenden wir im Folgenden meist den in der Wissenschaftssprache gebräuchlichen englischen Begriff. Wir versuchen damit, eine Assoziation zu prägen, die von Klarheit, Präsenz, von „Im-Leben-Stehen" geprägt ist und keineswegs „gegen" den Alltag wirken oder „Alltagsentzug" suggerieren soll. Mindfulness soll uns nicht weg vom Alltag bringen, sondern wir möchten Mindfulness in unseren Alltag hinein bringen! Um sprachlich sauber zu bleiben, nutzen wir schließlich als Adjektiv wieder den deutschen Begriff „achtsam". Daher bitten wir Sie, bei der folgenden Lektüre diese Erklärungen im Hinterkopf zu behalten.

Wir empfehlen Ihnen sehr, das Buch in chronologischer Reihenfolge zu lesen, damit Sie in Ihrem Verständnis von Mindfulness von den ausführlichen, praktischen Hintergründen zu Ihrem Gehirn (also zu Ihnen selbst) profitieren können. Im ersten Teil des Buchs werden Sie lernen, wie das Gehirn Entscheidungen trifft. Dadurch wird Mindfulness vor einem fundierten wissenschaftlichen Hintergrund verständlich. Erst im zweiten Teil des Buchs beschreiben wir dann die Mindfulness-Praxis mit vielen Beispielen, Techniken und Berichten aus dem Leben. Wir empfehlen insbesondere, die Übungen im Verlauf des Buchs immer auszuprobieren, selbst wenn Sie sich heute noch nicht sicher sind, ob Mindfulness „etwas für Sie ist". Darüber zu lesen und sich dann zu fragen, ob man daran interessiert sein könnte, ist so, als wäre man nie geschwommen, hätte dann alles über das Wasser gelesen und anschließend entschieden, ob man das Schwimmen „etwas für einen ist": ohne Erfahrung ist es nicht beurteilbar. Und für die Erfahrung benötigen Sie unsere Übungen.

Im Anhang finden Sie eine Reihe von Anmerkungen, die besonders interessierten Lesern weiterführende Informationen bieten, ein Glossar mit Begriffen, die vielleicht schon mal irgendwo im Buch erklärt wurden, aber schwer zu merken sind, sowie eine nach Kapiteln sortierte Liste mit Quellenangaben. Im Text haben wir einige wenige Links eingebracht, wo Sie kurze kostenfreie Videos sehen können, die einige der elementarsten Übungen oder Themen noch einmal kurz illustrieren oder demonstrieren.

Zu guter Letzt noch ein Hinweis auf die Art, für die wir uns entschieden haben, um mit dem Thema Geschlechter sprachlich umzugehen. Wir haben im Interesse der Lesbarkeit darauf verzichtet, jedes Mal die weibliche und männliche Form einer Begrifflichkeit zu verwenden, auch wenn wir mit der größtmöglichen Wertschätzung uns immer stellvertretend auf beide Geschlechter gleichbedeutend beziehen möchten. Vielen Dank für Ihr Verständnis.

Viel Spaß beim Lesen!

Vorwort zur 3. Auflage

Wir freuen uns, Ihnen die dritte Auflage unseres Buchs vorzustellen. Mindfulness oder Achtsamkeit ist weiterhin ein Thema von hohem Interesse, das im (Berufs-)Alltag zu mehr Erfolg verhelfen kann. Letzterer — beruflich wie privat — hängt aber auch von finanziellen Entscheidungen ab. Gerade bei der Risikoabwägung ist es wichtig zu erfahren, wie wir und unser Gehirn in diesen Situationen zu einer guten Entscheidung kommen. Daher danken wir unserer Expertin in Mindfulness und Finanzen, Sibylle Gerbers, für das faszinierende neue Kapitel. Als Finanzexpertin und Senior Consultant bei Notebaert Consulting hilft sie, die neuesten Erkenntnisse aus den (Neuro-)Wissenschaften greifbar und vor allem nutzbar zu machen.

Wir wünschen Ihnen eine anregende Lektüre und nicht zuletzt viel Erfolg bei der Umsetzung.

Karolien Notebaert   Peter Creutzfeldt

Teil I: Warum ich tue, was ich tue – Die zwei Seiten der Medaille

Er sieht Sie verdächtig an und zögert einige Momente, bevor er zu reden beginnt. Ist er nervös? Ihr Job hängt davon ab. Natürlich. Ihr Kunde. Ein potentielles zwei Millionen-Euro-Projekt. Den Bonus nicht zu vergessen, den Sie beim Erfolg des Projekts erhalten. Endlich fängt er an zu reden. Er lässt Sie wissen, dass er sich entschieden hat, ein anderes Unternehmen mit dem Job zu beauftragen. Weniger Leute, geringeres Budget und kleinerer Zeitrahmen. Verdammt! Gedanken schießen Ihnen in den Kopf, Ihre Hände schwitzen und Sie bezweifeln ernsthaft, ob Sie die gute Miene noch länger halten können. Sie sind eingenommen von einer negativen Emotion und fühlen, dass all dies die Folge eines Missverständnisses ist. Sie können ebenso gut mit einem geringeren Budget und weniger Leuten auskommen. Was auch immer verlangt wird. Sie sind gefangen in Ihren Gedanken, erneut unterbrechen Sie Ihren Klienten und versuchen, ihn zu überzeugen – finden aber einfach nicht die richtigen Worte. Sie können das retten! Wenn Sie doch bloß Zugang zu Ihrem selbstsicheren und vor allem kreativen Ich hätten. Ihren Klienten hören Sie schon gar nicht mehr, nur noch sich selbst. Sie gehen. Ohne das Projekt. Machen sich auf den Weg zurück zu Ihrem Team und Ihrem Chef, um Bericht zu erstatten. Danach verlangt Letzterer auch noch von Ihnen, eine Präsentation vorzubereiten. Sie tun es, obwohl Sie sich fühlen, als bräuchten Sie dringend den restlichen Tag frei, um sich von den Ereignissen zu erholen.

Fällt es Ihnen manchmal schwer, Nein zu sagen? Stehen Sie sich mit Ihren negativen Emotionen oder Gefühlen von Stress manchmal selbst im Weg? Schaffen Sie es manchmal nicht, Ihr volles Potential auszuschöpfen? Fällt es Ihnen schwer, Ihr Gegenüber nicht zu unterbrechen, nachdem Sie ein schlechtes Feedback erhalten haben? Uns allen ergeht es so. Und doch ist das nichts, womit wir nicht umgehen können. Nur äußerst selten nehmen wir uns die Zeit, die unterschiedlichen Prozesse zu betrachten, die unser Verhalten tatsächlich bestimmen. Der größte Teil resultiert aus zwei grundlegenden Prozessen. Den ersten können wir nicht vermeiden. Er läuft automatisch ab und beeinflusst unser Verhalten ganz entscheidend. Diesen Prozess bezeichnen wir als „bottom-up" – also von unten nach oben – gesteuert. Diese bottom-up-gesteuerten Prozesse sind Emotionen, Impulse, unser Verlangen und schließlich unsere Gedanken. Doch können Sie negative Emotionen vermeiden, wenn Sie negatives Feedback erhalten? Können Sie den Impuls vermeiden, Ihr Gegenüber zu unterbrechen, wenn Sie sich von ihm nicht richtig verstanden fühlen — unabhängig davon, ob Sie ihm tatsächlich ins Wort fallen? Können Sie die Gedanken vermeiden, die Ihnen praktisch den ganzen Tag durch den Kopf gehen? Sind Sie sich überhaupt dieser bottom-up-gesteuerten Prozesse bewusst?

Der zweite Prozess, der für unser Verhalten eine bedeutende Rolle spielt, benötigt Energie und Anstrengung, um aktiviert zu werden, und wird als „top-down" — also von oben nach unten ablaufend — bezeichnet. Wir können es nicht vermeiden, nach einem schlechten Feedback ein negatives Gefühl zu bekommen (bottom-up-gesteuert), aber wir können verhindern (top-down-gesteuert), dass wir unseren Klienten anschreien, da wir unsere Professionalität wahren wollen. Wir können den Impuls nicht unterdrücken, unser Gegenüber unterbrechen zu wollen, wenn wir das Gefühl haben, dass dieser unsere Intentionen falsch verstanden hat, aber wir halten uns zurück, da wir gelernt haben, dass dies die höflichere Art ist. Wir können den Gedanken an eine verpasste Aufstiegsmöglichkeit nicht verhindern, wenn wir einen Projektdeal nicht abschließen, aber nichtsdestotrotz versuchen wir verzweifelt, uns auf das Gespräch zu konzentrieren, da sich vielleicht doch noch „eine weitere Möglichkeit bieten wird". Wie Sie anhand der Beispiele erkennen können, befinden sich Ihre bottom-up- und top-down-gesteuerten Prozesse oft im Konflikt miteinander, und das Verhalten, das wir schlussendlich zeigen, ist das Ergebnis unseres Umgangs mit diesen Konflikten, bewusst oder unbewusst. Sie verspüren den Impuls, Ihr Gegenüber unterbrechen zu wollen (bottom-up-gesteuert), halten sich aber zurück (top-down-gesteuert), um weiterhin höflich zu bleiben. Diese bottom-up- und top-down-gesteuerten Prozesse werden von unterschiedlichen Hirnsystemen gesteuert, und jedes arbeitet auf seine Weise im Einklang mit verschiedenen neuronalen Prinzipien. Der erste Teil dieses Buches wird Ihnen ein detaillierteres Verständnis dieser zwei Prozesse, der beteiligten Hirnsysteme und der neuronalen Regeln vermitteln, die unser Verhalten bestimmen.

Dual Balance Model

Bottom-up-Prozess → ← Top-down-Prozess

Emotionen
Stress
Gedanken
Gewohnheiten
Impulse

Balance

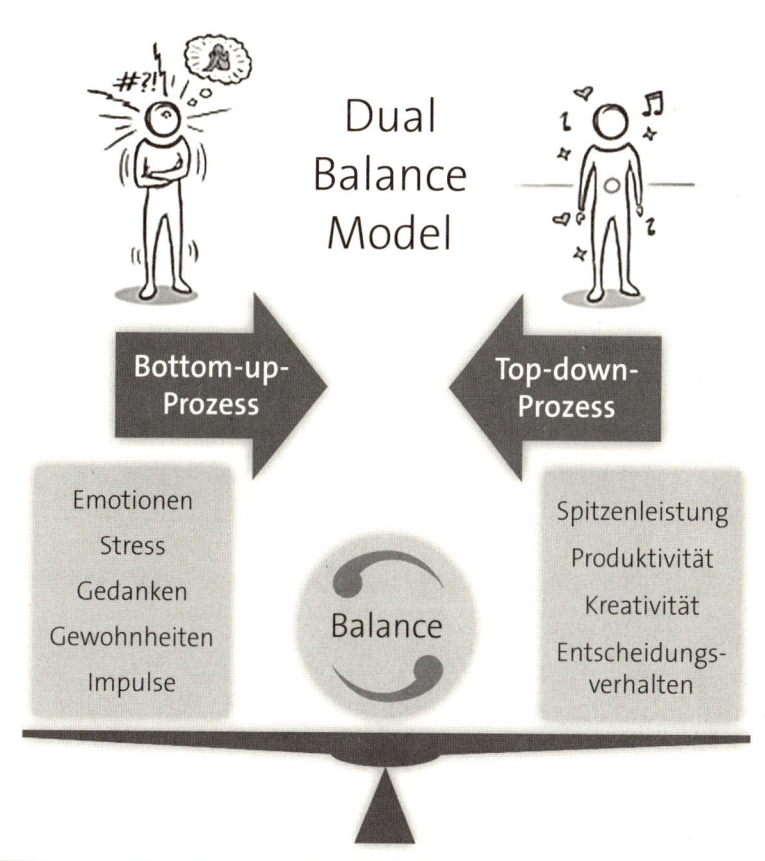

Spitzenleistung
Produktivität
Kreativität
Entscheidungs-
verhalten

Abbildung 1: Entscheidungsmodell
Es zeigt, wie sowohl Bottom-up- als auch Top-down-Prozesse unser Verhalten bestimmen (Heatherton & Wagner, 2011)
Quelle: One Step Ahead – Notebaert Consulting (Design von Lars Richter)

Teil I. 1: Bottom-up-Prozesse: Emotionen, Gedanken, Impulse

Der größte Teil unseres Verhaltens gründet auf der Kombination von zwei Prozessen: den bottom-up- und top-down-gesteuerten Prozessen. Erstere sind automatisch, benötigen keine Anstrengung und bestimmen häufig unbewusst unser Verhalten. Die bekanntesten darunter sind Emotionen — wie Wut, Trauer oder Frustration —, Impulse, die uns dazu verleiten wollen, uns in ungewünschter Weise zu verhalten, und Gedanken, die unsere Aufmerksamkeit stören oder verhindern, dass wir eine gute Leistung bringen oder ungestört unser Leben genießen.

Emotionen regieren unsere Welt

Heute präsentieren Sie und Ihr Kollege dem Vorstand ein riskantes Projekt. Wenn der Vorstand das Projekt akzeptiert, steigen Ihre Chancen auf eine Beförderung dramatisch. Die Sekretärin teilt Ihnen mit, dass Ihr Kollege sich heute Morgen krank gemeldet hat. Schon wieder! Jetzt liegt es an Ihnen, die Präsentation zu meistern und den Vorstand zu überzeugen. Da Sie sich die Arbeit geteilt hatten, bleiben Ihnen jetzt lediglich vier Stunden, um sich mit dem Teil Ihres Kollegen ausreichend vertraut zu machen. Und da dies eine mehr oder weniger unmögliche Aufgabe für Sie darstellt, versuchen Sie verzweifelt, Ihren Kollegen telefonisch zu erreichen, damit dieser Sie mit den entscheidenden Informationen ausstatten kann. Kein Glück. Ihr Kollege geht nicht ans Telefon. Seit dem leicht panischen Gefühl heute Morgen, als Sie die Nachricht erfahren haben, haben Sie eine ganze Reihe Emotionen durchlebt: die Frustration darüber, dass sich Ihr Kollege schon wieder krank gemeldet hat und Sie nun einem Berg an Zusatzarbeit gegenüberstehen, Enttäuschung und das Gefühl, schlecht behandelt worden zu sein, da er der Sekretärin und nicht Ihnen die Nachricht hinterlassen hat, und wahrscheinlich empfanden Sie Ärger, als Ihr Kollege nicht ans Telefon gegangen ist. Die Flut negativer Emotionen hat Ihren Körper und Ihren Verstand völlig eingenommen und es Ihnen schlicht unmöglich gemacht, dem Vorstand mit einem klaren Kopf gegenüberzutreten.

Während der Präsentation werden Sie das Gefühl nicht los, total gestresst zu sein, und spüren zunehmend, wie Sie immer wütender auf Ihren Kollegen werden. In diesem Zustand sind Sie nicht mehr fähig, sich von Ihrer besten Seite zu zeigen. Eigentlich sind Sie hervorragend in diesen Präsentationen, doch jetzt drängen kontinuierlich negative Emotionen in Ihr Bewusstsein.

Was würde mit Ihnen passieren, wenn an diesem Abend die folgenden alternativen Ereignisse stattgefunden hätten?

- Sie finden heraus, dass das Projekt vom Vorstand abgelehnt wurde. Zu diesem Zeitpunkt wird es Ihnen schwerfallen, Ihren Ärger zu kontrollieren. Vielleicht versuchen Sie noch einmal, Ihren Kollegen zu erreichen oder schreiben ihm zumindest eine wütende E-Mail. In diesem Zustand gehen Sie vielleicht noch weiter und berichten Ihren Vorgesetzten, dass Ihr Kollege immer unzuverlässig ist.

- Sie finden heraus, dass am Abend zuvor das Kind Ihres Kollegen ins Krankenhaus eingeliefert werden musste, was erklärt, warum er nicht auf der Arbeit erscheinen konnte. Waren Sie wirklich wütend auf jemanden, der sich um sein schwerkrankes Kind gekümmert hat? Natürlich nicht! Haben Sie sich durch diese Person schlecht behandelt gefühlt? Natürlich nicht!

- Sie finden heraus, dass der Vorstand von Ihrer Präsentation begeistert war und das Projekt genehmigt wurde – was Sie Ihrer Beförderung deutlich näher kommen lässt. Sie sind regelrecht euphorisch, vielleicht sogar bis zu dem Punkt, an dem Sie Ihrem Kollegen freudig „Wir haben es geschafft!" auf den Anrufbeantworter rufen.

An diesen Beispielen wird deutlich, dass Emotionen nicht nur Veränderungen in unserem Körper und Gehirn sind, die uns aufgezwungen werden. Ganz im Gegenteil: Wir bestimmen und konstruieren unsere Emotionen selbst. In vielen Fällen sind es unsere eigenen Erwartungen der Konsequenzen eines bestimmten Ereignisses, die sowohl die Wertigkeit der Emotion (d.h., ob wir sie als positiv oder negativ wahrnehmen) als auch die Intensität beeinflussen. Wenn Sie gewusst hätten, dass das Kind Ihres Kollegen im Krankenhaus liegt, wären Sie vermutlich trotzdem frustriert gewesen, aber bestimmt nicht wütend oder enttäuscht. Es ist nicht Ihr Kollege, der Sie wütend oder traurig macht. Tatsächlich war er überhaupt nicht anwesend. Also was hat Sie nun wütend, traurig oder enttäuscht gestimmt? In dem oben beschriebenen Beispiel ist Folgendes passiert: Sie haben von Ihrer Sekretärin erfahren, dass sich Ihr Kollege krankgemeldet hat, und bevor Sie es bewusst wahrgenommen haben, waren Sie bereits von einer Flut negativer Emotionen eingenommen. Zwischen der Nachricht Ihrer Sekretärin und den negativen Emotionen fand etwas statt, für das Sie selbst verantwortlich waren: Sie spannen sich eine Geschichte zurecht. Ihr Kollege hat sich „schon wieder" krankgemeldet, er ist „absolut unzuverlässig" und Sie Ärmster müssen sich dem Vorstand ganz alleine stellen und eine Präsentation halten, für die Sie nicht ausreichend vorbereitet sind. Und schließlich hängt mit Sicherheit Ihre Beförderung davon ab. Ihr Kollege ist jetzt wirklich der Mistkerl. Dass er Ihnen das nur antun kann! Im dritten Beispiel ändern Sie die Geschichte. Als Sie die gute Nachricht erfahren, ist Ihr Kollege nicht der Böse, tatsächlich sind Sie ein gutes Team. Beachten Sie, dass sich Ihr Kollege in allen drei Szenarien exakt gleich verhalten hat — wie bereits beschrieben, er war nicht einmal anwesend. Sie und nur Sie allein erzeugen Ihre Emotionen.

Übung: Emotionale Bewusstheit

Nehmen Sie sich einen Augenblick Zeit und schreiben Sie die Gefühle auf, die Sie heute oder gestern erlebt haben. Beginnen Sie ab dem Zeitpunkt, an dem Sie aufgewacht sind. Falls Sie das Gefühl haben, wenig Erfahrung mit der Beschreibung von Emotionen zu haben, denken Sie zunächst an die sechs Basisemotionen: Freude, Ärger, Angst, Trauer, Ekel und Überraschung. Zudem gibt es einige sekundäre Emotionen, die man als soziale Emotionen betrachtet: Scham, Eifersucht, Schuld oder Stolz. Bitte fühlen Sie sich jedoch nicht eingeschränkt durch die eben genannte Auswahl.

Wie lief diese Übung? War es einfach, sich an Ihre Emotionen zu erinnern? Hatten Sie mehr negative oder mehr positive Emotionen? Hätten Sie dieselben Emotionen aufgeschrieben, wenn wir die Basis- und Sekundäremotionen nicht aufgelistet hätten? Haben Sie sich den physischen Zustand vor Augen geführt, in dem Sie waren, als Sie die Emotionen erlebt haben? Genauer gesagt, haben Sie sich erinnert, ob Ihr Herz schneller geschlagen hatte, ob Ihre Hände geschwitzt haben oder vielleicht wie sich Ihr Gesichtsausdruck verändert hat? Wahrscheinlich nicht. Vermutlich waren Ihnen diese Veränderungen völlig unbewusst. Wie Sie sich an diese Emotionen erinnerten, hing wahrscheinlich stark von der Situation ab, in der Sie sie empfanden. Ihr Partner sagte Ihnen, wie gut Sie aussähen. In diesem Moment ging es Ihnen gut. Ihr Chef nahm sich nicht die Zeit,

> Ihnen auf Ihre E-Mail zu antworten. Daraufhin waren Sie verärgert oder enttäuscht. Auch könnte es sein, dass Sie Ihre Emotionen aufgrund Ihrer eigenen Interpretationen erinnerten. Vielleicht waren Sie wütend, weil Ihr Kollege Ihnen „schon wieder während eines Meetings die Show stahl", was Sie so wahrnahmen, da er Sie ständig unterbrochen hat. Ein typisches Beispiel ist, wenn Ihnen wieder einmal jemand ein schlechtes Gewissen macht. Gibt wirklich er Ihnen das Gefühl, oder sind es doch Sie selbst?

Diese Übung hat Ihnen vielleicht zeigen können, wie leicht wir Emotionen in uns wahrnehmen können und wie schwer es sein kann, diese Emotionen zu beschreiben. Die Fähigkeit, emotionale Zustände bei Ihnen und anderen erkennen und beschreiben zu können, nennen wir emotionale Bewusstheit. Emotionale Bewusstheit ist eine wichtige Komponente der Emotionalen Intelligenz, die die Fähigkeit beschreibt, Gefühle und Emotionen von sich selbst und anderen beobachten, zwischen diesen unterscheiden und diese Informationen nutzen zu können, um das eigene Denken und Handeln zu bestimmen. Diese Kompetenz kommt dem Konzept der Mindfulness sehr nahe.

Emotionen haben sowohl eine biologische als auch eine psychologische Komponente. Sind wir uns einer potentiellen Gefahr bewusst, spielen die physiologischen Änderungen in unserem Körper (erhöhter Herzschlag, schneller Atmung, Schwitzen, Anspannen der Muskeln) eine entscheidende Rolle in der darauffolgenden Interpretation und Be-wertung dieser Erregung als emotionalen Zustand. Stellen Sie sich vor, Sie befinden sich auf dem Heimweg. Es ist längst dunkel und bereits spät in der Nacht. Sie denken, Sie sind die einzige Person auf der Straße, bis Sie hinter sich näher kommende Schritte hören können. Innerhalb weniger als einer Sekunde beschleunigen sich Herzschlag und Atmung, die Pupillen erweitern sich, die Nieren setzen Adrenalin frei und schließlich spüren Sie eine stark ausgeprägte Angst. Dieser Zustand der Angst führt dazu, dass Sie sich in Ihrem Kopf die schlimmsten Szenarien ausmalen, was die physiologische Reaktion weiter verstärkt, die dann Ihre ursprüngliche Angst zusätzlich steigert. Als Sie eine Hand auf Ihrer Schulter spüren und sich angsterfüllt umdrehen, steht Ihnen Ihr Partner gegenüber, der sich auch gerade auf dem Heimweg befindet. Und jetzt vermutlich herzhaft mit Ihnen lacht, angesichts des Schreckens, den er Ihnen eingejagt hat. Die Rückmeldung, die Sie erhalten, als Sie Ihren Partner sehen, lässt die physiologischen

Veränderungen in Ihrem Körper wieder zu einem normalen Zustand zurückkehren.

Eine Studie zum Thema Stress konnte kürzlich zeigen, welchen Einfluss unsere eigene Interpretation der physiologischen Veränderungen, die den Emotionen vorausgehen, haben können. Es ist eine gut erforschte Tatsache, dass anhaltender Stress zu einem erhöhten Risiko für zahlreiche Erkrankungen führt, von der einfachen Grippe bis hin zu Herzkreislauferkrankungen. In einer Studie, die im Jahr 2012 veröffentlicht wurde, wurden 186 Millionen US-Bürger befragt, in welchem Ausmaß sie Stress empfinden und wie stark sie daran glauben, dass Stress einen negativen Einfluss auf ihre Gesundheit hat. Acht Jahre später zeigte die Analyse der Krankenakten, dass Personen, die hohem Stress ausgesetzt waren, mit einer um 43 Prozent erhöhten Wahrscheinlichkeit einen frühzeitigen Tod erlitten — aber nur dann, wenn sie daran glaubten, dass Stress einen schädigenden Einfluss auf ihre Gesundheit hat. Das machte den Glauben an die negativen gesundheitlichen Folgen von Stress zu einer der wichtigsten Todesursachen in den USA im Jahr 2012 mit mehr als 20.000 Toten pro Jahr.

Wie Sie Stress interpretieren und bewerten, hat einen entscheidenden Einfluss darauf, wie Ihr Körper auf Stress reagiert. Dies wurde in einer aktuellen Studie von 2012 der Harvard Universität deutlich. Versuchspersonen wurden gebeten, zwei Aufgaben zu erledigen. In der ersten Aufgabe sollten sie vor einer Jury eine Präsentation über ihre eigenen Schwächen halten. Die Personen in der Jury waren von der Forschergruppe instruiert und darauf trainiert worden, während der Präsentation den Versuchspersonen demotivierendes nonverbales Feedback zu geben (z.B. verdrehten sie die Augen oder zogen ungläubig die Augenbrauen nach oben). Anschließend bekamen die Versuchspersonen die Anweisung, eine schwirige Rechenaufgabe vor einem Interviewer durchzuführen, in der sie in 7er-Schritten von 996 rückwärts zählen mussten. Der Interviewer hatte dabei die Anweisung, die Versuchspersonen immer wieder zu unterbrechen. Es ist nicht schwer zu erkennen, dass diese Situation die Versuchspersonen stresste.

Eine Gruppe der Teilnehmer erhielt nun die Instruktion, alle stressrelevanten Veränderungen in ihrem Körper nicht als problematisch zu betrachten, sondern vielmehr so zu interpretieren, als bereite sich ihr Körper auf die bevorstehende Aufgabe vor. Erhöht sich der Herzschlag, reagiert der Körper auf die Situation und macht sie handlungsbereit. Steigert sich die Atemfrequenz, ist das kein Problem, der Körper pumpt lediglich mehr Sauerstoff in das Gehirn. Kurz gesagt, diese Versuchspersonen lernten, die durch den Stress hervorgerufenen körperlichen Veränderungen als hilfreich anzusehen. Im Vergleich mit der Gruppe, die diese Instruktion nicht erhalten hatte, waren sie weniger gestresst, weniger ängstlich und hatten mehr Selbstvertrauen. Erstaunlicherweise verengten sich die Blutgefäße dieser Personen nicht, was normalerweise unter dem Einfluss von Stress geschieht und schließlich zu Herzkreislauferkrankungen führen kann, wenn man ständigem Stress ausgesetzt ist. Tatsächlich ähnelten die physiologischen Veränderungen eher denen von Freude oder Mut. Während die Blutgefäße dieser Gruppe entspannt blieben, zeigten die Blutgefäße der anderen Gruppe die typische, stressbedingte Verengung. Wenn Sie sich also gestresst fühlen, hilft Ihnen eigentlich Ihr Körper, die Herausforderung zu bewältigen.

Emotionen sind essentiell für unser Überleben. Angst dient beispielsweise als Anstoß, vor Raubtieren zu fliehen, und Aggression brauchen wir im Kampf gegen unseren Feind. Außerdem sind Emotionen entscheidend, wenn wir schnelle Entscheidungen treffen oder uns selbst verstehen wollen: Wenn wir uns schlecht fühlen, nachdem wir auf der Arbeit schlechtes Feedback erhalten haben, zeigt dies uns, dass uns unser Beruf wichtig ist. Sind wir frustriert, wenn unser Partner spät nach Hause kommt, zeigt dies möglicherweise, dass wir uns wünschen, mehr Zeit mit ihm zu verbringen. Sind wir nervös, wenn wir unsere zukünftigen Schwiegereltern das erste Mal treffen, deutet das vermutlich darauf hin, dass es für uns wichtig ist, dass das Treffen gut läuft, da wir unseren Partner lieben. Emotionen bieten eine wichtige Orientierungshilfe in unserem Leben. Sie sind eine bedeutende Quelle an Informationen und geben uns Rückmeldungen, die wir nutzen, um unser Verhalten und unsere sozialen Beziehungen zu steuern. Sie sind unsere sogenannte Intuition.

Bevor Sie weiterlesen, versuchen Sie, ohne dabei lange zu überlegen, an drei Ereignisse aus Ihrem privaten oder beruflichen Leben zu denken, die im letzten Jahr stattfanden. Das können bedeutende Erlebnisse oder auch kleine Begebenheiten aus Ihrem Leben sein.

Die meisten unter Ihnen werden sich an drei Ereignisse erinnert haben, die für sie einen hohen emotionalen Wert hatten. Der Grund dafür ist, dass Emotionen unser Gedächtnis verbessern, indem sie dabei helfen, Informationen abzuspeichern und zu festigen. Emotionen bereichern unser tägliches Erleben enorm.

Übung: Emotionen in Beziehungen

Denken Sie an eine Situation aus Ihrem privaten oder beruflichen Leben, in der Sie enttäuscht oder wütend waren oder in der Sie ein schlechtes Gewissen hatten. Erinnern Sie sich an die Details? Wer war beteiligt? Was war der Grund? Nun versuchen Sie, sich zu erinnern, wie Sie Ihre Emotionen der anderen Person kommuniziert haben.

In einer Situation, in der Sie zum Beispiel wütend waren, weil Ihr Kollege Sie wieder einmal unterbrochen hat, haben Sie vielleicht etwas gesagt wie „Du machst mich ständig wütend!". Wenn Ihr Partner sich beschwert, als Sie spät nach Hause kamen, haben Sie vielleicht etwas gesagt wie „Oh, immer machst Du mir ein schlechtes Gewissen!". Indem Sie Ihre Emotionen so ausdrücken, machen Sie nicht nur die andere Person für Ihre Gefühle verantwortlich, sondern schaffen häufig eine Sackgasse in Konversationen. Das Wissen darüber, dass Sie selbst verantwortlich sind für Ihre Emotionen, wird auch die Art und Weise beeinflussen, wie Sie Ihren Gefühlen Ausdruck verleihen; zum Beispiel „Ich bin wütend geworden, als Du mich im letzten Meeting unterbrochen hast". Formulierungen wie diese eröffnen damit die Möglichkeiten für ein Gespräch.

Wir sehen die Dinge nicht, wie sie sind. Wir sehen die Dinge so, wie wir sind.

An den Nerven arbeiten: Emotionen im Gehirn

Also wie entstehen Emotionen im Gehirn und wie werden sie dort verarbeitet? Die emotionsrelevanten Strukturen des Limbischen Systems spielen hierbei eine wichtige Rolle. Das Limbische System besteht aus mehreren Hirnstrukturen direkt unterhalb des Kortex, der die äußere Hülle des Gehirns bildet. Es ist hauptsächlich für unser emotionales Erleben und die Speicherung neuer Gedächtnisinhalte verantwortlich. Obwohl sich das Limbische System aus weiteren Strukturen zusammensetzt, werden wir hier nur die im Kontext der Emotionen wichtigsten beschreiben. Die erste bedeutende Struktur ist der Thalamus, der das „Tor zu unserem Bewusstsein" bildet. Alle unsere Sinne, z. B. Sehen, Hören, Schmecken und Fühlen, senden ihre Sinnesinformationen zum Thalamus. Wenn der Thalamus diese Informationen für relevant hält, werden die Informationen an verschiedene Teile des Gehirns weitergeleitet. Unsere Sinne spielen eine wichtige Rolle in unserem emotionalen Erleben: Die weiche Oberfläche einer Decke erinnert Sie vielleicht an Ihr Kind, das immer mit einer Kuscheldecke schläft, und lässt bei Ihnen ein gutes Gefühl entstehen. Wenn Sie ein bestimmtes Lied hören, löst das bei Ihnen vielleicht ein Gefühl von Freude aus. Sehen Sie einen bestimmten Kollegen, beginnen Sie möglicherweise, sich frustriert zu fühlen. Wenn Sie allein nur die Betreffzeile einer E-Mail lesen, löst das bei Ihnen unter Umständen schon ein Gefühl von Ärger aus.

Der Geruchssinn stellt eine Ausnahme dar, da seine Informationen nicht zwingend durch den Thalamus geleitet werden, sondern direkt in anderen Hirnarealen enden können. Dies ist der Grund, weshalb Gerüche unmittelbar Erinnerungen und dazugehörige Emotionen auslösen können, wie zum Beispiel der Geruch der Wohnung Ihrer Großeltern oder der Duft einer geliebten Person. Ein weiterer Teil des Limbischen Systems ist der Hypothalamus, der sich genau unterhalb des Thalamus befindet. Obwohl dieses Areal weniger als ein Prozent unseres gesamten Gehirns ausmacht, spielt es eine bedeutende Rolle bei der Regulierung vieler Körperfunktionen. Im Kontext der Emotionen reguliert es vor allem das autonome Nervensystem. Dieses ist – wie der Name schon sagt – verantwortlich für autonome Reaktionen in unserem Körper, indem es das endokrine System kontrolliert. Durch die Ausschüttung von Hormonen reguliert der Hypothalamus die sogenannten vier „F"s (im Englischen: Fight, Flight, Feeding und Reproductive Behavior [Fucking]).

Eine dritte Struktur des Limbischen Systems ist der Hippocampus, der vor allem für das Abspeichern neuer Erinnerungen zuständig ist. Er hilft dabei, Informationen, die im Kurzzeitgedächtnis gespeichert sind, ins Langzeitgedächtnis zu übertragen. Personen mit Schäden des Hippocampus haben Schwierigkeiten, neue Inhalte abzuspeichern, während alte Erinnerungen aus der Zeit vor dem Schaden intakt bleiben. Der letzte Teil des Limbischen Systems, den wir hier beschreiben wollen, ist die Amygdala, die eine besonders große Bedeutung bei der Entstehung unserer Emotionen hat. Sowohl unsere linke als auch rechte Gehirnhälfte besitzt jeweils eine Amygdala. Sie zeigen an, was für uns emotional von Bedeutung ist. Die Amygdala ist vor allem an negativen Emotionen, wie Wut, Angst und Sorge, beteiligt. Ist sie bilateral beschädigt, das heißt, auf beiden Seiten des Gehirns, zeigen

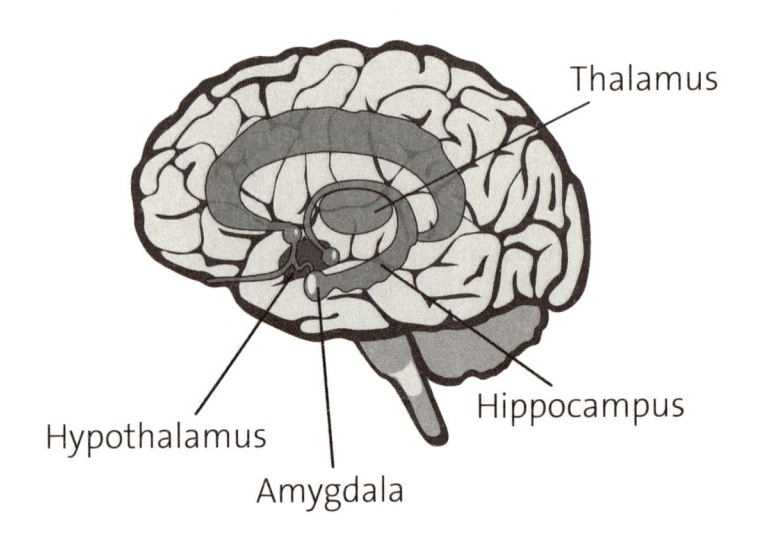

Abbildung 2: Wichtigste Gehirnstrukturen des Limbischen Systems
Quelle: One Step Ahead – Notebaert Consulting

Personen eine Hyperoralität (sie nehmen etwa Dinge in den Mund), eine Hypersexualität und generell enthemmtes Verhalten, wie zum Beispiel erhöhte Risikofreudigkeit. Auch Alkohol kann die Funktionsweise der Amygdala beeinträchtigen, was häufig zu ähnlichem Verhalten führt.

Alle Teile des Limbischen Systems sind in ihren Funktionen stark miteinander verbunden. Wenn Sie vor dem Vorstand eine Präsentation halten, wird eine Stressreaktion in Gang gesetzt (Hypothalamus), was zu einer starken emotionalen Erregung in Ihrem Körper führt und Gefühle von Angst und Nervosität hervorruft (Amygdala). Diese Aktivierung lässt Sie zittern, schwitzen und Ihren Mund trocken werden. Die emotionale Erregung wirkt sich schließlich auf das Abspeichern der Situation in Ihrem Gedächtnis aus, was dazu führen kann, dass Sie sich genau an die Worte erinnern, die ein Vorstandsmitglied gesagt hat, oder an die Farbe seiner Krawatte.

Die Amygdala: Das notwendige Übel

Denken Sie an einen Streit oder eine schwierige Unterhaltung, die Sie in letzter Zeit gehabt haben. Wie haben Sie reagiert? Haben Sie eine verteidigende Haltung eingenommen, sind vielleicht sogar etwas aggressiv geworden? Haben Sie der anderen Person überhaupt noch zugehört? Haben Sie versucht, eine Lösung zu finden, die für alle Beteiligten optimal ist, oder wurde es plötzlich wichtiger, die Diskussion zu gewinnen? Haben Sie vielleicht Ihre Aufmerksamkeit auf etwas völlig anderes gerichtet oder sich möglichst schnell aus dem Staub gemacht?

In vielen Fällen ist die Art und Weise, wie wir auf einen Stressor reagieren, schlicht unverhältnismäßig. Ein Stressor kann eine E-Mail von unserem Chef sein, eine Rechnung, die per Post zu Hause angekommen ist, oder eine Person, die uns in einem Stau überholt, obwohl wir es doch selbst eilig haben. Eine Situation, in der wir einen ungeliebten Arbeitskollegen sehen oder an eine unangenehme Unterhaltung denken, die wir gestern geführt haben, kann einen Stressor darstellen. Diese Stressoren können die Amygdala aktivieren, die dann eine gesteigerte emotionale Reaktivität und schließlich eine „Fight-or-Flight"-Reaktion auslöst. Diese Fight-or-Flight-Reaktion ist äußerst wichtig für unser Überleben, wenn es sich um eine reale Gefahr handelt, zum Beispiel, wenn wir von einer Person angegriffen werden. Sie kann aber ebenso zu unpassendem und unproduktivem Verhalten führen, wenn sie in Abwesenheit einer tatsächlichen Gefahr ausgelöst wird. Stellen Sie sich vor, Sie haben ein Meeting vorbereitet, in dem Sie eine Idee vorstellen möchten. Während des Meetings erkennt ein Kollege, wie gut die Idee ist, und beginnt, die Wortführung zu übernehmen. Diese Situation lässt die Amygdala eine Fight- (Kämpfen), Flight- (Flüchten) oder Freeze- (Erstarren) Reaktion auslösen, indem sie den Thalamus und das autonome Nervensystem aktiviert: Adrenalin und Cortisol werden ausgeschüttet, Herzschlag und Atmung beschleunigen sich, um den Körper besser mit Sauerstoff zu versorgen, und die Leber produziert mehr Glukose, um Ihnen genug Energie für „Kampf" oder „Flucht" zur Verfügung zu stellen. Zu diesem Zeitpunkt hat die Amygdala nicht nur potentiell destruktives Verhalten herbeigeführt, sondern Sie zusätzlich in einen Zustand versetzt, in dem Teile Ihres Kortex deaktiviert sind. Das macht es Ihnen unmöglich, sich eine kreative Lösung zu überlegen, wie Sie mit dieser Situation umgehen können. Sie sind buchstäblich gefangen in Ihrem emotionalen Zustand.

Am Dienstag, den 19. August 2014, erhielt die Polizeidienststelle von St. Louis, USA, einen Anruf von einem Besitzer eines Supermarkts. Er berichtete von einem jungen Mann, der Getränke und ein paar Donuts geklaut hatte. Zwei Polizeibeamte reagierten auf den Anruf und fuhren mit einem Streifenwagen zu dem Laden. Als sie dort ankamen, stand der junge Mann vor dem Geschäft. Wenn es Anzeichen dafür gibt, dass ein Verdächtiger potentiell gefährlich sein könnte, bringt man ihn normalerweise bei erhobener Waffe dazu, sich auf den Boden zu legen, bis ihm Handschellen angelegt worden sind und er zur Polizeidienststelle gebracht werden kann. Was an diesem Tag geschah, war eher ungewöhnlich: Als die Polizisten den Streifenwagen verließen und ihre Waffe zogen, kam der junge Mann auf die Beamten zu und rief dabei „Erschießt mich! Los, erschießt mich!". In weniger als 15 Sekunden eröffneten die beiden Polizeibeamten das Feuer. Dem 25-jährigen Kajieme Powell blieb dabei keine Chance zu überleben.

Polizeibeamte werden darauf geschult, in solchen stressigen und potentiell gefährlichen Situationen richtig zu reagieren, dabei ruhig zu bleiben und die trainierte Vorgehensweise einzuhalten. Die unerwartete Reaktion von Powell verursachte bei den Polizisten eine übermäßig starke Aktivierung der Amygdala, welche zu einer schnellen Aktivierung des Überlebensmechanismus führte. Dadurch wurde ein Großteil des Kortex buchstäblich von rationalen Entscheidungen ausgeschlossen und machte es den Polizisten unmöglich, über das Vorgehen nachzudenken und eingeübte Prozeduren auszuführen. Die einzige Nachricht, die unser Gehirn uns sendet, ist „TU WAS!" und verteidige dich. Dasselbe gilt für andere Berufsgruppen, die starkem Stress ausgesetzt sein können. Beispielsweise erhalten Piloten ein intensives Training, damit sie während eines Notfalls ganz bestimmte Handlungsanweisungen befolgen. Die Analyse von vielen Notfallsituationen hat aber zeigen können, dass durch die Impulse, die die Amygdala aussendet (TU WAS und rette dich), es Personen trotzdem nicht schaffen, diesen vorgesehenen Handlungsanweisungen zu folgen. Deshalb werden Piloten häufig darauf trainiert, sich bei einem Notfall als erstes auf ihre Hände zu setzen. Dadurch verhindert man, dass die Piloten eine unmittelbare, unüberlegte Schutzreaktion zeigen.

Auch wenn die hier beschriebenen Beispiele extrem sind, ist die übermäßige Aktivierung der Amygdala der Grund für die meisten unserer Probleme im privaten und beruflichen Leben: ungünstige Kommunikation, ein schlechter Führungsstil, fatale Entscheidungen unter hohem Stress oder Unsicherheit, eine negative Stimmung auf der Arbeit, eine geringere Leistungsfähigkeit, eine schlechtere Teamleistung, verringerte Kreativität, verpasste Möglichkeiten, verschlechterte psychische und physische Gesundheit und häufigere Fehltage am Arbeitsplatz. Für die meisten dieser Probleme gibt es Kurse und Workshops, die aber in vielen Fällen nur an den Symptomen arbeiten: Wenn Sie sich in einer schwierigen Unterhaltung wiederfinden, verwenden Sie das Modell ABC, um das Gespräch wieder in die richtigen Bahnen zu lenken. Wenn Sie sich selbst weniger stressen wollen, setzen Sie Modell XYZ ein. Sind wir in einem Zustand, der es uns erlaubt, vernünftig zu denken, können diese Modelle gute Arbeit leisten. Wird jedoch unser Gehirn von der Amygdala übernommen, die uns in einen Zustand hoher emotionaler Reaktivität bringt und damit den Kortex ausschaltet, den wir für die Anwendung des Modells benötigen, schaffen wir es nicht mehr, die Unterhaltung zu retten oder unser Stresslevel zu senken. Wie wir noch sehen werden, verändert Mindfulness die Funktionalität und sogar die Struktur der Amygdala und greift somit am Kern persönlicher und beruflicher Probleme an. Mindfulness verringert die Intensität der emotionalen Reaktivität, wenn wir Stressoren ausgesetzt sind.

Was ist mit positiven Emotionen?

Warum haben wir positive Emotionen? Wie konnten positive Emotionen für unser Überleben hilfreich sein? Das Belohnungssystem in unserem Gehirn spielt seit jeher eine bedeutende Rolle bei unserem Überleben. Die Hirnstruktur, die dafür verantwortlich ist, dass wir Belohnungen empfinden können, ist der Nucleus Accumbens, Teil des ventralen Striatums. Der Nucleus Accumbens ist entscheidend für das Empfinden von Freude, Lachen, Belohnung und Lernen durch wiederholte Belohnungserfahrung. Dieses Hirnareal schüttet Dopamin aus, was dazu führt, dass wir uns gut fühlen. Es wird aktiviert, wenn wir essen oder Sex haben – beides äußerst wichtig für das Überleben der Menschheit. Es sind angeborene Reaktionen des Nucleus Accumbens, die entscheidend waren für unser Überleben. Darüber hinaus hat er im Laufe unseres Lebens gelernt, auch auf andere Reize – wie beispielsweise Geld – zu reagieren. Wenn wir einem kleinen Kind Geld geben, wird der Nucleus Accumbens nicht aktivert werden, da das Kind die belohnende Bedeutung von Geld noch nicht gelernt hat. Ganz im Gegensatz dazu wird er bei einem Erwachsenen, der Geld erhält, aktiv und sorgt so für das belohnende Gefühl. In gleicher Weise wird er auch aktiviert, wenn wir Alkohol trinken, Schokolade essen oder sehen und sogar wenn wir Nachrichten oder E-Mails auf unserem Smartphone abrufen. Je öfter diese Aktivitäten mit der Aktivierung in dieser Hirnregion einhergehen, desto schwieriger fällt es uns, diese Aktivitäten aufzugeben oder zu kontrollieren, da sie in uns ein positives Gefühl oder sogar ein Verlangen entstehen lassen.

Hinzu kommt, dass schon allein bestimmte Hinweisreize, die im Zusammenhang mit diesen Aktivitäten stehen, das Belohnungssystem vorzeitig aktivieren können. Das macht es uns umso schwerer, diesen Aktivitäten zu widerstehen. Wenn wir nach der Arbeit nach Hause kommen, bemerken wir vielleicht, dass uns ein Glas Wein entspannt, und wir fühlen uns gut, da das Belohnungssystem aktiviert wird. Nachdem wir einige Abende zur Entspannung das Glas Wein genossen haben, wird es vielleicht zu einer Gewohnheit: Sie kommen am Ende des Tages nach Hause, ziehen Jacke und Schuhe aus, gehen in die Küche und öffnen eine Flasche Wein. Es fällt Ihnen nun noch schwerer, dem Verlangen, nach der Arbeit mit einem Glas Wein zu entspannen, zu widerstehen. Was passiert hier? Als Sie die ersten Male ein Glas Wein trinken, nachdem Sie nach Hause gekommen sind, assoziieren Sie diese Situation damit, endlich entspannt zu sein. Vielleicht lief dabei im Hintergrund ruhige Musik oder eine gute Fernsehsendung. Nachdem Sie sich mehrmals diesen angenehmen Assoziationen ausgesetzt haben, hat Ihr Belohnungssystem „gelernt", dass, wenn Sie nach Hause kommen, auf der Couch entspannen und fernsehen, immer ein besonderes Vergnügen, das Glas Wein, dazugehört. Dadurch wird nach einiger Zeit das Belohnungssystem bereits schon dann aktiviert, wenn Sie sich in diesem Kontext (Sie kommen nach Hause, ziehen Jacke und Schuhe aus) befinden oder sogar nur daran denken. Dieser gesamte Kontext beginnt als Hinweisreiz zu dienen, der eine kommende Belohnung anzeigt. Diese vorzeitige Aktivierung Ihres Belohnungssystems führt dazu, dass Sie das Glas Wein umso stärker brauchen, und macht es Ihnen viel schwieriger zu widerstehen. Wie Sie sich vielleicht schon denken können, spielt dieser Teil des Gehirns eine wichtige Rolle bei der Entstehung von Süchten.

Neben dieser eher offensichtlichen Überlebensfunktion konnte aktuelle Forschung außerdem zeigen, dass wir mit der Hilfe von positiven Emotionen Ressourcen ansammeln können. Erleben wir mehr positive Emotionen, macht uns das belastbarer und zu widerstandsfähigeren Versionen unserer Selbst, so dass wir für zukünftige Gefahren und Herausforderungen besser gewappnet sind.

Digitale Revolution: Legt sie unsere Schaltzentrale lahm?

Was tun Sie als erstes, wenn Sie morgens aufwachen? Was machen Sie, wenn Sie an einer roten Ampel warten müssen? Was machen Sie, wenn Sie mit dem Auto im Stau stehen? Was machen Sie, wenn Sie im

Supermarkt in der Schlange stehen? Was machen Sie, kurz bevor Sie schlafen gehen? Was machen Sie, wenn Ihnen langweilig ist?

In einer Zeit, in der wir durchgängig online sind, sind Personen, die in diesen Situationen nicht zu ihrem Smartphone greifen, eher die Ausnahme als die Regel. Die Entwicklung unseres Gehirns läuft der digitalen Revolution hinterher. Unser Gehirn ist nicht in der Lage, mit dieser schnellen digitalen Revolution umzugehen, und viele leiden unter dem ständigen Drang oder Impuls, E-Mails oder Nachrichten auf dem Smartphone oder Laptop abzurufen. Dieser ständige — oft unbewusste — Drang oder Impuls hat starke negative Auswirkungen auf unsere Produktivität während der Arbeit, auf unsere Konzentration, Selbstregulationsfähigkeit, Kreativität, sozialen Interaktionen, Kommunikation usw. Was passiert, wenn während eines Meetings ein Handy klingelt? Höchstwahrscheinlich werden die Belohnungssysteme aller Anwesenden unmittelbar aktiviert werden, was dazu führt, dass einige selbst auf ihr Smartphone schauen oder zumindest denken: „Ich sollte meine Nachrichten abrufen." Die Aktivierung des Belohnungssystems kann so stark sein, dass es uns schwer fällt, uns auf das Meeting zu konzentrieren, und unsere Gedanken wandern zu unserem Smartphone oder wir denken an eine Person, von der wir eine Nachricht erwarten. Vielleicht kommt uns der Inhalt einer bestimmten E-Mail in den Sinn, die wir an diesem Morgen erhalten haben. Der Drang danach, unser Smartphone zu kontrollieren, ist so stark geworden, dass sogar die Nebenwirkungen denen einer Drogensucht ähneln. Was passiert, wenn Ihr Handy außer Reichweite ist oder Sie es zu Hause vergessen haben? Wir werden nervös oder besorgt. Können wir uns überhaupt vorstellen, ohne unser Smartphone in den Urlaub zu fahren? Und trotzdem erfreuen sich Meditationswochenenden, abseits von Laptop und Smartphone, immer größerer Beliebtheit, ganz so, als bräuchten wir eine Ausrede, unsere mobilen Geräte einmal für eine längere Zeit auszuschalten.

Neben der Tatsache, dass Smartphones bei uns zu einer neuen Sucht geführt haben, können sie auch die Qualität unseres Schlafs negativ beeinflussen, wenn wir sie über Nacht in unserem Schlafzimmer aufbewahren. Eine aktuelle Studie konnte nachweisen, dass insbesondere das Mobilfunksignal Teile des Schlafs stören kann, die für unsere Erholung wichtig sind. Aber vielleicht brauchen wir einfach das sichere Gefühl, ohne Unterbrechung Zugang zu unserem Smartphone zu haben, Tag und Nacht.

Übung: Impulse

Wissen Sie, welche Impulse Sie haben? Haben Sie impulsive Gedanken? Wenn wir Personen danach befragen, stellen wir häufig fest, dass es ihnen schwerfällt, die eigenen impulsiven Gedanken oder Verhaltensweisen zu erkennen. Um Sie durch diese Übung zu führen, haben wir eine Liste mit Impulsen und Gedanken erstellt, die häufig vorkommen und zu dem Verhalten führen, dass wir hier aufgeführt haben. Erkennen Sie sich in einigen dieser Beispiele wieder?

- Sie denken an eigene Erfahrungen, wenn jemand anderes gerade etwas erzählt.
- Sie unterbrechen Ihr Gegenüber, wenn Sie sich mit seiner Geschichte identifizieren oder das Gefühl haben, er hat Sie nicht richtig verstanden.
- Sie schauen auf Ihr Smartphone, wenn jemand anderes in Ihrer Nähe dies auch tut oder wenn Sie irgendwo warten müssen.
- Sie fangen an zu reden, wenn gerade eine unangenehme Stille herrscht.
- Sie beginnen in einer Unterhaltung Ihren Satz mit „Ja, aber...".
- Sie seufzen, bevor Sie einen Anruf von einer Person annehmen, mit der Sie eigentlich nicht reden wollen.
- Sie kratzen sich an der Nase, kauen auf Ihren Nägeln, schalten den Radiosender um oder fluchen, wenn Sie in einem Stau feststecken.
- Sie schauen auf die Uhr.
- Sie denken: „Sie ist so anstrengend." oder „Über was wird sie sich wohl dieses Mal beschweren?", kurz bevor Sie zu einem Meeting gehen, an dem diese ungeliebte Kollegin auch teilnehmen wird.
- Sie trinken Alkohol nach einem anstrengenden Arbeitstag.
- Sie öffnen Facebook oder eine Nachrichtenseite, sobald Sie Ihren Computer gestartet haben.
- Sie übergeneralisieren, wenn Sie eine negative Emotion fühlen: „Immer machst Du das", „Sowas passiert immer nur mir", „Sie ist immer so unhöflich". Ihr eigenes Verhalten schreiben Sie jedoch dem Kontext zu: „Die Situation hat mir keine andere Wahl gelassen", „Ich war ein bisschen unhöflich, aber ich hatte eine gute Ausrede".
- Sie seufzen oder beschweren sich, wenn das Wetter schlecht ist.

- Sie kontrollieren Ihre Geschwindigkeit, wenn Sie ein Polizeiauto auf der Straße sehen.
- Sie fragen sich: „Warum?".
- Sie konzentrieren sich nur auf sich und folgen dem Meeting nicht mehr, kurz bevor Sie etwas sagen wollen.
- Sie gönnen sich nach dem Mittagessen etwas Süßes oder einen Kaffee.
- Sie denken: „Ich schaffe das nicht" kurz vor einer schwierigen Herausforderung.
- Sie zünden sich während eines Telefonats eine Zigarette an.

All diesen Verhaltensweisen geht ein Impuls voraus. Sie haben vielleicht herausgefunden, dass Sie häufiger impulsiv handeln oder automatische Gedanken haben, als Ihnen bewusst war. Beachten Sie, dass die Verhaltensweisen und Gedanken, die wir hier aufgeführt haben, die Folgen eines bestimmten Impulses sind. Diese Impulse können wir nicht vermeiden, aber wir können die Handlung bestimmen, die daraus hervorgeht. Ich kann den Impuls, jemanden zu unterbrechen, nicht vermeiden, aber ich kann mich dazu entschließen, meinem Gegenüber nicht ins Wort zu fallen. Ich kann den Impuls nicht vermeiden, mich über das Wetter beschweren zu wollen, aber ich kann mich entscheiden, das Jammern sein zu lassen. Ich kann den Impuls nicht verhindern, nach dem Mittagessen einen Nachtisch bestellen zu wollen, aber ich kann mich entscheiden, ihn nicht zu bestellen. Obwohl viele Menschen versuchen, diese spontanen Impulse zu unterdrücken, konnten Studien zeigen, dass das Unterdrücken dieser Impulse, Gedanken und Emotionen sie nur verstärkt. Versuchen Sie in den nächsten Tagen die Impulse, die Sie bei sich wahrnehmen, ganz einfach nur zu beobachten. Wir werden später darauf zurückkommen.

In Kürze

Die meisten unserer Entscheidungen und das meiste unseres Verhaltens ist das Ergebnis von zwei Prozessen. Der erste Prozess (der bottom-up-Prozess) bestimmt Emotionen, Impulse und Gedanken und wird automatisch aktiviert. Der zweite Prozess (der top-down-Prozess) ist nötig, um unsere bottom-up-gesteuerten Emotionen, Impulse und Gedanken mit unserem gewünschten Verhalten in Einklang zu bringen.

Emotionen sind wichtig für unser Überleben, helfen uns darüber hinaus aber auch in unserem Alltag und zeigen uns, was für uns wirklich Bedeutung hat und was nicht. An Situationen, die für uns eine emotionale Bedeutung haben, erinnern wir uns leichter.

Wir konstruieren unsere eigenen Emotionen. Zwischen dem Ereignis und der Emotion, die wir daraufhin fühlen, legen wir uns eine Geschichte zurecht, die durch die Emotion selbst geformt wird. Dass wir uns selbst eine Geschichte erzählen, geschieht meist unbewusst und ist in vielen Fällen das Ergebnis von früheren Erfahrungen. Wenn Sie von etwas gestresst sind, fühlen Sie sich nicht wegen der Sache an sich schlecht, sondern aufgrund Ihrer eigenen Interpretation.

> *„Ergib Dich nicht der Stimmung dessen, der Dich beleidigt, und folge nicht dem Weg, auf den er Dich schleppen möchte."*
> **Marcus Aurelius**

Das Limbische System ist entscheidend für unsere Gefühlswelt. Die wichtigsten Hirnstrukturen des Limbischen Systems sind der Thalamus (unser „Tor zum Bewusstsein"), der Hypothalamus (der viele Körperfunktionen reguliert), der Hippocampus (der an unserem Gedächtnis beteiligt ist) und die Amygdala (die den Dingen um uns herum einen – vor allem negativen – emotionalen Wert gibt).

Die Amygdala ist wichtig für unser Überleben, indem sie die Fight-Flight-Freeze-Reaktion einleitet, wenn uns eine reale Gefahr bedroht. Dabei müssen wir verstehen, dass sie oft auch dann aktiviert wird, wenn wir unserem alltäglichen Stress ausgesetzt sind, zum Beispiel wenn wir eine E-Mail von unserem Chef bekommen oder mit einer Person zusammenarbeiten müssen, die wir nicht mögen. Diese übermäßige Aktivierung ist die Ursache für viele unserer Probleme, zum Beispiel mangelhafte Kommunikation, einen schlechten Führungsstil, fatale Entscheidungen in Krisensituationen, geringere Produktivität, schlechte Teamarbeit etc. Die Amygdala lässt uns sofort handeln, oft in aggressiver oder vermeidender Weise.

Positive Emotionen werden durch die Aktivierung des ventralen Striatums hervorgerufen, das unser Belohnungssystem bildet. Neben der Überlebensfunktion gibt uns diese Hirnstruktur ein gutes Gefühl, wenn wir eine Belohnung erhalten, und spielt vor allem beim Lernen durch Belohnungserfahrung eine wichtige Rolle. Das Striatum ist außerdem stark beteiligt an der Entstehung von Süchten, wie beispielsweise unsere Abhängigkeit von unserem Smartphone oder Computer.

Teil I. 2: Belohnung oder Bestrafung: Wer bin ich?

8:30 Uhr. So wie jeden Tag kommt Daniel pünktlich zur Arbeit und trägt einen bequemen, klassischen Anzug. Er grüßt Sabine an der Rezeption und geht in sein Büro. Daniel hat ein Projekt an Land ziehen können und soll dem Kunden heute die finale Projektskizze präsentieren. Daniel konzentriert sich auf die potentiellen Risiken und Verluste. Er kontrolliert, ob sein Team das verhandelte Budget und die vereinbarte Deadline einhalten kann, und ist etwas besorgt, ob sie die richtigen Fähigkeiten besitzen, um den Wünschen des Kunden gerecht zu werden. Er überlegt, einige neue Experten einzustellen, zögert aber, da er nicht gern mit Personen arbeitet, die er nicht gut kennt. Er kennt seine Mitarbeiter sehr gut und weiß gerne, was er zu erwarten hat. Daniel überlegt, seinen Chef anzurufen, um mit ihm nochmals die möglichen Risiken des Projekts durchzugehen und Vorschläge zur Einstellung von neuen Experten zu unterbreiten. Da sein Chef dann vielleicht an seiner Kompetenz und Fähigkeit, dieses Projekt zu leiten, zweifeln könnte, entscheidet er sich dagegen. Daniel stellt den Projektvorschlag fertig, nachdem er noch zweimal alle Details überprüft hat, immer noch unsicher wegen der Möglichkeit, dass Zeit und Budget nicht ausreichen könnten. Er will den Klienten nicht enttäuschen. Später soll der Projektvorschlag dem Kunden präsentiert werden. Daniel hasst es, wenn er Präsentationen halten muss und dabei alle Aufmerksamkeit auf ihn gerichtet ist – und das anschließende Abendessen mit dem Kunden nicht zu vergessen. Aus irgendeinem Grund findet er es schwierig, in solchen Situationen die richtigen Gesprächsthemen zu finden. Er beschließt, nicht mehr als ein Glas Wein zu trinken, da er noch mit dem Auto nach Hause fahren muss, und hat das Gefühl, als dauere das Abendessen eine Ewigkeit. Als er schließlich nach Hause kommt, hat er immer noch etwas Zeit, seinen nächsten Urlaub zu planen. Er hat bereits viel Zeit damit verbracht, Erfahrungsberichte über den Urlaubsort zu lesen, den er ausprobieren will. Nachdem er mit ein paar Freunden gesprochen hatte, die bereits einmal dort gewesen waren, entschied er sich, den Urlaub zu buchen. Als er nun vor seinem Computer sitzt, ist er erneut unsicher und verschiebt die Entscheidung auf den nächsten Tag. Erschöpft geht er ins Bett. Da er es nicht schafft, die Gedanken an die Risiken des Projekts zu unterbinden, braucht er lange, um einzuschlafen.

8:30 Uhr. Tom kommt zur Arbeit. Er trägt einen modischen Anzug mit seiner neuen, knallroten Krawatte. Gut gelaunt unterhält er sich an der Rezeption mit der attraktiv aussehenden Sabine, bevor er in sein Büro geht. Vielleicht fragt er sie demnächst einmal, ob sie mit ihm ausgehen will. Tom hat ein Projekt an Land gezogen und soll dem Kunden heute die finale Projektskizze präsentieren. Er konzentriert sich auf die großen Möglichkeiten, die das Projekt bietet. Es steigert seine Aufstiegschancen enorm, dass er dieses Projekt an Land gezogen hat und bietet zudem die Möglichkeit, die Kooperation mit dem Kunden zu steigern. Da dieses Projekt Fähigkeiten verlangt, die sein aktuelles Team möglicherweise nicht besitzen könnte, entscheidet sich Tom dafür, eine neue Person einzustellen. Sowohl Budget als auch Deadline sind zwar etwas herausfordernd, doch damit will Tom sich erst beschäftigen, wenn es soweit ist. Kurz vor der Präsentation ruft er seinen Chef an, um ihn nochmal daran zu erinnern, dass er es war, der dem Unternehmen dieses fantastische Projekt beschert hat. Tom freut sich auf die Präsentation. Er liebt es, im Mittelpunkt zu stehen und zu verkaufen, was auch immer verkauft werden muss. Während des Abendessens findet er heraus, dass sein Kunde in demselben Club Tennis spielt wie sein Bruder und sie dieselben Weine mögen. Nachdem sie ein paar Gläser Wein getrunken und einen netten Abend verbracht haben, fährt Tom nach Hause und fühlt sich nach diesem Tag einfach großartig. Er findet, er hat sich einen Urlaub verdient. In dieser guten Stimmung bucht Tom spontan einen Urlaubstrip nach Florida. Bevor er schlafen geht, schreibt er Sabine und fragt sie, ob sie ihn Freitagabend auf ein paar Drinks begleiten würde. Er freut sich schon darauf, ihr eine gute Zeit zu bereiten. Vielleicht kommt sie ja spontan mit nach Florida?

In welcher Person finden Sie sich eher wieder? Daniel oder Tom?

BIS und BAS

Diese Beispiele machen deutlich, dass unsere Persönlichkeit einen bedeutenden Einfluss auf unsere Wahrnehmung von Situationen hat und entscheidet, wie wir uns in Folge dessen fühlen, verhalten und wie wir agieren oder reagieren. Eine der wichtigsten Persönlichkeitstheorien ist die biopsychologische Theorie der Persönlichkeit von Alan Gray aus dem Jahr 1970. Diese Theorie postuliert drei bedeutende motivationale Systeme, die unser Verhalten steuern. Diese sind das bereits erwähnte Fight-Flight-Freeze-System (FFFS), das Behavioural-Inhibition-System (BIS) und das Behavioural-Activation-System (BAS). Wir alle haben diese drei Systeme in uns. Es ist aber so, dass das BIS und das BAS in jeder Person eine bestimmte Empfindlichkeit haben, welche als Persönlichkeitsmerkmal relativ stabil ist. Die Empfindlichkeit des BAS erlaubt eine Vorhersage der individuellen Empfänglichkeit für Belohnung und kontrolliert das Annäherungsverhalten bezüglich Personen und Situationen. Das BAS weist einen hohen Zusammenhang mit der individuellen Anlage einer Person auf, Ziele zu verfolgen und zu erreichen. Personen mit einem besonders empfindlichen BAS zeigen in höherem Maße Stolz, Freude und Hoffnung in Reaktion auf Umweltreize, die eine Belohnung darstellen.

Wie bereits im ersten Teil des Buches erklärt wurde, ist das FFF-System ein wichtiger Überlebensmechanismus. Wenn wir einer tatsächlichen Gefahr gegenüberstehen, wie einem sich annähernden Tiger, ruft dieses System automatisch Todesangst hervor und bereitet uns darauf vor, zu kämpfen, zu fliehen oder zu erstarren. Obwohl dieses System bei realen Gefahren äußerst wichtig ist, ruft es die Fight-Flight-Freeze-Reaktion (kämpfen, fliehen oder erstarren) vielleicht auch in Situationen hervor, die uns einfach Angst machen oder die wir als reale Gefahr nur wahrnehmen. Es ist keine reale Gefahr, wenn wir während eines wichtigen Meetings etwas sagen müssen. Wir fürchten schließlich nicht um unser Leben. Nichtsdestotrotz kann uns diese Situation ängstlich genug machen, um das FFFS zu aktivieren, wodurch wir uns ängstlich verhalten und damit sogar vermeiden, etwas zu sagen.

Welches der beiden motivationalen Systeme aktiviert wird, entscheidet das BIS. Das BIS bestimmt unsere Empfänglichkeit für Bestrafung. Die Sensitivität des BIS beeinflusst, ob das FFFS oder das BAS aktiviert wird. Wenn das BIS sehr sensitiv ist, wird eher das FFFS aktiviert. Folglich werden herausfordernde Situationen als Gefahr gesehen, die in Vermeidung oder Kampfverhalten resultieren. Wenn das BIS nicht so sensitiv ist, wird eher das BAS aktiviert. Folglich werden dieselben herausfordernden Situationen belohnend erkannt, was entsprechend in Annäherungsverhalten resultiert.

Das FFFS steht mit Angst in Zusammenhang, was bedeutet, dass wir um unser Leben fürchten, wenn sich ein Tiger nähert. Das BIS steht aber in Zusammenhang mit Ängstlichkeit, wenn wir zum Beispiel in der Öffentlichkeit reden müssen. Die Sensitivität des BIS kann als Schwelle betrachtet werden, ab der das FFFS in einer bestimmten Situation eine Stressreaktion hervorruft und uns kämpfen (fight), fliehen (flight) oder erstarren (freeze) lässt. Wenn das BIS sehr sensitiv ist, dann bedeutet das, dass die Schwelle sehr niedrig ist und das FFFS bedeutend leichter aktiviert wird. Dies führt schließlich eher zu Vermeidung und Kampfverhalten, anstatt eine annähernde Reaktion durch das BAS hervorzurufen. Die Aktivität des BIS sagt die individuelle Empfänglichkeit für Strafen (beziehungsweise die individuelle Reaktion auf alle Situationen, auf die eine Strafe folgen könnte) oder ganz allgemein negative Ereignisse voraus. Wenn jemand empfänglicher ist für Strafe, wird er diese bestimmten Situationen natürlich vermeiden, um negative Erfahrungen, wie Angst, Sorge, Frustration oder Traurigkeit, zu verhindern. Personen mit einem empfindlichen BIS sind empfänglicher für negative Reize und bewerten Ereignisse insgesamt auch negativer.

Man geht davon aus, dass die Sensitivität unseres BIS und BAS einen Teil unserer Persönlichkeit ausmacht. Unsere Persönlichkeit kann als eine dynamische und organisierte Zusammenstellung von Charakteristiken angesehen werden, die unsere Umwelt, Kognitionen, Emotionen und unsere Motivationen sowie unser Verhalten in den verschiedensten Situationen in einzigartiger Weise beeinflussen. Lassen Sie uns die Interaktion zwischen FFFS, BIS und BAS anhand einiger Beispiele zusammenfassen. In extremen Situationen spielt das BIS keine große Rolle:

Werden Sie lebensbedrohlich angegriffen, wird das FFFS automatisch aktiviert. Sie werden um Ihr Leben rennen. Kein Zweifel. Wenn Sie endlich die Chance haben, Ihren Traumjob zu erhalten, wird Ihr BAS ein Annäherungsverhalten hervorrufen, das heißt, Sie werden sich bewerben. Kein Zweifel. Wenn Ihnen die Situation jedoch die Wahl zwischen Annäherung und Vermeidung lässt, entscheidet die Sensitivität Ihres BIS darüber, ob Sie sich der Situation stellen oder sie vermeiden. In dem oben beschriebenen Beispiel müssen Daniel bzw. Tom etwas vor dem Vorstand präsentieren. Daniel würde am liebsten die Situation vermeiden, wohingegen Tom es kaum erwarten kann, die Präsentation zu halten. Im Allgemeinen halten die meisten Personen eine öffentliche Rede aufgrund des sozialen Drucks für eine unangenehme Situation. Daraus geht hervor, dass wir entweder die Situation vermeiden (wollen) oder zumindest ziemlich gestresst sind (hervorgerufen durch das FFFS) oder wir die Situation angehen (hervorgerufen durch das BAS). Ob wir nun die Situation vermeiden (das FFFS gewinnt) oder uns der Situation stellen (das BAS gewinnt), hängt von der Sensitivität des BIS ab. Wenn wir ein besonders sensitives BIS haben, erleichtert das dem FFFS, vermeidendes Verhalten hervorzurufen. Wenn hingegen unser BIS nicht sensitiv ist, wird das BAS ein annäherndes Verhalten auslösen.

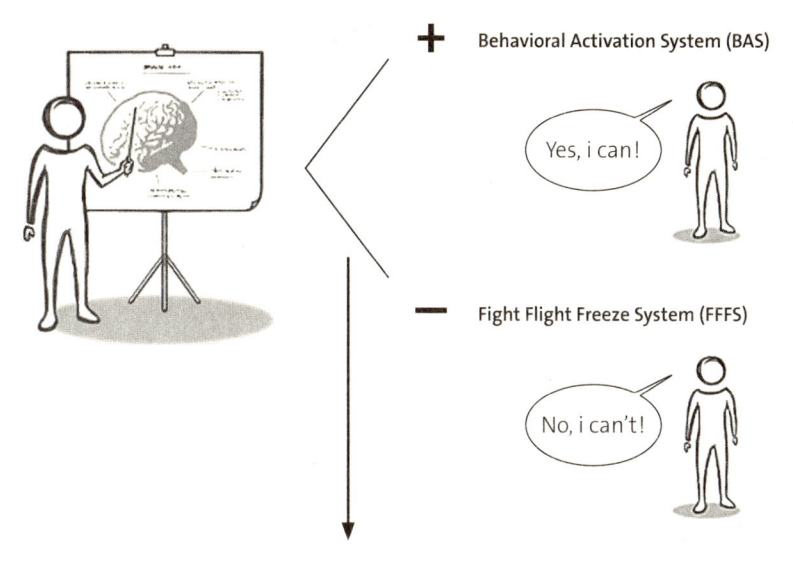

Ob das BAS oder das FFFS aktiviert wird, ist abhängig von der Sensitivität des
Behavioral Inhibition Systems

Abbildung 3: Die Interaktion zwischen BAS, FFFS und BIS
Ob das BAS oder FFFS aktiviert wird, ist abhängig von der Sensitivität des BIS.
Quelle: One Step Ahead – Notebaert Consulting (Design von Lars Richter)

In dem oben genannten Beispiel scheint Daniel ein sehr sensitives — also leicht erregbares — BIS in Kombination mit einem weniger sensitiven — also schwer erregbaren — BAS zu haben. Tom scheint dagegen ein hoch sensitives BAS und wenig sensitives BIS zu besitzen. Daniels empfindliches BIS funktioniert wie ein Filter, der seine Wahrnehmung beeinflusst: Es fällt ihm leichter, die Risiken des Projekts zu sehen und er empfindet sie als problematisch. Daniel fühlt sich nicht wohl dabei, seinen Chef anzurufen, und ist besorgt, dieser könnte von ihm denken, er sei inkompetent. Sein BIS wird stark aktiviert und löst das FFFS aus, das ihn hemmt und daran hindert, den Anruf zu tätigen. Daniel hält nicht gerne eine Präsentation, da sein leicht erregbares BIS eine Stressreaktion auslöst, wenn er daran denkt, dass die anderen Personen ihn beurteilen könnten. Ebenso hemmt es ihn während der Präsentation und ist dafür verantwortlich, dass er sich unwohl und ängstlich fühlt. Daniel versucht, neue Personen und Situationen zu vermeiden, da er mögliche Gefahren stärker wahrnimmt. Neue Personen und neue

Situationen sind unbekannt und könnten für ihn potentiell gefährlich sein. Durch die erhöhte Aktivierung seines BIS fühlt er sich unwohl und entscheidet sich deshalb für das, was ihm bekannt ist. Aus diesem Grund entscheidet er sich, das neue Urlaubsziel zu vermeiden. Sein stark aktiviertes BIS dominiert seine Gedanken und erschwert es ihm, sich von problematischen Ereignissen und negativen Erinnerungen zu distanzieren.

Eine Person mit einem leicht erregbaren BAS wird, besonders in Kombination mit einem niedrigen BIS, nicht nur leichter auf Reize reagieren, die eine Belohnung signalisieren, sondern wird zudem Ereignisse eher als belohnend statt bedrohend interpretieren. Außerdem scheint dieses System wie ein Filter zu funktionieren, durch den Informationen verarbeitet und in eine „belohnungsfokussierte" Sprache übersetzt werden, was dann schließlich Annäherungsverhalten hervorruft. Tom besitzt ein leicht erregbares BAS, das bei ihm als Wahrnehmungsfilter funktioniert: Er sieht die Möglichkeiten und Chancen des Projekts. Ein solches Projekt an Land zu ziehen, ist ein besonders belohnendes Ereignis, das die Chancen auf eine Beförderung erhöht und eine weitere Zusammenarbeit mit dem Kunden in Aussicht stellt. Das leicht erregbare BAS sorgt dafür, dass Tom neuen Situationen und Personen offen entgen tritt und so beispielsweise ein neues Teammitglied einstellt oder Sabine auf einen Drink einlädt. Die Möglichkeit, die Kosten des Projekts könnten das zur Verfügung stehende Budget überschreiten, sieht er als Herausforderung und nicht als Problem. Seinen Chef anzurufen, stellt für ihn eine mögliche Belohnung dar, da er so wahrscheinlich von ihm gelobt werden wird. Das leicht erregbare BAS macht Tom empfänglicher für die soziale Anerkennung, die man durch eine Präsentation erhält, und lässt ihn in sozialen Situationen, wie einem Abendessen mit dem Kunden, offen auf auch unbekannte Personen zugehen. Darüber hinaus ist Tom motiviert, neue Dinge auszuprobieren, wie einen Urlaubsort, den er noch nie zuvor besucht hat und über den man nur wenig im Voraus in Erfahrung bringen kann.

Zur Verdeutlichung sind die Geschichten von Daniel und Tom in eher extremer Weise dargestellt worden. Wie leicht erregbar Ihr BIS und BAS ist, ist keine Sache von schwarz und weiß, sondern vielmehr ein Punkt auf einem Kontinuum. Eine Person mit einem extrem sensitiven BIS kommt nahe an eine Angststörung heran, wohingegen eine Person mit einem extrem sensitiven BAS höchstwahrscheinlich Probleme mit seiner Impulsivität haben wird. Die allermeisten werden sich nicht an den Extremen des Kontinuums befinden. Obwohl eine hohe Sensitivität zu ungünstigem Verhalten führen kann, ist es nicht grundsätzlich gut oder schlecht, ein besonders sensitives BIS oder BAS zu besitzen. Beide motivationalen Systeme sind innerhalb einer Person, eines Teams und schlussendlich einer Organisation von entscheidender Bedeutung, um gut zu funktionieren. Eine Person, die ausschließlich die belohnenden Aspekte eines Projekts sieht, gerät in Schwierigkeiten, wenn sie große Risiken nicht sieht oder ignoriert. Umgekehrt verpasst eine Person leicht vielversprechende Möglichkeiten, wenn sie sich zu stark auf die Risiken fokussiert.

> Übung: Wer bin ich?
>
> Stellen Sie sich folgende Situationen vor:
>
> 1. Ihr Chef bittet Sie, vor dem Vorstand eine Präsentation über ein Thema zu halten, das — so wissen Sie — wichtig ist für die zukünftige Strategieausrichtung Ihres Unternehmens. Sie haben das Thema noch nicht völlig durchdrungen und Ihnen bleibt ein Tag, um sich vorzubereiten. Tun Sie es?
>
> 2. Sie leben mit Ihrem Partner in der Stadt, in der Sie inzwischen seit 15 Jahren wohnen und kennen sie in- und auswendig. Ihr Unternehmen bietet Ihnen eine Beförderung an, die Sie nur annehmen können, wenn Sie in ein anderes Land umziehen, das Sie sehr mögen. Ihr Partner unterstützt Sie, egal, ob Sie die Beförderung annehmen oder nicht. Gehen Sie?
>
> 3. Sie haben ein Meeting mit Ihren Teammitgliedern und Vorgesetzten. Sie diskutieren einen neuen Service, den Ihr Unternehmen zukünftig anbieten könnte. Sie haben eine Idee ausgearbeitet, von der Sie absolut begeistert sind, aber wissen bereits, dass einer Ihrer Vorgesetzten die Idee wahrscheinlich nicht mögen wird. Stellen Sie die Idee trotzdem vor?
>
> Beantworten Sie für alle drei Situationen die folgenden Fragen:
>
> 1. Was ist Ihre unmittelbare Reaktion?
>
> 2. Wenn Sie einem Freund von der Situation erzählen sollten, wie würden Sie sie beschreiben?

> 3. Wenn Sie die Gefühle beschreiben, die Sie in diesen Situationen erleben würden, welche wären es?
>
> 4. Wenn Sie sich entschlossen hätten, eine oder jede dieser Situationen anzugehen, wie hätten Sie sich im Anschluss gefühlt?

Ihre unmittelbare Reaktion gibt Ihnen einen Hinweis, von welchem motivationalen System Sie in der spezifischen Situation gelenkt werden. Sollten Sie im ersten Moment sofort „Nein!" gedacht haben, liegt das an Ihrem aktivierten BIS, das Sie die möglichen Gefahren sehen lässt, indem es das FFFS auslöst. Wenn Ihr erster Impuls der Gedanke „Ja!" gewesen sein sollte, wurde scheinbar Ihr BAS stark aktiviert und Sie nahmen den potentiellen Gewinn, den die Situation bereithält, wahr. Obwohl sich das, was wir sagen, häufig davon unterscheidet, was wir letztendlich wirklich tun, empfinden die meisten von uns sofort eine positive oder negative Emotion bei den oben genannten Beispielen, selbst wenn wir noch nicht mit den Details vertraut sind.

Die zweite Frage behandelt die Art und Weise, wie Sie diese Situationen wahrnehmen. Personen mit einem besonders leicht erregbaren BIS sprechen eher über die möglichen Risiken oder darüber, welche Probleme entstehen könnten: (1) „Der Vorstand könnte denken, ich sei inkompetent.", (2) „Ich werde mich nicht eingliedern können, da ich die Sprache nicht spreche.", (3) „Mein Chef wird gegen mich anreden, meine Idee schlecht machen und mich wie einen Idioten dastehen lassen.". Dahingegen werden Personen mit einem hohen BAS eher die potentiellen Chancen und Möglichkeiten wahrnehmen: (1) „Der Vorstand könnte mich als zentrale Figur sehen, wenn es um die Ausarbeitung der neuen Unternehmensstrategie geht.", (2) „Ich habe die Möglichkeit, einen neuen Teil der Welt zu entdecken.", (3) „Ich habe endlich die Chance, meinen Vorgesetzten zu zeigen, dass ich gute Ideen habe." Personen mit einem leicht erregbaren BIS nehmen unbekannte Situationen stärker als problematisch wahr, wohingegen Personen mit einem hohen BAS sie vielmehr als Herausforderungen sehen. Deshalb bevorzugt eine Person mit hohem BIS vielleicht eher das Joggen, während eine Person mit hohem BAS das Klettern anziehend findet. Wie wir eine Situation beschreiben, ist vergleichbar mit der Auflistung von Pro- und Kontra-Argumenten. Fangen Sie mit den Pros oder den Kontras an? Was fällt Ihnen leichter aufzulisten, Pros oder Kontras? Fallen die Pros oder die Kontras stärker ins Gewicht?

Die dritte Frage bezieht sich darauf, was Sie in diesen Situationen fühlen. Würden Sie Ihre emotionale Erregung eher als positiv oder als negativ beschreiben? Person mit einem hochsensitiven BIS sprechen eher von Angst: (1) „Ich würde es vorziehen, die Präsentation vor jemand anderem zu halten, da ich zu nervös und ängstlich sein werde.", (2) „Ich bin besorgt, dass ich mich in dem neuen Land nicht wohlfühlen werde.", (3) „Ich habe Angst, meine Kollegen könnten über mich lachen, wenn mein Chef meine Ideen heruntermacht." Eine Person mit hochsensitivem BAS wird stärker von positiven Emotionen berichten: (1) „Ich freue mich darauf, den Vorstand näher kennenzulernen.", (2) „Ich habe Lust, eine neue Kultur zu entdecken.", (3) „Ich bin froh, endlich zeigen zu können, was in mir steckt." Heißt das, dass Personen mit einem sensitiven BAS keine Angst spüren oder nie nervös sind? Natürlich nicht. Das FFFS dieser Personen funktioniert vermutlich tadellos, aber ihr wenig sensitives BIS löst es in einem Fall, in dem keine Gefahr droht, nicht so schnell aus.

Die vierte Frage zielt auf die Gefühle ab, die Sie spüren, nachdem Sie eine schwierige Entscheidung getroffen oder eine herausfordernde Tat vollbracht haben. Personen mit einem leicht erregbaren BIS werden eher von einer Erleichterung sprechen, dass die Gefahr überwunden und nun vorüber ist. Personen mit leicht erregbarem BAS werden eher Gefühle von Stolz und Begeisterung berichten, ganz so als ob sie bereit wären, sich der Herausforderung sofort erneut zu stellen.

Inzwischen sind einige Tests von Wissenschaftlern entwickelt worden, die die Sensitivität von BIS und BAS messen sollen. Ein wissenschaftlich gut fundierter Fragebogen ist der „Sensitivity to Punishment and Sensitivity to Reward Questionnaire (SPSRQ)". Beispielfragen für die BIS-Skala sind: „Haben Sie häufig Angst vor neuen oder ungewöhnlichen Situationen?", „Denken Sie generell mehr an die Gefahren im Leben als an die angenehmen Dinge?", „Bedrückt Sie häufig etwas so stark, dass es Ihre intellektuelle Leistungsfähigkeit beeinträchtigt?", „Verzichten Sie oft darauf, etwas Angenehmes zu tun, um sich nicht lächerlich zu machen?". Je häufiger Sie auf diese Fragen mit Ja antworten, desto größer ist Ihr Sensitivitätswert auf der BIS-Skala. Beispielfragen der BAS-Skala sind: „Gibt es viele Dinge oder Empfindungen, die Sie an angenehme Ereignisse erinnern?", „Fühlen Sie sich oftmals ermutigt, etwas zu tun, wenn dabei die Aussicht auf öffentliche Anerkennung besteht?", „Tun Sie oft Dinge, um unmittelbar davon zu profitieren?", „Würde es Ihnen gefallen, eine gesellschaftlich mächtige Person zu werden?". Je häufiger Sie diese

Fragen mit Ja beantworten, desto größer ist Ihr Sensitivitätswert auf der BAS-Skala.

Ihr Gehirn im Ruhezustand: Ein Fenster zu Ihrer Persönlichkeit?

Innerhalb einer Person stehen BIS und BAS in einer komplementären Beziehung, das heißt, nur ein System wird in einer bestimmten Situation aktiviert werden. Obwohl die Reize aus unserer Umwelt einen erheblichen Einfluss darauf haben, welches System aktiviert wird, können dieselben Reize bei einigen Personen das BIS und bei anderen das BAS auslösen. Der Grund, weshalb Daniel und Tom in unterschiedlicher Weise handeln/wahrnehmen/fühlen, liegt in der unterschiedlichen Sensitivität der beiden motivationalen Systeme innerhalb der beiden Personen und des Weiteren darin, dass die beiden Systeme durch unterschiedliche Hirnregionen gesteuert werden. Dies bedeutet somit auch, dass Informationen aus unserer Umwelt von verschiedenen Hirnregionen verarbeitet werden können und so unterschiedliche emotionale Bedeutung (Wertigkeit und Erregung) zugewiesen bekommen. Um zu verstehen, wie Personen mit hochsensitivem BIS oder hochsensitivem BAS die Welt durch unterschiedliche Filter wahrnehmen, wollen wir nun näher betrachten, in welchem Zusammenhang unsere Persönlichkeit mit der Funktionalität unseres Gehirns steht.

In den klassischen bildgebenden Experimenten, die untersuchen, welche Hirnstrukturen an den spezifischen mentalen Funktionen beteiligt sind, werden die Versuchspersonen in einen Magnetresonanztomographen (MRT oder umgangssprachlich oft auch Kernspin genannt) gebracht, der in der Lage ist, die Gehirnaktivität der Probanden indirekt zu messen. Wenn wir wissen wollen, welche Hirnregionen beim Kopfrechnen aktiv sind, könnten wir Personen in einem Scanner bitten, Kopfrechenaufgaben zu lösen. Währenddessen wird die Aktivität im gesamten Gehirn gemessen und aufgezeichnet. Dieses Aktivitätslevel wird anschließend mit der Aktivität verglichen, die auftritt, wenn die Versuchspersonen gerade keine Aufgabe rechnen. Der Vergleich der Aktivitätsmuster der beiden Bedingungen gibt uns einen Hinweis darauf, welche Hirnregionen beim Kopfrechnen von besonderer Bedeutung sind. Auch wenn diese Art von Experimenten häufig durchgeführt wird und äußerst viel zu unserem Verständnis, wie das Gehirn funktioniert, beigetragen hat, liegt der Fokus der aktuellen Forschung auf der Gehirnaktivität während des Ruhezustands, das heißt unter Abwesenheit einer Aufgabe. Man bezeichnet diese Aktivität im Ruhezustand als Resting-State-Aktivität. Obwohl sie etwas schwerer zu begreifen ist, scheint sie ebenso wichtig zu sein wie die aufgabenbezogene Aktivität, wenn wir verstehen wollen, wie unser Gehirn funktioniert.

Unser Gehirn befindet sich nie in einem völligen Ruhezustand, und die spontanen Schwankungen, die ständig auftreten, unterscheiden sich von Person zu Person. Hält man sich vor Augen, dass die Aktivität in unserem Gehirn schwankt und nicht immer gleich ist, ist es nicht schwer, sich vorzustellen, dass die Verarbeitung eines externen Reizes von dem Zustand abhängt, in dem sich unser Gehirn zum Zeitpunkt der Stimulation befindet. Die folgende Studie veranschaulicht diese Idee. Die Versuchspersonen wurden in einen Hirnscanner gebracht, der die spontanen Schwankungen der Hirnaktivität messen kann. Im Scanner bat man die Personen daraufhin, eine zweideutige Abbildung zu betrachten, in der man entweder eine Vase (weiße Oberfläche vor schwarzem Hintergrund) oder zwei Gesichter (schwarze Oberfläche vor weißem Hintergrund) wahrnehmen kann.

Abbildung 4: Mehrdeutiges Bild
Quelle: Hesselmann et al., Proceedings of National Academy of Sciences, USA, 2008

Die Forscher analysierten die spontanen Schwankungen, die vor allem im fusiformen Gesichtsareal (Fusiform Face Area, FFA) auftraten, ein Hirnareal, das auf die Verarbeitung von Gesichtern spezialisiert ist. Die Analyse zeigte, dass wenn die spontanen Schwankungen kurz vor der Präsentation des Bildes zu einer hohen Aktivität im FFA führten, die Personen eher die Gesichter als die Vase sahen. Dies zeigt eindrücklich, dass was wir sehen, wie wir etwas interpretieren und welche Gefühle aktiviert werden, von den spontanen Schwankungen unserer Hirnaktivität abhängig ist. Mit anderen Worten, die Schwankungen unserer Hirnaktivität, die im Ruhezustand auftreten, funktionieren wie ein Filter bei der Verarbeitung unserer Umwelt und beeinflussen so unsere Kognitionen und unser Verhalten. Entscheidend ist jedoch, dass diese Schwankungen zwar spontan auftreten, allerdings nicht zufällig sind. Die Forschung konnte zeigen, dass die Resting-State-Aktivität von Personen zuverlässig verschiedenste Persönlichkeitseigenschaften wie emotionale Stabilität, Extrovertiertheit oder auch die Sensitivität für Bestrafung und Belohnung (das BIS und BAS) vorhersagt.

Das Ausmaß, in dem Belohnungsreize unser BAS aktivieren, prägt unsere Persönlichkeit. Hierzu konnten bestimmte Schwankungen in der Resting-State-Aktivität im ventralen Striatum und dem orbitofrontalen Kortex beobachtet werden. Das sind Areale, die eine entscheidende Rolle in unserem Belohnungssystem spielen. Genauer gesagt, konnten unsere Kollegen zeigen, dass die Aktivität von Neuronen in diesen Arealen bei Personen mit leicht erregbarem BAS zeitlich weniger organisiert und koordiniert ist als bei Personen, die auf der BAS-Skala niedrig punkten. Dieselben Ergebnisse zeigten sich auch für das Ausmaß, in dem Bestrafungsreize bei hoher Sensitivität unser BIS aktivieren und damit unsere Persönlichkeit beeinflussen. In einer aktuellen Studie zeigten wir (Hahn, Notebaert und Kollegen), dass ein leicht erregbares BIS in Zusammenhang steht mit einer räumlich weniger geordneten und koordinierten neuronalen Aktivität in der Amygdala und dem Hippocampus. Wie bereits erwähnt, sind diese beiden Areale Teil unseres Limbischen Systems und gerade die Amygdala ist relevant für Angst und Ängstlichkeit. Diese beiden Studien legen nahe, dass die räumliche/zeitliche Organisation der neuronalen Aktivität in der Amygdala und dem Hippocampus bzw. dem ventralen Striatum und dem orbitofrontalen Kortex bestimmt, ob wir eine BIS- oder eine BAS-Person sind. Man geht davon aus, dass folglich das Ausmaß der (Des-)Organisation in diesen Hirnarealen die Verarbeitung von externen Reizen bestimmt und so unser Verhalten beeinflusst.

BIS und BAS unterhalten sich: Lost in translation

Wir wissen nun, dass unser BIS und BAS beeinflussen, was wir sehen, wie wir etwas sehen, welche Gefühle hervorgerufen werden und schließlich wie unser Verhalten beeinflusst wird. Wenn Sie ein leicht erregbares BIS haben, denken Sie sich die Risiken in Ihrer Umgebung nicht aus. Vielmehr sieht Ihr Gehirn schneller eine Gefahr, teilt es Ihnen mit und ruft so eine Stressreaktion oder negative Emotion hervor. Diese Kettenreaktion wird auch Ihren Sprachgebrauch beeinflussen und Sie sagen lassen, dass Sie „auf der Hut sein müssen". In derselben Situation wird das Gehirn einer Person, die ein wenig erregbares BIS, aber empfindliches BAS hat, dieselben Risiken nicht so leicht wahrnehmen. Darüber hinaus wird Ihr aktiviertes BAS Sie die Chancen und Möglichkeiten sehen lassen, die eine Belohnung versprechen. Doch wie werden diese beiden Personen kommunizieren?

Angenommen Daniel und Tom wären beide demselben Projekt zugewiesen worden. Indem sich Daniel der Risiken besonders bewusst ist und Tom die Chancen des Projekts sieht und in sozialen Interaktionen die Führung übernimmt, würden sich die beiden vermutlich gegenseitig gut ergänzen. Trotzdem könnte ihre unterschiedliche Persönlichkeit in bestimmten Situationen zu Kommunikationsproblemen führen. Nehmen wir an, Tom hat die Präsentation für den Kunden vorbereitet und sendet sie nun an Daniel, damit dieser sie nochmals durchsehen kann. Bei dem Gedanken, die Präsentation am nächsten Tag vor dem Kunden zu halten, wird Daniels BIS schnell aktiviert werden. Dadurch nimmt er die Gefahr, eine schlechte Rückmeldung des Kunden in Bezug auf Zeitplan und Budget zu riskieren, verstärkt wahr. Die Unterhaltung könnte wie folgt aussehen:

Daniel (mit der Intention, Tom vor der potentiell gefährlichen Situation zu schützen): „Tom, danke für die Präsentation, aber Du musst dringend etwas an dem Zeitplan und dem geplanten Budget ändern. Das schaffen wir nie!"
Tom (der durch diese Bemerkung sofort das Gefühl bekommt, seine Arbeit werde nicht wertgeschätzt): „Daniel, ich weiß, dass das Budget knapp ist, aber ich sehe das eher als eine Herausforderung, die wir meistern, wenn es an der Zeit ist."
Daniel (angesichts Toms Ignoranz etwas frustriert): „Wir haben hier ein schwerwiegendes Problem und so wie Du es planst, scheitert das Projekt mit Sicherheit."
Tom (jetzt völlig demotiviert): „Daniel, ich verstehe das nicht. Das

Projekt ist eine riesige Chance für unsere Karriere und Du redest es schlecht!"
Daniel (nun total frustriert): „Tom, Du verstehst es nicht! Warum willst Du es nicht einsehen?"
Was hier passiert, ist, dass Daniel und Tom verschiedene Sprachen sprechen, da sie die Welt unterschiedlich wahrnehmen. Sowohl Daniel als auch Tom versuchen dem Anderen zuzuhören und ihn zu verstehen, aber sie sind buchstäblich „lost in translation". Beide sind gefangen in ihren eigenen Geschichten und Emotionen.

Auch in unserem privaten Alltag tauchen diese typischen Unterschiede häufig auf, zum Beispiel bei Ehepaaren. Paul und Marie sind seit ein paar Jahren verheiratet und haben gemeinsam eine zweijährige Tochter, Lisa. Ein paar Beispiele sollen nun zeigen, wie Unterschiede in der Sensitivität von Pauls und Maries BIS und BAS zu herausfordernden Unterhaltungen führen können. Marie nimmt Lisa mit auf den Spielplatz, und während sie das Haus verlässt, sagt Paul: „Pass auf, dass sie Dir nicht wegläuft und lass sie nicht auf die Rutsche, sonst verletzt sie sich noch." Marie ruft zurück: „Ja, danke, Dir auch eine schöne Zeit" und wechselt mit Lisa noch schnell die Straßenseite, bevor die vorbeischießenden Autos die Sicht auf die beiden verdecken. Als sie nach Hause kommen, öffnet Paul die Tür und sagt Marie, sie sollen Lisas Hände waschen gehen, da der Sandkasten voller Dreck sei, in dem Tiere ihr Geschäft verrichten und sich mit Sicherheit auch eine Menge Bakterien aufhalten würden. Daraufhin entgegnet Marie: „Könntest Du nicht auch mal fragen, ob wir Spaß hatten?" Später am Tag macht sich Marie auf den Weg zu einem Arzttermin, während Paul besorgt zu Hause bleibt und hofft, dass mit Marie wirklich alles in Ordnung ist. Nicht die kleinste Wolke der Besorgnis kann hingegen Maries Himmel trüben.

Übung: Gedächtnisbildung

Wenn man Sie bitten würde, fünf Erlebnisse oder Ereignisse aufzuzählen, die außerhalb Ihres privaten Lebens stattgefunden haben und bei Ihnen eine starke emotionale Reaktion hervorgerufen haben, welche würden Sie nennen?

Wie bereits im ersten Kapitel beschrieben, bestimmt unsere emotionale Wahrnehmung dieser Situationen maßgeblich, was unsere Aufmerksamkeit erreicht und schließlich im Gedächtnis abgespeichert wird. Schaut man sich nun das limbische System genauer an, ist dies nicht weiter überraschend, da der Hippocampus, verantwortlich für die Bildung von neuen Gedächtnisinhalten, und die Amygdala, die Reizen aus der Umgebung einen emotionalen Wert zuweist, eng zusammenarbeiten. Wenn ein Ereignis für uns einen besonderen emotionalen Wert besitzt, erreicht es leichter unsere Aufmerksamkeit und Wahrnehmung und wird sodann eher im Gedächtnis gespeichert. Das ist der Grund dafür, dass viele Personen sich noch genau daran erinnern können, was sie gerade getan haben, als sie die Nachricht des Terroranschlags vom 11. September 2001 erreicht hat. Ich erinnere mich, wie ich (natürlich) vor dem Fernseher auf einer schwarzen Ledercouch saß, links von mir saß mein Freund Jan. Draußen war es immer noch hell und wir aßen Chips. Als wir von den Angriffen hörten, sprang Jan auf und telefonierte sofort mit seiner Mutter.

Wenn Sie sehr verliebt sind in eine Person, werden Sie sich, im Vergleich zu einer Person, die Sie nicht lieben, leichter an etwas erinnern, was diese Person gesagt hat. Die Person zu sehen, in die Sie sich Hals über Kopf verliebt haben, weckt starke positive Gefühle in Ihnen. Die Ereignisse, die dann gleichzeitig mit diesen positiven Emotionen auftreten, werden Ihnen somit besser in Erinnerung bleiben. Es ist Ihnen vielleicht zu Beginn Ihrer Beziehung, wenn Ihre Emotionen noch stärker sind als nach zehn Jahren Ehe, leichter gefallen, sich zu merken, was Ihr Partner mag.

Haben Sie hauptsächlich an negative oder positive Ereignisse gedacht? Personen mit einem sensitiven BIS werden verstärkt negative Gefühle spüren, die von bestimmten Ereignissen hervorgerufen werden, was dazu führt, dass sie mehr Erinnerungen mit negativem emotionalen Wert besitzen. Personen mit einem sensitiven BAS erleben dagegen vermehrt positive Emotionen in Reaktion auf bestimmte Ereignisse und bilden somit mehr positive Erinnerungen aus.

An diesem Punkt haben Sie vermutlich ein gutes Gefühl dafür entwickelt, was wir unter der Sensitivität von BIS und BAS verstehen und welche Auswirkungen die beiden System haben. Sie haben nicht nur viel über Ihr eigenes BIS und BAS gelernt, sondern zusätzlich ein besseres Verständnis dafür entwickelt, warum andere tun, was sie tun. Vielleicht haben Sie das Gefühl, Ihr Partner hat ein hochsensitives BIS, während Ihr Chef eine absolute BAS-Person ist. Wenn Sie die Möglichkeit haben, stellen Sie auch diesen Leuten die Frage, mit der wir Sie in dieser Übung konfrontiert haben, und beobachten Sie, von welcher Erinnerung sie erzählen.

Ich kenne meine Persönlichkeit, und was jetzt?

James Springer und James Lewis waren eineiige Zwillinge, aber man trennte sie direkt nach der Geburt. Beide heirateten Frauen mit dem Namen Linda, ließen sich von ihnen scheiden und heirateten erneut, diesmal Frauen mit Namen Betty. James und James hatten gleiche Interessen und erhielten dieselbe Punktzahl in Persönlichkeitstest in Bezug auf Geselligkeit, Flexibilität und Selbstregulation.

Eine ähnliche Geschichte betrifft Barbara Herbert und Daphne Goodship. Diese identischen Zwillinge wurden nach der Geburt getrennt und im Alter von 39 wieder zusammengeführt. Bei diesem Treffen trugen beide ein beiges Kleid und eine braune Samtjacke. Barbara und Daphne hatten die besondere Angewohnheit, ihre Nasen immer wieder nach oben zu ziehen und mehr zu kichern, als man für gewöhnlich ansehen würde.

Diese wahren Geschichten lassen viele Menschen denken, unsere Persönlichkeit, da stabil in unseren Genen verankert, sei unveränderlich. Doch immer mehr Forschung lässt vermuten, dass Persönlichkeit etwas Flexibles und Dynamisches ist, das sich im Laufe unseres Lebens verändert und von unseren Erfahrungen geformt wird. Unsere Persönlichkeit können wir uns als dynamisches und organisiertes Bündel von Charakteristiken vorstellen, die unsere Umwelt, unsere Kognitionen, unsere Emotionen, unsere Motivation und unser Verhalten über verschiedene Situationen hinweg in einer einzigartigen Weise beeinflussen. In den letzten zehn Jahren haben zahlreiche Studien die neuronalen Grundlagen von Persönlichkeit erforscht. Diese Studien haben versucht zu enträtseln, wie sich die Gehirne von Personen mit unterschiedlichen Persönlichkeitseigenschaften — wie die Empfindlichkeiten von BIS und BAS — unterscheiden.

Was aber hat nun unser Thema Mindfulness mit all dem zu tun? Eine bedeutsame positive Konsequenz, die durch das Praktizieren von Mindfulness entsteht, ist die Veränderung der Funktionalität und Struktur der Amygdala. Das bedeutet, dass die Amygdala von Personen, die regelmäßig Mindfulness-Methoden anwenden, in geringerem Maße aktiviert wird und sogar ihre Struktur verändert: sie schrumpft! Von den oben beschriebenen Studien wissen wir, dass die Amygdala eine entscheidende Rolle für die Sensitivität unseres BIS spielt. Durch das Schrumpfen der Amygdala scheint die Sensitivität des BIS abzunehmen, was eine Reduzierung der Ängstlichkeit zur Folge hat. Für unseren Alltag bedeutet das, wenn wir mit einer bestimmten Situation konfrontiert sind, in der wir sowohl zwischen einem Annäherungsverhalten (gesteuert durch unser BAS) als auch einer Vermeidungs- bzw. Stressreaktion (gesteuert durch unser FFFS) wählen können, durch die verringerte Sensitivität des BIS weniger schnell die Vermeidungs- bzw. Stressreaktion ausgelöst wird. Sind Sie in einem Meeting und wollen Ihre Meinung kundgeben, wird die geringe Sensitivität Ihres BIS Sie nicht so ängstlich machen bei dem Gedanken, jemand könnte Ihre Idee nicht wertschätzen. Als Folge steigern sich die Chancen, dass Sie tatsächlich das Wort ergreifen und sich dabei viel wohler fühlen.

Viele Unternehmen sind ständigen, größeren Veränderungen ausgesetzt, gerade in einer Zeit, die von der digitalen Revolution dominiert ist. Es ist weit bekannt, dass der organisationale Wandel einen bedeutenden Effekt auf die Mitarbeiter ausübt und dass der Erfolg eines Veränderungsprozesses signifikant von dem Widerstand abhängt, den die Mitarbeiter den Veränderungen entgegenbringen. Was passiert hier? Unser Gehirn liebt Stabilität und ist ständig auf der Suche nach Struktur und Vorhersagbarkeit. Eine Veränderung bedeutet, sich an eine neue Situation anpassen zu müssen, was Unsicherheit auslöst und mit einer erhöhten Aktivität der Amygdala assoziiert ist. Diese Aktivierung macht Personen ängstlich und besorgt. Sie geht mit einem natürlichen Widerstand einher, das neue Unbekannte annehmen zu wollen. Mindfulness zu praktizieren wirkt sich positiv auf eben jene Akzeptanz aus, da sie die Funktionalität und Struktur derjenigen Hirnregion verändert, die der Kern für Widerstandsprobleme bei Veränderungen ist: die Amygdala.

Eine Aktivierung der Amygdala ist häufig der Grund für eine schlechte Kommunikation zu Hause oder auf der Arbeit. Wie oft fühlen Sie sich angegriffen und lassen das die Basis für eine Diskussion sein? Ihre Amygdala spricht aus Ihnen! Wenn Ihre Amygdala aktiviert ist, bringt sie Sie in einen negativen Zustand, in dem Sie sofort etwas unternehmen wollen. Dies geschieht sogar mit noch größerer Wahrscheinlichkeit in Situationen, in denen Sie großem Stress ausgesetzt sind, da Stress die Amygdala umso mehr aktiviert. Eine Aktivität der Amygdala — bei uns oder bei anderen — schafft eine Umgebung, in der wir uns unsicher fühlen. Es fühlt sich so an, als wäre unser sicherer Hafen unter Beschuss. Unsere Vorfahren haben uns beigebracht, in unsicheren Situationen schnell zu handeln, indem wir kämpfen, fliehen oder erstarren. In eine Sprache übersetzt, die wir alle kennen, bedeutet das: wir reagieren mit Gewalt, laufen weg oder geben keinen Laut mehr von uns.

In einer Unterhaltung gewaltsam vorzugehen bedeutet, anderen unsere Meinung aufdrängen zu wollen, um die Kontrolle zurückzuerlangen und uns sicher zu fühlen. Gewalttätigkeit kann viele Formen annehmen, zum Beispiel wenn wir unseren Gesprächspartner wie einen Idioten dastehen lassen wollen: „Jeder sieht doch sofort, dass das so nicht funktioniert. Jeder mit einem funktionierenden Gehirn würde meinen Plan akzeptieren." Eigentlich bedeutet das: „Mir fallen nicht genügend gute Argumente ein, um Dich zu überzeugen, deshalb stelle ich Dich wie einen Idioten da, um zu bekommen, was ich will." Ein gewaltsames Vorgehen geht häufig noch darüber hinaus, wenn wir die andere Person wirklich angreifen: „Ich kann nicht glauben, dass Du uns das antust, Tim. Du tust immer so, als würdest Du die harte Arbeit machen, aber eigentlich muss immer jemand anderes die Drecksarbeit erledigen. Es ist immer dasselbe und demotiviert uns alle. Tut mir leid, aber einer musste schließlich einmal den Mumm haben, es Dir endlich zu sagen." Tatsächlich sagen Sie aber: „Um Recht zu bekommen, werde ich einfach schlecht über Dich reden und dann so tun, als sei ich hier im Büro die einzige Person mit Integrität." Davonzulaufen oder still zu sein, wenn unsere Amygdala aktiviert ist, führt meist zu Vermeidungsverhalten oder totaler Ignoranz. Vielleicht sagen Sie: „Oh, Du wolltest über den Streit reden, den wir letzte Woche hatten? Tut mir leid, ich muss diesen Anruf annehmen. Wichtige Angelegenheit!", wenn wir eigentlich meinen: „Puh, gerettet vom Anruf des Staubsaugervertreters. Lieber schieße ich mir in den Fuß, als mit diesem Vollidioten zu reden."

Unabhängig von der Unterhaltung, in der wir uns gerade befinden, macht eine Aktivität der Amygdala es uns häufig zum Ziel, uns selbst zu dienen, zum Beispiel einen Streit gewinnen zu wollen, anstatt unser ursprüngliches Ziel zu verfolgen oder ein beidseitiges Verständnis anzustreben. Denken Sie an das extreme Beispiel aus dem ersten Kapitel: die Amygdala hat die Kontrolle über den Polizisten übernommen, dessen FFFS aktiviert und ihn dadurch SOFORT HANDELN und den jungen Mann erschießen lassen. In vielen Fällen spielt die Amygdala eine ähnliche Rolle, nur nicht in demselben Ausmaß, wie im Beispiel beschrieben. Der negative Effekt, den eine Aktivierung der Amygdala auf unsere Gedanken, Emotionen, Motivation und Kommunikation hat, verläuft meist in zwei Schritten. Im ersten Schritt beobachten wir eine bestimmte Situation, und da das Ereignis nicht unseren Erwartungen entspricht, löst unsere Amygdala eine negative Emotion in unserem Gehirn aus. Man könnte sagen, die Amygdala wird durch unsere Interpretation und Bewertung aktiviert und schürt so unsere Emotionen. Stellen Sie sich vor, Sie sollen befördert werden und zu einem Partner des Unternehmens gemacht werden. Sie sind zum Abendessen mit allen weiteren Partnern eingeladen worden. Sie wissen (Sie denken), dass einer der Partner gegen Ihre Beförderung ist. Allein der Gedanken an ihn wird eine Aktivierung der Amygdala auslösen und bei Ihnen ein Gefühl von Bedrohung entstehen lassen. Das Essen läuft reibungslos ab, bis dieser Partner einen Kollegen von Ihnen zur Sprache bringt, der ebenso um die Beförderung kandidiert und gerade einen großen Auftrag gewinnen konnte. Vielleicht schaltet Ihre Amygdala jetzt in den Alarmmodus und lässt Sie sich ganz sicher sein, dass er wirklich etwas gegen Sie hat. Im nächsten Schritt bringt die Aktivität Ihrer Amygdala Ihr Gehirn in einen Zustand, in dem sich Ihre Aufmerksamkeit auf die Gefahr richtet und befiehlt Ihnen, sofort zu handeln — bevorzugt durch aggressives Verhalten. Die Aktivierung der Amygdala schränkt Ihre Sichtweise und Ihr Verständnis ein und Sie können nicht anders, als ein gescheitertes Projekt des Kollegen zu erwähnen. Dieser negative Kommentar bleibt von den Partnern nicht unbemerkt. In dem Moment, in dem Sie es gesagt haben, bemerken Sie schon, dass Sie damit mehr über sich als über Ihren Kollegen verraten haben. Sie hätten einen besseren Eindruck gemacht, wenn Sie den Kollegen gelobt hätten und als Teamplayer aufgetreten wären. Sie ärgern sich, diesen Kommentar gemacht zu haben, aber es fühlte sich so an, als seien Sie außer Kontrolle. Tatsächlich waren Sie es auch. Trotzdem denken Sie weiterhin, Schuld an dem Kommentar sei der Partner, von dem Sie wissen, dass er Sie nicht leiden kann. Immerhin hat er Ihren Kollegen zur Sprache gebracht.

Ähnliche Situationen passieren uns auch in unserem Privatleben ständig. Wenn unser Partner beim Abendessen nicht antwortet, wenn wir von einem Problem erzählen, das wir auf der Arbeit hatten, erzeugen wir vielleicht eine negative Emotion und so eine erhöhte Aktivierung der Amygdala, und schon hören wir uns sagen: „Nie hörst Du mir zu" oder „Du interessierst Dich nicht für meine Probleme" oder noch schlimmer „Du liebst mich gar nicht mehr". Dieses Beispiel beginnt mit der Sehnsucht, von unserem Partner verstanden zu werden, da wir auf der Arbeit einige Probleme erlebt hatten. Wir spürten das Verlangen nach Liebe und Unterstützung. Doch die Kombination unserer beruflichen Probleme, über die wir reden wollen, und das Gefühl, nicht (niemals!) verstanden zu werden, aktiviert unsere Amygdala, die uns in aggressiver Weise SOFORT HANDELN lässt: Wir fangen einen Streit an und lassen unseren Ärger an der falschen Person aus oder richten sogar ernsthaft Schaden an.

Mindfulness zu praktizieren verhindert, dass unsere Amygdala übermäßig aktiv wird, indem ihre Funktionalität und Struktur verändert wird. Das bedeutet, dass sie auf äußere und innere Impulse weniger stark reagiert. Damit fühlen wir uns weniger gestresst oder gefährdet und sind weniger aggressiv. Durch die neuronalen Veränderungen werden wir weniger negative Emotionen haben, Ereignisse seltener als negativ empfinden, so dass wir vermehrt zum Herren über unser Verhalten, unsere Gefühle, unsere Motivation und unsere Gedanken werden. Wenn unsere Amygdala während des Abendessens mit den Teilhabern nicht so aktiv gewesen wäre, hätten wir uns nicht in diese Verteidigungsposition gedrängt und schließlich diesen unglücklichen Kommentar gelassen. Wir hätten im Streit mit unserem Partner eine weniger starke Emotion erlebt, was es unwahrscheinlicher gemacht hätte, etwas Verletzendes zu sagen. Zusammengefasst bedeutet das, dass wir Situationen nicht als unsicher oder gefährlich wahrnehmen und somit keine Fight-Flight-Freeze-Reaktion benötigen. In diesem Sinne vergrößert Mindfulness unsere Entscheidungsfreiheit und Handlungsmöglichkeiten.

Bringt Mindfulness unser Leben nicht in Gefahr, indem sie die Struktur und Funktionalität unserer Amygdala verändert? Nein. Es ist wichtig zu verstehen, dass Mindfulness einen Effekt auf die Sensitivität unseres BIS hat, also auf unsere Gefühle von Angst und Besorgtheit in Situationen, von denen keine wirkliche Gefahr ausgeht. Es gibt zahlreiche Situationen, in denen keine wirkliche Gefahr vorliegt, die aber trotzdem Gefühle von Angst und Besorgtheit in uns auslösen, die wiederum das FFFS aktivieren und somit eine Stress- oder Vermeidungsreaktion hervorrufen. Beispiele können sein: in einem Meeting etwas zu sagen; eine Rede zu halten; den Boss anzurufen; jemandem im Zug zu sagen, dass er auf Ihrem Platz sitzt; der Schwiegermutter zu sagen, dass Sie es bevorzugen würden, wenn sie heute nicht vorbeikommt; mit einer Person zusammenzuarbeiten, die Sie nicht leiden können;

dem Kassierer zu sagen, dass er nicht genügend Geld zurückgegeben hat; eine unglückliche Beziehung zu beenden oder Ihrem Chef eine Bitte abzuschlagen. Bei den meisten Menschen aktivieren diese Situationen die Amygdala, was dazu führt, dass wir uns ängstlich oder zumindest besorgt fühlen und wahrscheinlich unser FFFS angesprochen wird. Während einer echten Gefahr jedoch, zum Beispiel wenn ein Auto schnell auf uns zukommt oder uns eine Person mit einer Waffe bedroht, wird das FFFS in jedem Fall unmittelbar aktiviert und lässt uns fliehen, kämpfen oder erstarren, um unser Leben zu retten. Darüber hinaus führt Mindfulness zu mehr Bewusstheit, was uns eine Gefahr früher und besser wahrnehmen lässt.

In Kürze

Laut Grays biopsychologischer Persönlichkeitstheorie gibt es drei motivationale Systeme, die unser Verhalten steuern. Das erste ist das BAS, das unsere Empfänglichkeit für Belohnung vorhersagt und unser Annäherungsverhalten steuert. Personen mit einem hohen BAS empfinden häufig positive Emotionen wie Freude und Stolz. Das FFFS initiiert eine Fight-Flight-or-Freeze-Reaktion, wenn wir eine Gefahr in unserer Umgebung wahrnehmen. Ob das FFFS aktiviert wird, hängt von unserem BIS ab. Die Ausgeprägtheit des BIS sagt unsere Empfänglichkeit für Bestrafung oder negative Ereignisse vorher.

Die Belohnungs- und Bestrafungssensitivität ist Teil unserer Persönlichkeit und beeinflusst, wie wir unsere Umwelt verarbeiten, wie wir uns fühlen und wie wir uns schließlich verhalten.

Unser Gehirn zeigt im Ruhezustand viele spontane Schwankungen. Diese Schwankungen sind nicht zufällig und bestimmen den Zustand unseres Gehirns, der wiederum die Verarbeitung unserer Umwelt bestimmt. Viele Persönlichkeitseigenschaften, wie die Sensitivität des BIS und BAS, können durch die Resting-State-Hirnaktivität vorhergesagt werden. Die Sensitivität des BIS steht in Zusammenhang mit der räumlichen Organisation der neuronalen Aktivität in der Amygdala und dem Hippocampus. Die Sensitivität des BAS kann durch die zeitliche Organisation der neuronalen Aktivität im ventralen Striatum und orbitofrontalen Kortex vorhergesagt werden.

Unterschiede in der Sensitivität des BIS und BAS können zu Kommunikationsproblemen führen. Verstehen wir diese Unterschiede, können wir während der Kommunikation unsere Worte strategisch wählen, um zu einem gemeinsamen Verständnis zu gelangen.

Wir können unsere Persönlichkeit verändern. Die Neurowissenschaften haben viel zu unserem Verständnis der neuronalen Strukturen von Persönlichkeitseigenschaften beigetragen. Neuroplastizität, also die Fähigkeit, die Funktionalität und Struktur unseres Gehirns zu verändern, existiert auch bei Erwachsenen und ermöglicht es uns, unsere Persönlichkeit anzupassen. Die regelmäßige Anwendung der Mindfulness-Methoden verändert Struktur und Funktionalität der Amygdala, was eine ganze Reihe positiver Konsequenzen mit sich bringt.

Teil I.3: Die Neuro-Regeln von Spitzenleistung und Entscheidungsfindung

Es ist still und dunkel. Plötzlich lassen farbenfrohe Lichter Bilder von laufenden Männern in Anzügen erscheinen, die sich dem Publikum nähern. Natasha Tsakos ist unter ihnen, sie ist Teil des Marschs, trägt einen Aktenkoffer. Mit einem einzigen Unterschied, sie ist real. Die Männer verwandeln sich schnell zu tanzenden Damen in Ballonkleidern. Natasha tanzt mit, völlig synchron mit den Figuren, die überall um sie herum leuchten. Die Technologie ist ihr Partner auf der Bühne. Sie lebt sie und ist Teil einer virtuellen Welt geworden, und doch ist sie real. Sie schafft Leben zwischen Traum und Realität, spielt innovativ mit menschlicher und technischer Revolution. Indem sie Wissenschaft und Kunst, Bewegung und Emotionen verbindet, erweitert Natasha erstklassige Theaterproduktionen durch eine kreative und noch nie dagewesene Optik sowie die Kunst, mehrere Disziplinen zu arrangieren und synchronisieren. Natasha ist die Gründerin von NTiD inc., für das sie eine neue Art von Theater produziert, bei dem Klänge, computergenerierte Bilder und der Künstler sich synchron bewegen, um so ein traumhaft anmutendes und doch täuschend reales Bühnenbild zu kreieren. Diese mutige und kreative Kombination von bereits existierenden und sich schnell ändernden Disziplinen schafft eine Welt unbegrenzter Möglichkeiten, in der sie es nichtsdestotrotz schafft, bei ihren Zuschauern immer wieder eine menschliche Erfahrung hervorzurufen, die die menschliche Seele zum Nachdenken bringt.

Auch wenn es höchstwahrscheinlich ist, dass Natasha ein außergewöhnliches, künstlerisches Talent ist, braucht es viel mehr als nur Begabung, um solch eine Höchstleistung zu vollbringen. Tatsächlich verbindet Natasha bereits bestehendes Wissen, um ein innovatives Produkt zu schaffen. Wir alle haben dieses und weitere Talente in uns, doch weshalb entfalten einige sie und andere nicht?

Spitzenleistung: Was braucht es?

> **Übung: Ihr Leben auf einer Bühne**
>
> Lassen Sie uns annehmen, man hätte Sie gebeten, heute vor 100 Zuschauern etwas aufzuführen. Sie sind in der Wahl Ihrer Darbietung völlig frei. Nehmen Sie sich einen Moment Zeit darüber nachzudenken, was Sie gerne aufführen würden, und beantworten Sie die folgenden Fragen:
>
> - Was ist das Thema Ihres Auftritts? Was würde Sie gerne machen?
> - Wie fühlen Sie sich? Freuen Sie sich auf Ihre Darbietung?
> - Wenn Sie zögern, was genau hindert Sie? Emotionen? Gedanken? Erwartungen?

Die meisten, die diese Übung machen, werden sehr zögern, ihre Talente vor einem Publikum zu präsentieren, obwohl jeder von uns Talente und Stärken bei sich kennt. Es ist das Gefühl von Unsicherheit, das Gefühl im Zentrum der Aufmerksamkeit zu stehen und vielleicht ausgelacht zu werden, was uns unschlüssig macht. Vielleicht ist es das Gefühl, unser Auftritt könnte schlecht laufen, oder wir denken, wir hätten gar kein wirkliches Talent, besonders nicht, wenn wir uns mit anderen vergleichen. Was auch immer Sie motiviert hat, nicht auf die Bühne zu treten, seien Sie sich sicher, dass wir das alle können und zwar auch ohne unter Angst und Stress begraben zu werden. Natürlich ist es eher unwahrscheinlich, dass man Sie heute bittet, vor Publikum aufzutreten. Nichtsdestotrotz gibt es zahlreiche Situationen, die in uns ähnliche Gefühle hervorrufen: auf der Arbeit eine Präsentation halten, Ideen ausarbeiten, die anfangs vielleicht keine Zustimmung finden, Ihren Kollegen um Rat fragen, Ihrem Chef sagen, dass Sie eine anderen Meinung haben, sich erlauben, ganz frei mit Ihren Kindern zu malen, sich bei jemandem entschuldigen, anderen zeigen, in was wir gut sind. Unter diesen Umständen werden sich viele gehemmt fühlen durch ihre Gefühle, Gedanken, Erwartungen usw., die ihre Leistungsfähigkeit negativ beeinflussen. Was passiert hier?

An dieser Stelle werden wir die folgende Definition von Leistung verwenden:

Leistung = Leistungspotential − Störungen

Wir alle besitzen ein Potential, das die Grundlage für unsere Leistung bildet und es uns ermöglicht, das Beste aus uns herauszuholen. Doch auch alle von uns werden durch bestimmte Faktoren gehemmt, durch die wir uns selbst im Weg stehen und verhindern, unser höchstes Potential auszuschöpfen. Diese Störungen können als interne Blockaden verstanden werden, die uns daran hindern, uns zu entwickeln und unser Potential zu nutzen. Typische Störungen sind negative Emotionen („Ich kann nicht klar denken, wenn ich von Wut und Ärger überwältigt werde."), Impulse („Ich kann der Zigarette oder dem Stück Kuchen nicht widerstehen, auch wenn ich weiß, dass sie mein Training für den Marathon erschweren werden.") und Gedanken („Ich kann nicht aufhören zu denken, dass ich mich wie ein Idiot aufführe, was mich unsicher macht und mich nicht zeigen lässt, was ich wirklich kann.").

Wie anhand der Definition deutlich wird, haben wir einen besseren Zugang zu unserem Potential, wenn wir es schaffen, die Störungen zu reduzieren, die uns zurückhalten. Nur so können wir unsere Leistung steigern. Die Fähigkeit, Störungen effektiv regulieren zu können, nennen wir Selbstregulation. Selbstregulation beschreibt also unsere Fähigkeit, bottom-up-gesteuerte Prozesse (Emotionen, Gedanken und Impulse) zu regulieren, um langfristige Ziele (Ideale, Werte, Moral oder andere soziale Erwartungen) verfolgen zu können. Selbstregulation hat in unserer zivilisierten von Wohlstand, Reichtum und Gemeinwohl geprägten Welt eine umso entscheidendere Funktion, da instinktives, impulsives Verhalten unserer Gesundheit oder sozialem Status schaden kann. Eine gute, gesunde Selbstregulation brauchen wir, um mit unseren negativen Emotionen nach einem schlechten Feedback von unserem Chef umzugehen. Wir brauchen sie, um dem zweiten Stück Torte zu widerstehen oder dem Verlangen nicht nachzugeben, die neuste technische Spielerei zu erwerben, deren Kauf wir am nächsten Tag bereuen. Selbstregulation ist, was wir brauchen, um uns tatsächlich so zu verhalten, wie wir es uns wünschen. Sie vermittelt im Kampf zwischen bottom-up-gesteuerten Prozessen und top-down-gesteuerter Regulation. Selbstregulation ist nahezu immer ein Teil unserer Entscheidungen oder unseres Verhaltens und nimmt etwa ein Drittel unserer wachen Zeit in Anspruch. Selbstregulation erklärt, warum wir tun, was wir tun. Es sind die zwei Seiten der Medaille.

Um gänzlich zu verstehen, was Selbstregulation ist, müssen wir zuerst verstehen, was die bottom-up-gesteuerten Prozesse eigentlich sind, die unser Verhalten bestimmen. Wie bereits im ersten Kapitel erwähnt sind es unsere Emotionen, Impulse und Gedanken. Sie tauchen spontan auf, benötigen keinerlei Anstrengung und rufen ganz bestimmte Verhaltensmuster hervor. Emotionen bilden den ersten Teil dieser automatischen Reaktionen und beherrschen mühelos unseren Körper und Verstand – manchmal in den ungünstigsten Situationen. Wir fühlen uns frustriert und gestresst, wenn wir unter zu großem beruflichen Druck stehen. Wir empfinden Ärger, wenn Kollegen Anerkennung für unsere Arbeit ernten. Wir fühlen uns traurig, wenn unser Kind Schmerzen erleidet. Wir fühlen uns unwohl, wenn wir unerwartet einen Ex-Partner auf einer Feier treffen.

Zweitens empfinden wir manchmal ein heftiges Verlangen oder starke Impulse, wie etwa das Verlangen nach einem Glas Wein, einer Zigarette oder Sex. Solch ein Verlangen kann so stark sein, dass es beinahe all unsere Gedanken beherrscht. Zu guter Letzt scheint es nahezu unmöglich, vor unseren spontanen Gedanken zu fliehen. Viele Menschen grübeln oft zu lange oder werden von plötzlichen Gedanken abgelenkt, wie etwa „Ich muss immer noch einkaufen gehen", „Ich muss noch diese E-Mail schreiben", „Was, wenn ich anders reagiert hätte?", „Ich hätte das nicht sagen sollen" etc. In vielen Fällen nehmen wir diese Emotionen, Gedanken und Impulse nicht bewusst wahr und dennoch lenken sie unser Verhalten und rauben unsere Energie.

> **Übung:**
>
> Denken Sie an eine Situation in Ihrem Leben, in der Sie sich daran gehindert fühlten, sich so zu verhalten, wie Sie eigentlich wollten. Dieses Beispiel kann jedweder Art sein, versuchen Sie nur, an eine ganz bestimmte Situation zu denken. Vielleicht schaffen Sie es nicht, Ihrem Chef zu widersprechen oder eine Essenseinladung von einem Kollegen abzulehnen, den Sie eigentlich nicht leiden können. Vielleicht schaffen Sie es nach dem Abendessen nicht, dem Stück Kuchen oder Glas Wein zu widerstehen. Vielleicht würden Sie sich gerne in einem Meeting häufiger beteiligen oder geduldiger im Umgang mit Ihren Kindern sein. Oder Sie haben das Gefühl, etwas hindert Sie daran, endlich diesen Yoga-Kurs zu machen oder aktiv nach einem neuen Job zu suchen.

> Welche Gefühle, Gedanken und/oder Impulse hindern Sie, Ihr gewünschtes Verhalten zu zeigen?
>
> Studien konnten zeigen, dass negative Emotionen und Erwartungen eine wichtige Rolle spielen, wenn wir uns blockiert fühlen: „Ich habe Angst, ich könnte nicht befördert werden, wenn ich meinem Chef widerspreche." „Ich bin nicht selbstsicher genug, um meine Ideen in ein Meeting einzubringen." „Ich bin besorgt, ich könnte seine/ihre Gefühle verletzen, wenn ich die Essenseinladung abschlage." Nicht nur negative, sondern auch positive Emotionen, wie das starke Verlangen nach einem Stück Kuchen oder einem Glas Wein, können uns daran hindern, uns so zu verhalten, wie wir es eigentlich wünschen. Nicht zuletzt bestimmen häufig unsere Gedanken, wie wir uns schließlich verhalten: „Ich denke, ich bin nicht gut genug.", „Oh nein, das schaffe ich doch nie.", „Ist das wirklich der richtige Weg?", „Wofür soll ich mich entscheiden?" oder „Dafür habe ich eigentlich keine Zeit."
>
> Welche Emotionen, Gefühle, Impulse oder Gedanken Sie auch immer davon abhalten, sich in gewünschter Weise zu verhalten, versuchen Sie in den nächsten Tagen, sich dieser bewusst zu werden und sie einfach zu beobachten, ohne dagegen anzukämpfen. Beachten Sie, dass wir Sie nicht bitten, Ihr Verhalten selbst zu beobachten, sondern sich einfach bewusst zu machen, was Ihr Verhalten antreibt.

Obwohl diese Emotionen, Gedanken und Impulse eine wichtige Rolle einnehmen und oft gute Wegweiser in unserem Leben sein können, sind sie doch in zahlreichen Situationen destruktiv, da sie nicht in Einklang mit unseren Werten und sozialen Erwartungen stehen. Im Supermarkt ist es zwar passend, darüber nachzudenken, was wir noch einkaufen müssen, allerdings nicht während eines Meetings. Ein bestimmtes Maß an Stress kann der Antrieb sein, den wir brauchen, um leistungsfähig zu sein. Zu viel Stress wiederum lässt uns ungeduldig im Umgang mit unserem Partner oder unseren Kindern werden. Sexuell erregt zu sein, kann im Schlafzimmer zu einem hervorragenden Vorspiel führen, ist aber empfunden in der Öffentlichkeit eher unvorteilhaft. Wann immer diese automatischen Reaktionen unseren langfristigen Zielen im Weg stehen, ist es unsere Selbstregulation, von der wir Gebrauch machen müssen. Vermeiden können wir diese Reaktionen nicht, jedoch lernen, mit ihnen umzugehen.

Die Fähigkeit zur Selbstregulation ist eine Persönlichkeitseigenschaft. Das heißt, wir sind von Geburt an mit einem bestimmten Maß an Selbstregulation gesegnet (oder nicht), welches im Laufe unseres Lebens mehr oder weniger stabil bleibt. So lässt sich schon bei Kleinkindern das Ausmaß dieser Fähigkeit feststellen. Ein Test, um Selbstregulation bei Kindern zu messen, ist der sogenannte „Marshmallow-Test". Die Kinder werden in einen Raum geführt und nehmen an einem Tisch Platz, auf dem direkt vor ihnen ein Marshmallow liegt. Der Versuchsleiter erklärt ihnen, dass sie nun mit dem Marshmallow alleine im Raum gelassen werden, den sie essen können, wann immer sie möchten. Wenn sie es allerdings schaffen sollten, damit zu warten, bis der Versuchsleiter zurückkehrt, würden sie einen zweiten Marshmallow bekommen. So erhalten die Kinder, die das Verlangen nach der verlockenden Schaumzuckerware (d.h. ihre automatische, impulsive Reaktion) kontrollieren können, später eine größere Belohnung in Form von zweien (was einem langfristigen Ziel entspricht). Die Unterschiede zwischen den Kindern sind dabei enorm. Während einige Kinder noch während der Instruktion beginnen, den Mashmallow zu essen, widerstehen andere diesem Verlangen die vollen fünfzehn Minuten.

Eine Reihe von Folgestudien konnte zeigen, dass Selbstregulation als Persönlichkeitseigenschaft in Zusammenhang mit größerem persönlichen und beruflichen Erfolg steht: Personen mit einer höheren Selbstregulation sind besser im Umgang mit negativen emotionalen Reaktionen, führen bessere soziale Beziehungen und besitzen ein größeres psychisches und körperliches Wohlbefinden. Bezogen auf den beruflichen Kontext finden Personen mit einer hohen Selbstregulation mit größerer Wahrscheinlichkeit eine Arbeitsstelle, und Manager, die eine starke Ausprägung dieser Fähigkeit besitzen, sind bei ihren Mitarbeitern und Kollegen beliebter. Im Gegensatz dazu führt ein Mangel an Selbstregulation zu vielen persönlichen und gesellschaftlichen Problemen, wie etwa Spontankäufen, Übergewicht, Substanzmissbrauch und einer höheren Wahrscheinlichkeit, zu einer Gefängnisstrafe verurteilt zu werden. Das heißt, selbst wenn Sie und Ihre Geschwister in derselben Familie und daher mit demselben sozioökonomischen Hintergrund aufwachsen, könnten Sie erfolgreicher Vorstandsvorsitzender werden, während Ihre Geschwister eine Haftstrafe absitzen.

Also was machen wir nun, wenn wir mit wenig Selbstregulation geboren wurden? Glücklicherweise gibt es Auswege. Zunächst einmal können wir in bestimmten Situationen von unserer Selbstregulation, obwohl sie eine stabile Persönlichkeitseigenschaft darstellt, mehr oder weniger Gebrauch machen. Das bedeutet, dass sich unsere Selbstregulation in Abhängigkeit von inneren und äußeren Bedingungen verändern kann. Kennen wir die Faktoren, die unsere Selbstregulation blockieren, können wir uns dieses Wissen in schwierigen Zeiten nutzbar machen. Darüber hinaus geben die neusten Forschungsergebnisse uns die Möglichkeit zu verstehen, wie wir unsere Selbstregulationsfähigkeit auf lange Sicht verbessern können. Wie bereits im vorangegangen Kapitel erwähnt, kann Mindfulness unser neuronales Make-up verändern. Wie Sie noch lernen werden, verändert Mindfulness den Kern vieler internen Blockaden, was Ihnen einen besseren und leichteren Zugang zu Ihrem Potential ermöglicht und schlussendlich anstrengende Selbstregulation weniger nötig macht, um Ihr volles Potential auszuschöpfen.

Selbstregulation im Gehirn

Also wie übt unser Gehirn Selbstregulation aus und welche neuronalen Regeln werden dabei berücksichtigt? Wie zuvor erwähnt, beschreibt Selbstregulation die Fähigkeit, unsere automatischen Impulse, Gedanken und Gefühle zu überwinden, um langfristige Ziele verfolgen zu können. Diese automatischen Impulse werden bottom-up von Hirnarealen gesteuert, die Situationen, Personen und Reizen um uns herum eine positive, belohnende oder negative emotionale Bewertung zuordnen. Eines dieser Areale ist das ventrale Striatum, das zentrale Belohnungszentrum unseres Gehirns. Sehen wir ein köstliches Stück Kuchen, wird dieses Belohnungszentrum aktiviert und versucht uns dazu zu bringen, es zu essen. Es spielt zudem eine wichtige Rolle bei Vergnügen, Lachen, Verstärkungslernen, Impulsivität und Süchten. Die Amygdala ist ein weiteres Hirnareal, das an diesen bottom-up-gesteuerten Impulsen beteiligt ist. Die Amygdala ist insbesondere für negative Emotionen verantwortlich und versetzt uns in Alarmbereitschaft, wenn wir eine Gefahr, zum Beispiel einen bellenden Hund oder unerwartete Geräusche in der Nacht, wahrnehmen. Diese Areale werden automatisch aktiviert und haben eine starke Überlebensfunktion. Obwohl dieses Überlebenssystem von großer Bedeutung ist, führt eine Aktivierung dieser Bereiche einen emotionalen Zustand herbei, der uns daran hindern kann, unsere langfristigen Ziele zu verfolgen. Hier zwei Beispiele: Haben wir eine leckere Nachspeise vor uns stehen, wird umgehend unser Belohnungssystem aktiviert. Doch wir sind auf Diät! Ein Streit mit unserem Partner versetzt uns in einen negativen

Gefühlszustand, der uns dazu zu bringen will, unseren Partner anzuschreien. Wir wollen aber nicht unsere Geduld verlieren!

Die top-down-gesteuerte Kontrolle dieser emotionalen Zustände und Impulse ist eine der Aufgaben des Präfrontalkortex, eine Gehirnstruktur, die beim Menschen stark ausgebildet ist. Die vollständige Entwicklung des Präfrontalenkortex ist ein langwieriger Prozess, der erst mit Anfang zwanzig abgeschlossen ist. Neben der Kontrolle unserer Gefühle und Impulse, ist diese Hirnstruktur für zahlreiche weitere Funktionen verantwortlich, wie etwa das Problemlösen, unsere kognitive Leistungsfähigkeit, das Treffen von Entscheidungen und unsere Handlungsplanung. Mit anderen Worten, der Präfrontalkortex steuert die meisten unserer mentalen Funktionen, die für unsere Leistung verantwortlich sind. Obwohl wir zu dem fast Unmöglichen imstande sind, besitzt unser Präfrontalkortex nur eine begrenzte Leistungsfähigkeit. Studien der Neurowissenschaften haben gezeigt, dass die Leistungsfähigkeit dieses Areals mit jeder Handlung abnimmt, die Selbstregulation verlangt. Bedenkt man die zahlreichen Funktionen, die der Präfrontalkortex steuert, so müssen wir bestimmte Vorsätze befolgen, um ein optimales Funktionieren dieses Areals sicherzustellen. Nur dann sind wir in der Lage, diesen Teil unseres Gehirns vollständig zu nutzen und unser gesamtes Potential zu zeigen und auszuschöpfen.

Das Modell in Abildung 3 (S. 43) zeigt, wie die zwei wichtigsten Systeme unser Verhalten bestimmen. Entscheidungen sind eine besonders relevante Art von Verhalten, da sie als Vorläufer für jede Form von gezeigtem Verhalten betrachtet werden. Einfach ausgedrückt, wir entscheiden uns dafür, entweder unserem automatischen Impuls zu folgen oder diesen Impuls zu regulieren und uns anders zu verhalten. Diese Entscheidung kann das Ergebnis einer bewussten Wahl sein, doch in vielen Fällen treffen wir diese Entscheidungen unbewusst. Im letzten Fall werden wir durch unseren Autopiloten gesteuert, ohne uns der inneren und äußeren Prozesse bewusst zu sein, die unsere Entscheidungsfindung bestimmen. Diese bottom-up-gesteuerten Prozesse, wie Emotionen und Impulse, spielen, obwohl sie häufig als destruktiv betrachtet werden, eine buchstäblich „entscheidende" Rolle. Es ist äußerst wichtig, dass ein Gleichgewicht zwischen den bottom-up-gesteuerten Prozessen und der top-down-gesteuerten Regulierung, die uns nachdenken lässt und Vermutungen berücksichtigt, herrscht. Es ist ein häufiges Missverständnis, dass Emotionen zu schlechten Entscheidungen führen und besonders „emotionslose" oder „rationale" Personen die besseren Entscheidungen treffen. Mein Onkel, der als Risiko-

Manager arbeitet, ist hierfür ein gutes Beispiel. Wenn mein Onkel den Schmerz nicht verstehen würde, den ein großer Verlust von Geld mit sich bringt, wäre er nicht in der Lage, gute Risikoentscheidungen zu treffen. Er braucht seine Emotionen, um optimale Entscheidungen zu treffen.

Kuhnen und Knutson von der Stanford Graduate School of Business untersuchten die Hirnmechanismen, die den Fehlern von Investoren zugrunde liegen, die sich bei finanziellen Entscheidungen systematisch irrational verhielten. Zwei Formen von Entscheidungsfehlern standen dabei im Fokus: die risiko-suchenden Fehler (bei denen Personen zu viel Risiko eingegangen sind) und die risiko-aversiven Fehler (bei denen Personen zu wenig Risiko eingegangen sind). Man könnte annehmen, dass positive Emotionen (z.B. freudige Erregung) bei der Aussicht auf einen Gewinn zu risiko-suchenden Fehlern führen, wohingegen negative Emotionen (z.B. Angst) bei der Aussicht auf einen Verlust zu risiko-aversiven Fehlern führen. Obwohl wir diese Emotionen brauchen, um gute Entscheidungen zu treffen, führt eine übermäßige Erregung der assoziierten Hirnregionen bei Risikoentscheidungen zu Entscheidungsfehlern. Um diese Frage zu untersuchen, wurden die Versuchspersonen gebeten, eine Reihe von finanziellen Entscheidungen zu treffen. Dabei zeichneten die Forscher Hirnaktivität der Versuchspersonen auf. Die Analyse der Hirnaktivität offenbarte, dass eine übermäßige Erregung in den Hirnarealen, die für die antizipierte emotionale Reaktion verantwortlich sind, zu Investitionsfehlern führt. Anders gesagt, es ist die übermäßige Aktivierung der Hirnregion, die mit Emotionen assoziiert ist, die zu Entscheidungsfehlern führen. Beachten Sie, es ist nicht die Aktivierung selbst. Wir brauchen Emotionen, um gute Entscheidungen zu treffen, aber die ausbalancierte Aktivierung spielt eine entscheidende Rolle.

Selbstregulation: Eine Frage begrenzter Ressourcen

Stellen Sie sich folgende Situation vor:

Sie hatten letzte Nacht wirklich guten Sex. Zweimal. Ihr Schlaf war lang und erholsam. Sie machen sich für die Arbeit fertig, erhalten ein Kompliment von Ihrem Partner, der Ihnen sagt, wie toll Sie doch heute aussähen (klar, auch er hatte guten Sex), und Ihre Kinder verhalten sich wie kooperative Verbündete und machen sich widerstandslos für die Schule fertig. Sie arbeiten an einem aufregenden Projekt, in dem

Sie völlig aufgehen. Sie wachsen über sich selbst hinaus und fühlen sich während des ganzen Tages einfach fantastisch. Das bleibt natürlich nicht unbemerkt, und Ihr Chef schickt eine E-Mail herum, um Ihre überaus wertvolle Arbeit zu würdigen. Spät am Abend gönnen Sie sich ein langes Gespräch mit einem Freund, von dem Sie schon so lange nichts mehr gehört haben. Und warum nicht, vielleicht haben Sie heute Nacht wieder Sex. Das Leben ist toll.

Und nun stellen Sie sich die folgende Situation vor:

Ihr Partner hatte letzte Nacht Kopfschmerzen. Kein Sex. Schon wieder. Sie fühlen sich zurückgewiesen und fangen an, sich zu fragen, ob Sie Ihre Attraktivität verloren haben. Und Sie sind gerade einmal 42! Nach einer unruhigen Nacht und zu wenig Schlaf wecken Ihre Kinder Sie um 5 Uhr morgens und weigern sich, wieder zurück ins Bett zu gehen. Es regnet in Strömen, aber Ihre Tochter besteht darauf, ein Kleid zu tragen. Während Sie mit Ihrer dreijährigen Tochter verhandeln und ihr den grundlegenden Unterschied zwischen Herbst und Sommer erklären, wird es immer später, und Sie werden zunehmend gestresster. Sie schaffen es zwar alle ins Auto, aber durch die Verzögerungen bleiben Sie im Berufsverkehr stecken. Noch mehr Stress. Wenigstens trägt Ihre Tochter kein Kleid. Den ganzen Tag rennen Sie von Meeting zu Meeting, und zu allem Überfluss scheint Ihr Team ein Problem zu haben und nicht mehr weiter zu wissen, aber es fehlt Ihnen an Zeit, sich darum zu kümmern. Nachdem Sie diesen anstrengenden Tag hinter sich gebracht haben, baden Sie die Kinder, während Sie zur gleichen Zeit versuchen, das Abendessen vorzubereiten. Das Essen brennt an, aber Sie schaffen es irgendwie, den Schaden in Grenzen zu halten, und endlich sitzt die ganze Familie am Esstisch. Endlich etwas Ruhe, bis Ihr Partner fragt: „Was zum Teufel hast du denn mit dem Essen gemacht?" Bevor Sie sich dazu entschließen, die Scheidung einzureichen, lassen Sie uns Ihnen (und Ihrem Partner) erklären, was in einer solchen Situation in Ihrem Gehirn vor sich geht.

Eines der bekanntesten Modelle in diesem Bereich ist das Kraftspeichermodell der Selbstregulation (engl.: strength model of self-control), welches die Eigenschaften der Selbstregulation als eine Art Muskel beschreibt. So wie ein Muskel nicht dauerhaft angespannt sein kann, können wir auch unsere Selbstregulation nicht pausenlos nutzen. Wir besitzen nur einen begrenzten Speicher an Selbstregulation. Sind wir ständig Situationen ausgesetzt, die Selbstregulation erfordern, geraten wir kurzfristig in einen Zustand, in dem wir nicht mehr genügend

Selbstregulation aufbringen, um mit uns selbst oder bestimmten Situationen umgehen zu können. Dieser Zustand wird Erschöpfung der Selbstregulation genannt (engl.: self-control depletion). Wir benötigen unsere Selbstregulation, wenn wir uns selbst davon abhalten wollen, nachts grübelnd wach zu liegen, wenn wir versuchen, trotz Schlafmangels konzentriert zu bleiben, oder wenn wir unsere Gefühle während des morgendlichen Stresses kontrollieren möchten. Wenn wir nicht wissen, wie wir mit unseren Emotionen richtig umgehen und uns selbst kontrollieren können, ist unsere Selbstregulation schnell erschöpft. Das ist der Moment, in dem wir nicht mehr in der Lage sind, mit unseren negativen Gefühlen umgehen zu können, so dass wir möglicherweise Dinge sagen, die wir später bereuen oder unsere Geduld während eines Streits verlieren. Wir alle kennen diese Momente. Wir brauchen eine Pause.

Eine aktuelle Studie hat untersucht, was in unserem Gehirn vor sich geht, wenn unsere Selbstregulation erschöpft ist. Personen mit erschöpfter Selbstregulation zeigten in dieser Studie im Vergleich zu Personen mit unverbrauchter Selbstregulation eine deutlich erhöhte Reaktivität der Amygdala, wenn sie negative Reize wahrnahmen. Das heißt, in diesem erschöpften Zustand reagieren wir besonders sensibel auf negative Ereignisse in unserem Leben. Neutrale Fragen werden als Kritik wahrgenommen, Kritik sehen wir als Bedrohung an. Darüber hinaus zeigten die Ergebnisse einen verminderten Einfluss des Präfrontalkortex, der an der Regulation unserer Emotionen beteiligt ist, auf die Amygdala. Das legt nahe, dass wir nicht nur besonders sensibel auf negative Ereignisse reagieren, sondern zusätzlich nicht in der Lage sind, die Gehirnregionen zu nutzen, die unsere negativen Gefühle kontrollieren. Genau das ist der Grund dafür, dass wir von unserem Partner übermäßig genervt sind, wenn er uns nach einem anstrengenden Tag fragt, was zum Teufel wir mit dem Essen gemacht hätten, warum wir uns gegenüber unseren Kindern schroff verhalten, wenn wir bemerken, dass wir zu- statt abgenommen haben, oder warum wir eher dazu neigen, am Abend ein Glas Wein zu trinken, nachdem wir einen erfolglosen Tag auf der Arbeit hatten. Wir sind ratlos.

Die Tatsache, dass unsere Selbstregulationsfähigkeit nicht unerschöpflich ist, liegt an der begrenzten Kapazität unseres Präfrontalkortex. Dieser ist, evolutionär gesehen, eine sehr junge Hirnstruktur, deren Größe und Funktion uns von Tieren unterscheidet: Wir können unsere Instinkte, Impulse und Emotionen regulieren. Wir können denken, mit anderen kooperieren, etwas geben, ohne eine Gegenleistung zu erwarten, wir haben Geduld, wir können komplexe Probleme organisieren und lösen. Dies alles sind Funktionen des Präfrontalkortex. Wenn wir die Kapazität unseres Präfrontalkortex erhalten, gibt uns das die Möglichkeit, unser Potential voll auszuschöpfen und das Beste aus uns herauszuholen.

> Übung:
>
> Denken Sie an ein oder mehrere Selbstregulationskonflikte, die sie in Ihrem Alltag erleben. Sie können die Impulse verwenden, die Sie vielleicht bei sich während der Übung im ersten Kapitel entdeckt haben. Beispiele können sein: andere weniger häufiger unterbrechen zu wollen, weniger zu essen, während der Arbeit weniger im Internet zu surfen, Ihrem ungeliebten Kollegen seltener aus dem Weg zu gehen, Ihre Geduld nicht so schnell zu verlieren, nicht sofort Ihre Arbeit zu unterbrechen, wenn Sie das Aufleuchten eines neuen E-Mail-Eingangs sehen, nicht so schnell erschrecken, wenn Sie allein den Namen eines bestimmten E-Mail-Absenders erkennen usw. Beantworten Sie im Hinblick auf Ihr Selbstregulationsproblem die folgenden Fragen:
>
> Was ist der bottom-up-gesteuerte Prozess (z. B. der Impuls, jemanden unterbrechen zu wollen), und welches Verhalten wollen Sie eigentlich zeigen (z. B. andere weniger häufig zu unterbrechen)? Beachten Sie, dass bottom-up-gesteuerte Prozesse hier keine Verhaltensweisen sind, sondern eher Emotionen, Impulse und Gedanken.
>
> In manchen Momenten fällt es Ihnen vielleicht schwerer als in anderen, diese Selbstregulationskonflikte zu meistern. Wann ist es wahrscheinlicher, dass Sie dem bottom-up-gesteuerten Prozess nachgeben (z. B. jemanden unterbrechen, wenn Sie den Impuls dazu spüren)? Wann ist es wahrscheinlicher, dass Sie den Selbstregulationskonflikt meistern (z. B. dem Impuls widerstehen, jemanden zu unterbrechen)?

Die Forschung hat untersucht, welche Bedingungen und Umstände dazu führen, ob wir den Selbstregulationskonflikt meistern oder nicht. Sie finden einen kurzen Überblick über die wichtigsten Faktoren im nächsten Abschnitt.

Die Kapazität des Präfrontalkortex erhalten

Die erste nützliche Strategie besteht in der Vermeidung von Selbstregulationskonflikten, die die Funktion unseres Präfrontalkortex beeinträchtigen, bzw. in der Suche der Faktoren, die uns helfen, unsere Ressourcen wieder aufzufüllen.

Die Forschung hat zeigen können, dass es unserer Selbstregulationsfähigkeit schadet, wenn wir mit Vorsätzen brechen. Wenn es unser Ziel ist, Gewicht zu verlieren, weniger Alkohol zu trinken oder mit dem Rauchen aufzuhören, dann mündet meistens der Gedanke „noch diesen kleinen Rest Chips zu essen", „dieses eine Glas zu trinken" oder „diese eine letzte Zigarette zu rauchen" darin, dass wir die ganze Packung Chips essen, mehr als dieses eine Glas trinken oder die ganze Packung Zigaretten rauchen. Unsere Vorsätze einmal zu brechen, führt meistens zu einem Fiasko. Warum ist das so? Zwei Mechanismen können diesen Effekt steuern. Zunächst einmal wird unser Belohnungssystem aktiviert, wenn wir diese Produkte konsumieren, also „diesen Rest Chips", „dieses eine Glas Sekt" oder „diese eine Zigarette". Dadurch werden unsere Impulse verstärkt, und das macht es schwieriger, sie zu unterdrücken. Unsere Impulse bezwingen die top-down-gesteuerte Kontrolle des Präfrontalkortex und gewinnen den Kampf. Wir sind verloren. Ein zweiter Mechanismus, der diesem Effekt zugrunde liegt, ist die folgende typische Rechtfertigung: „Wir haben unseren Vorsatz nun bereits einmal gebrochen, die Diät ist also für diesen Tag sowieso schon gelaufen, jetzt können wir auch den restlichen Tag genießen." Daher wird dieser Effekt häufig auch der „Was-soll's-Effekt" genannt (engl.: „What-the-Hell-Effect"). Unglücklicherweise lässt uns diese irrationale Denkweise Gewicht zu- statt abnehmen.

Die Überbeanspruchung unserer Selbstregulationsressourcen ist wahrscheinlich die größte Gefahr für unsere Selbstregulation, gerade weil wir sie oft nicht wahrnehmen. Wie zuvor erwähnt, ist unser Speicher an Selbstregulation nicht grenzenlos. Außerdem ist es unser Präfrontalkortex, der Selbstregulation ausübt, doch bedenken Sie, er ist zusätzlich für viele weitere Funktionen zuständig. Ab dem Zeitpunkt, an dem wir aufstehen, bis zu dem Moment, in dem wir schlafen gehen, verlangen wir unserem Präfrontalkortex Millionen von Aufgaben ab. Neben Funktionen wie der Planung, der kognitiven Verarbeitung und dem Problemlösen, ist er ein Drittel unserer wachen Zeit mit der Ausübung von Selbstregulation beschäftigt. Ob wir unsere negativen Emotionen regulieren, mit Stress umgehen oder unsere Geduld bewahren können, hängt maßgeblich von seiner Funktionsfähigkeit ab. Wie wir nun wissen, kann der ständige Gebrauch der Selbstregulation zu der Erschöpfung dieser Fähigkeit führen. Daher ist es äußerst wichtig, dass wir unserem Präfrontalkortex genügend Pausen gönnen, ihn regelmäßig stärken und seine Funktionsfähigkeit trainieren.

Auch wenn wir den Umgang mit Stress ebenfalls als „Überbeanspruchung" ansehen könnten, wollen wir ihm nun besondere Aufmerksamkeit widmen. Unser Leben wird immer komplexer, immer anspruchsvoller, und es wird von uns verlangt, unzählige Dinge zu unternehmen, die uns glücklich machen sollen. Wir wollen diese Beförderung bekommen, wir wollen eine Familie haben, wir wollen eines Tages einen Marathon laufen und warum nicht noch einen Hund anschaffen? Um all diese Dinge managen zu können, zahlen wir einen hohen Preis. Stress bestimmt mehr und mehr unser Leben. Dabei ist es besonders verhängnisvoll, dass er ein absoluter Feind der Selbstregulation ist und dafür sorgt, dass wir unsere Ziele nicht mehr erreichen können. Studien konnten zeigen, dass Stress unsere Impulse und unser Verlangen in besonderem Maße auslösen kann, gerade wenn wir mit Versuchungen und assoziierten Reizen konfrontiert werden. Unter Stress werden unser ventrales Striatum und unser Belohnungssystem noch leichter aktiviert, wenn wir einem Stück Kuchen, einer Zigarette oder einem Glas Wein gegenüberstehen. Durch diese gesteigerte Empfindlichkeit fällt es uns schwerer, zu widerstehen, was in der Regel zu einem noch höheren Stresslevel führt — er bedingt sich also zusätzlich selbst.

Viele von uns genießen hin und wieder einen Aperitif vor dem Abendessen, ein Bier mit Freunden in der Bar oder ein Glas Sekt, während wir Musik hören. Daran ist nichts auszusetzen, aber sicherlich kennen einige von uns auch die negativen Folgen, die entstehen können, wenn wir zu viel Alkohol trinken, sei es, dass wir uns selbst peinlich verhalten oder anderen dabei zugeschaut haben. Alkohol verringert unsere Selbstregulation, indem er den Präfrontalkortex — unser Kontrollsystem — direkt beeinträchtigt. Die ganze Nacht zu trinken, das Leben zu genießen und auf den Tischen zu tanzen, versetzt uns und unsere Freunde sicherlich in eine positive Stimmung, kann aber auch zum Gegenteil führen. Da der Präfrontalkortex unser Verhalten weniger hemmen kann, können negative Gefühle die Oberhand gewinnen. Wir verlieren schneller die Geduld und geraten so leichter in Konflikte. Der Mangel an Selbstregulation erschwert es uns zusätzlich, unserem Verlangen zu widerstehen. Sei es dem Verlangen nach Essen, wenn wir doch eigentlich auf Diät sind oder der Zigarette nach einem Glas Wein, obwohl wir uns vorgenommen haben, das Rauchen aufzugeben.

Wir alle wissen, dass genügend Schlaf und regelmäßige Pausen wichtig sind. Gerade im Rahmen der Selbstregulation bleibt uns keine andere Möglichkeit, als unser Gehirn regelmäßig verschnaufen zu lassen. Von unserer Selbstregulation Gebrauch zu machen, ohne genügend zu schlafen oder kleine Ruhephasen einzulegen, führt zu einer Ermüdung des Präfrontalkortex. Dadurch treffen wir schlechtere Entscheidungen und sind weniger leistungsfähig. Studien zeigen, dass unsere Selbstregulation morgens am stärksten ist, jedoch über den Tag hinweg mit jeder für uns bedeutsamen Handlung zunehmend schwächer wird. Zum Beispiel, wenn wir Zeit mit unserer Familie und unseren Freunden verbringen, uns selbst dazu motivieren, Sport zu treiben, anstatt auf der Couch fernzusehen, oder gesünder essen, wenn wir doch eigentlich eine Pizza bestellen möchten. Schlafen wir einmal eine Nacht zu wenig, erwartet uns am nächsten Morgen bereits eine erschöpfte Selbstregulation, die uns anfälliger für Stress, Versuchungen und unser Verlangen werden lässt. Außerdem werden wir Probleme damit haben, unsere Emotionen zu kontrollieren und unsere Aufmerksamkeit aufrechtzuerhalten. Schlafmangel verschlechtert die Verwertung von Glukose – unserem Hauptenergieträger – durch Körper und Gehirn. Genauer gesagt, scheitern unsere Zellen daran, Glukose aus dem Blutstrom aufzunehmen, was eine größere Erschöpfung zur Folge hat. Um wach zu bleiben, entwickeln wir deshalb ein stärkeres Verlangen nach Zucker und Koffein. Doch da unsere Zellen nach wie vor nicht in der Lage sind, Glukose aufzunehmen, hilft uns das nicht weiter. Für diesen Energiemangel bezahlt unser Präfrontalkortex mit einer starken Beeinträchtigung seiner Funktion. Dadurch ist der Präfrontalkortex nicht mehr dazu in der Lage, die Aktivität der Amygdala zu kontrollieren, was diesen Teil unseres Gehirns überempfindlich für täglichen Stress werden lässt. Das Ergebnis ist noch mehr Stress und weniger Selbstregulation, ein Teufelskreislauf. Allerdings hat die Forschung gezeigt, dass eine erholsame Nacht mit ausreichend Schlaf die Leistungsfähigkeit unseres Gehirns völlig wiederherstellen kann. Nach einer stressigen Arbeitswoche am Wochenende Schlaf nachzuholen, wird uns in jedem Falle sehr helfen. Selbst ein paar Minuten Ruhe können uns schon dabei helfen, unseren Speicher an Selbstregulation wieder aufzufüllen. Es gilt also, unseren Tag mit Blick auf diese Zusammenhänge zu planen. Wann immer möglich, legen Sie wichtige Meetings an den Anfang des Tages oder auf die Zeit nach der Mittagspause und verschieben Sie besonders anspruchsvolle Aufgaben an den Anfang statt auf das Ende der Woche. Schlaf und regelmäßige Pausen bilden die nötige Grundlage, um leistungsfähig zu sein.

Sie haben aber auch schon erlebt, dass Sie völlig erschöpft waren, am Ende Ihrer Kräfte, aber nichtsdestotrotz eine wirklich gute Leistung erbracht haben? Erinnern Sie sich aber auch noch, was Sie zu dieser Höchstleistung angetrieben hat? In vielen Fällen werden es positive Emotionen gewesen sein, die Ihre Energiereserven wieder aufgefüllt haben, ein glücklicher Moment oder ein herzhaftes Lachen. Nach einem anstrengenden Arbeitstag erscheint die Hausarbeit nicht mehr so lästig, nachdem Ihr Partner Ihnen erzählt, wie phantastisch Sie sind. Während der Mittagspause mit Ihrem Team laut zu lachen, kann unsere Selbstregulation wieder stärken, damit wir auch am Nachmittag wieder leistungsfähig sind. Wir können negatives Feedback leichter annehmen, wenn wir zuvor ein Kompliment erhalten haben. Wenn in uns eine positive Stimmung ausgelöst wird, das konnten Studien zeigen, steigert sich nicht nur die Leistungsfähigkeit unserer Selbstregulation, sondern gleichzeitig hebt sich der Erschöpfungszustand auf.

Anders gesagt, wenn wir und unser Team am Ende unserer Kräfte sind, kann es uns enorm helfen, wenn wir es schaffen, unsere Stimmung zu ändern. Diese positiven Ereignisse führen zu einer starken Aktivierung des Belohnungssystems in unserem Gehirn und üben einen positiven Effekt auf den Präfrontalkortex, unseren Problemlöser aus, der für unsere kognitive Leistungsfähigkeit, das Treffen von Entscheidungen und die Handlungsplanung wichtig ist. All diese Funktionen sind daran beteiligt, wie wir die Aufgaben unseres beruflichen und privaten Lebens bewältigen, daher ist es — auch hier — besonders wichtig, sich glücklich zu fühlen. Komplimente zu bekommen und zu geben, anderen unsere Wertschätzung auszudrücken und Beschäftigungen nachzugehen, die uns wirklich Spaß bereiten, verbessert nicht nur unsere eigene Leistung, sondern hilft auch gleichzeitig unseren Mitmenschen.

In unserem ausgefüllten Terminkalender zu Hause und auf der Arbeit finden wir oft keine Zeit mehr, um Sport zu treiben. Nun ja, lassen Sie sich davon überzeugen, dass Sport eine ausgezeichnete Investition darstellt. Sport ist eine der wunderbaren Möglichkeiten, um unsere Selbstregulation in vielen Bereichen zu stärken. In einer bekannten Studie konnten die Teilnehmer, die alle zuvor nicht Sport getrieben hatten, ein Fitnessstudio für zwei Monate kostenlos nutzen. Nach diesen zwei

Monaten hatte sich nicht nur die körperliche Fitness dieser Personen verbessert, sondern sie zeigten zusätzlich eine deutliche Verbesserung in vielen weiteren Aufgaben. Sie waren besser in der Lage, ihre Aufmerksamkeit aufrecht zu erhalten und Ablenkungen zu ignorieren. Sie begannen, einen gesünderen Lebensstil anzunehmen, indem sie weniger rauchten und tranken, weniger Fast Food zu sich nahmen sowie gesünderes Essen bevorzugten. Außerdem trafen sie klügere finanzielle Entscheidungen: Weniger Geld wurde für impulsive Käufe ausgegeben und mehr Geld wurde gespart. Darüber hinaus berichteten diese Personen, ihre Emotionen besser kontrollieren zu können.

Sport hat nicht nur einen positiven unmittelbaren Effekt auf unsere Selbstregulation, sondern ebenfalls eine positive langfristige Wirkung. Durch körperliche Betätigung erhöht sich die Anzahl unsere Gehirnzellen (graue Substanz) und deren Isolation (weiße Substanz), was zu einer schnelleren und effizienteren Kommunikation zwischen den Zellen führt. Durch sportliche Betätigung wächst unser Gehirn und arbeitet schneller, und es ist gerade unser Präfrontalkortex, der davon profitiert. Es gibt noch weitere gute Nachrichten: Bereits kurze Pausen von fünf Minuten an der frischen Luft vermindern unseren Stress, verbessern unser Aufmerksamkeit, heben unsere Stimmung und stärken unsere Selbstregulation.

Mindfulness: Selbstregulation im Gehirn

Auch wenn wir alles über die Situationen wissen, die eine Gefahr für unsere Selbstregulation darstellen, können wir es oft nicht vermeiden, dass wir unseren Präfrontalkortex überbeanspruchen und unseren Speicher an Selbstregulation aufbrauchen. Wie zuvor beschrieben, reagiert die Amygdala in diesem Zustand besonders sensibel auf negative Ereignisse. Außerdem verschlechtert sich der Einfluss des Präfrontalkortex auf die Amygdala. Dadurch neigen wir dazu, Informationen und Situationen deutlich negativer wahrzunehmen, als sie eigentlich sind. Es fällt uns zudem schwerer, die Gehirnareale zu nutzen, die für die Hemmung dieser Gedanken und Gefühle verantwortlich sind. Kurz gesagt, wir sind in einer schlechten Verfassung.

> **Übung:**
>
> In der vorherigen Übung haben wir Sie gebeten, an einen Selbstregulationskonflikt aus Ihrem Leben zu denken. Vielleicht sind Sie sich der Faktoren bewusst geworden, die einen positiven oder negativen Einfluss auf Ihre Selbstregulationskonflikte haben und konnten nun verstehen, wie diese Faktoren auf Ihre Selbstregulation wirken. Doch in vielen Situationen können wir die Faktoren nicht beeinflussen. Wenn Sie an ein oder mehrere der Selbstregulationsprobleme aus der vorangegangenen Übung denken, welche Strategien wenden Sie an, um mit diesen Konflikten umgehen zu können? Welche Strategie benutzen Sie, um die negative Emotion zu regulieren, die Sie spüren, wenn Sie mit einem ungeliebten Kollegen zusammenarbeiten müssen? Welche Strategie nutzen Sie, wenn Ihre Kinder Ihnen all Ihre Geduld abverlangen? Wie schaffen Sie es, nicht zu viel zu essen oder dem Stück Kuchen zu widerstehen?
>
> Abgesehen von dieser Übung bitten wir sie, einen ganzen Tag lang nicht an einen weißen Bären zu denken.

Selbst wenn wir genug schlafen, Freizeitaktivitäten planen und regelmäßig Sport treiben, finden wir uns dennoch hin und wieder in Situationen wieder, in denen wir uns von unserem Ärger leiten lassen und dazu neigen, während eines Streits laut zu werden. Wir müssen wahrscheinlich immer noch feststellen, dass Impulse, Gefühle und Gedanken uns unsere Energie rauben und verhindern, dass wir Höchstleistung erbringen.

Durch die oben beschriebene Übung haben Sie vielleicht herausgefunden, dass es mehrere Strategien zur Bewältigung unserer Selbstregulationskonflikte gibt. Die gebräuchlichsten sind Verdrängung, die Umlenkung der Aufmerksamkeit und kognitive Neubewertung. Verdrängung bedeutet, wir versuchen nicht an einen Gedanken, einen Impuls oder eine Emotion zu denken. Obwohl diese Strategie kurzzeitig hilfreich sein kann, hat sie doch auf lange Sicht negative Konsequenzen und verschlimmert lediglich das Problem. Diesen Effekt bezeichnen Wissenschaftler als „Ironic-Rebound-Effekt": Versuchen wir etwas zu erreichen, erreichen wir mit dem Versuch das genaue Gegenteil. Eine berühmte Studie, die diesen Effekt genauer untersucht, wurde von Daniel Wegner und Kollegen von der Harvard Universität durchgeführt. Im Zuge der Studie wurden zwei Gruppen von Versuchspersonen in das Labor eingeladen, um an einem sogenannten „Gedankenauflistungsexperiment" teilzunehmen. Den Personen der ersten Gruppe sagte man, sie sollen während des Experiments nicht an einen weißen Bären denken. Die Personen der zweiten Gruppe durften frei an alles denken, was Ihnen in den Sinn kam. Wegner und Kollegen fanden heraus, dass die Personen der ersten Gruppe, die nicht an einen weißen Bären denken sollten, im Vergleich zur zweiten Gruppe tatsächlich häufiger an das pelzige Tier gedacht hatten. Auf der Grundlage einer Reihe von Folgestudien postulierte Wegner die Theorie der „Ironischen Prozesse", die beschreibt, wie sich der Ironic-Rebound-Effekt negativ auf unsere Gedanken, Emotionen und Verhaltensweisen auswirkt. Um die Theorie besser zu verstehen, lassen Sie uns Folgendes annehmen: Wir haben es uns zum Ziel gemacht, weniger negative und mehr positive Gedanken zu haben, um unsere Stimmung zu verbessern. Wenn wir dies also versuchen, aktiviert unser Gehirn willentlich das sogenannte „Betriebssystem", das unsere bewusste Aufmerksamkeit hin zu positiven Gedanken lenkt. Zusätzlich jedoch wird dieser Prozess von einem „ironischen Überwachungssystem" beobachtet, das kontinuierlich prüft, ob wir tatsächlich an etwas Positives denken. Das bedeutet, dass dieses Überwachungssystem gezielt nach negativen Gedanken suchen wird, um zu überprüfen, ob wir wirklich nicht an sie gedacht haben. Dadurch rückt das „ironische Überwachungssystem" die negativen Gedanken und Emotionen ins Scheinwerferlicht (da sie ein Fehler des Systems sind und wir sie überwachen müssen) und induziert so eine negative Stimmung. Ironischerweise das Gegenteil dessen, was wir eigentlich wollten.

Dieser Effekt tritt umso stärker auf, wenn wir gestresst sind oder unter geistiger Anstrengung stehen, in anderen Worten, wenn unser Selbstregulationsspeicher aufgebraucht ist. Ein weiteres typisches Beispiel ist der Versuch einzuschlafen. Wenn wir versuchen einzuschlafen, wird das „ironische Überwachungssystem" uns kontinuierlich darüber informieren, dass wir „unser Ziel noch nicht erreicht haben". Infolgedessen hält es uns weiterhin wach. Obwohl der Ironic-Rebound-Effekt zunächst im Hinblick auf Gedanken untersucht wurde, konnten weiterführende Studien zeigen, dass er ebenso in Zwängen und Ängsten auftaucht. Auch im Sport kann er zu ungewollten Handlungen und suboptimalen Leistungen führen. Es erscheint verlockend, unsere Aufmerksamkeit einfach auf etwas anderes umzulenken. Doch auch diese Strategie funktioniert nur auf kurze Sicht. Unsere Gedanken, Impulse und Emotionen werden dadurch nicht schwächer und tauchen meist zu einem späteren Zeitpunkt wieder auf und dann vielleicht sogar mit noch größerer Intensität.

Eine weitere Strategie, die viele Menschen häufig anwenden, um ihre Emotionen, Gedanken und Impulse zu regulieren, ist die kognitive Neubewertung. Nutzen wir diese Strategie, suchen wir nach einer Begründung, warum wir nicht im Sinne bestimmter Emotionen oder Impulse handeln sollten, die unseren langfristigen Zielen widersprechen. Wenn wir mit dem Rauchen aufhören wollen, können wir uns selbst sagen, dass wir diese Zigarette eigentlich gar nicht rauchen möchten, weil sie ungesund ist. Wenn wir abnehmen wollen, sagen wir uns selbst, dass wir dieses Stück Kuchen nicht essen wollen, weil es so viel Fett enthält und sicherlich unsere Diät ruinieren würde. Wenn wir in einem Streit wütend werden, könnten wir uns gut zureden und uns daran erinnern, dass wir im Grunde den Streit nicht eskalieren lassen wollen und eine konstruktive Diskussion anstreben. Wenn wir endlich unsere Kinder für die Schule angezogen haben und plötzlich das jüngste absolut wütend wird, mit den Füßen aufstampft und ruft, dass sie sich gerne selbst angezogen hätte, dann sagen wir uns selbst, dass sie einfach einen starken Charakter hat und wünschen schon vorab dem zukünftigen Partner viel Glück. Wir drücken also den mentalen Neustartknopf und lassen sie sich selbst neu einkleiden. Richtig? Diese Strategie, bei der wir mit uns selbst argumentieren, wenden wir oft spontan an, wenn wir uns in einem Selbstregulationskonflikt befinden. Studien haben gezeigt, dass diese Strategie die Aktivierung des ventralen Striatums und der Amygdala tatsächlich wirksam reduziert und damit auch die Stärke unserer Impulse und emotionalen Erregung abschwächt.

Allerdings gibt es einen Haken: Diese Strategie ist stark auf den Präfrontalkortex mit seiner begrenzten Kapazität angewiesen. Mit anderen Worten, ist unsere Selbstregulation erschöpft, helfen uns Argumente wie „Rauchen ist ungesund", „dieser Kuchen enthält viel Fett" oder „ich will mich lieber versöhnen statt streiten" nicht. In diesen Fällen benötigen wir eine Strategie, die nicht völlig auf dem Präfrontalkortex beruht, um den süßen und ungesunden kleinen Versuchungen des Tages widerstehen zu können oder während eines Streits ruhig zu bleiben.

Es gibt noch eine weitere Strategie. Eine Strategie, die unsere bottom-up-gesteuerten Prozesse, also die störenden Gedanken, Emotionen und Impulse, reguliert, ohne dabei auf den Präfrontalkortex zurückzugreifen. Tatsächlich braucht diese sprachfreie Strategie keinerlei geistigen Aufwand, um unsere emotionale Erregung, unsere hervorkommenden Gedanken und störenden Impulse unmittelbar zu reduzieren. Wenn wir zurück zu unserer Definition von Leistung gehen (Leistung = Potential - Störungen), dann wird deutlich, dass diese Strategie die Störungen verringert, ohne von unseren kognitiven Ressourcen Gebrauch zu machen. Das erlaubt es uns, unser Potential auszuschöpfen und das Beste aus uns herauszuholen. Und es kommt noch besser: Wenden wir diese Strategie regelmäßig an, reduziert sich zusätzlich die Stärke unserer Störungen. Es wird weniger notwendig sein, dass wir unsere Gedanken, Emotionen und Impulse regulieren. Das schafft eine Abkürzung, die wir nutzen können, um Spitzenleistungen zu erreichen. Wir reden über Mindfulness.

In Kürze

Leistung ergibt sich aus unserem Potential minus unserer Störungen. Die Störungen, über die wir in diesem Buch reden, sind innere Störungen, die durch Emotionen, Impulse und Gedanken zustande kommen. Selbstregulation ist unsere Fähigkeit, diese automatischen Emotionen, Impulse und Gedanken zu regulieren, und gibt uns Zugang zu unserem vollen Potential.

Diese automatischen Emotionen, Impulse und Gedanken werden vor allem von unserem ventralen Striatum und unserer Amygdala gesteuert, zwei Hirnregionen, die äußerst schnell aktiviert werden können. Für die aktive Selbstregulation dieser automatischen Prozesse ist der Präfrontalkortex entscheidend, der deutlich mehr Energie benötigt, um aktiviert zu werden. Der Präfrontalkortex ist, evolutionär gesehen, unsere jüngste Hirnregion und an den meisten unserer exekutiven Funktionen wie Handlungsplanung, Organisation, Aufmerksamkeit und schlussfolgerndem Denken beteiligt.

Unsere Selbstregulationsfähigkeit ist eine begrenzte Ressource und kann sich schnell erschöpfen, da auch unser Präfrontalkortex nur eine begrenzte Kapazität besitzt und darüber hinaus für zahlreiche weitere Funktionen verantwortlich ist. Diesen Zustand nennt man Erschöpfung der Selbstregulation (engl. „self-regulation depletion").

Befindet sich unser Präfrontalkortex in diesem Zustand der erschöpften Selbstregulation, ist unsere Amygdala übermäßig empfindlich für äußere Reize. Das führt dazu, dass wir leicht in einen negativen Zustand geraten. Zusätzlich wird die Verbindung zwischen Präfrontalkortex und Amygdala gestört.

Wir können die Reserven unseres Präfrontalkortex erhalten, indem wir die Faktoren vermeiden, die unseren Präfrontalkortex beeinträchtigen, zum Beispiel, wenn wir mit unserer Diät brechen, unseren Präfrontalkortex unnötigerweise überbeanspruchen oder Alkohol trinken. Faktoren, die die Reserven unseres Präfrontalkortex wieder auffüllen können, sind kleinere Pausen, genügend Schlaf, positive Emotionen und regelmäßige sportliche Aktivität.

Die häufigsten Selbstregulationsstrategien sind das Unterdrücken von Emotionen oder die Verlagerung der Aufmerksamkeit. Auch wenn sich diese Strategien wie gute Lösungen anfühlen, konnte gezeigt werden, dass sie unsere Selbstregulationsprobleme auf lange Sicht verschlechtern. Die kognitive Neubewertung ist eine Strategie, die sich als wirksam erwiesen hat, um unsere Emotionen und Impulse zu regulieren, macht aber von unserem Präfrontalkortex Gebrauch.

Mindfulness ist ein non-kognitiver und sprachfreier Weg, um mit unseren Emotionen, Impulsen und störenden Gedanken umzugehen. Die spannendsten Auswirkungen auf unser Verhalten hat die Veränderung der Struktur und Funktion der Amygdala, die durch Mindfulness hervorgerufen wird. Da die übermäßige Aktivierung unserer Amygdala die Entfaltung unseres Potentials ernsthaft beeinträchtigt, gibt uns Mindfulness Zugang zu unserer vollen Leistungsfähigkeit. Mindfulness ist der Schlüssel zu Spitzenleistungen.

Teil I. 4: The Mindful Brain – Wie funktioniert das?

Ich bin 33 Jahre alt und lebe zusammen mit meinen zwei Töchtern, jetzt vier und fünf Jahre alt. Ich habe mich von dem Vater meiner Kinder getrennt, als meine Jüngste gerade ein Jahr alt geworden war. Ich habe immer Vollzeit gearbeitet, was mich immer sehr beschäftigt hielt und dafür sorgte, dass ich mich äußerst gestresst gefühlt habe, besonders kurz nach der Trennung von meinem Partner. Träume schienen verloren. Die Emotionen kochten hoch. Ich war die meiste Zeit wach, da meine Jüngste Schwierigkeiten hatte, die Nächte durchzuschlafen, was bei mir zu einem permanenten Schlafmangel führte. Doch ich war mir sicher, es zu schaffen, tief durchzuatmen und uns ein glückliches Leben aufzubauen. Eines Tages würde es soweit sein. Ich würde es schaffen. In der wenigen Freizeit, die mir noch blieb, ging ich laufen oder klettern, um mich fit zu halten. Eines Tages. Unbeugsam und standfest hielt ich mich aufrecht, immer die Kontrolle behaltend und mit unbegrenzten Ressourcen ausgestattet – dachte ich. In einem Moment, in dem ich das Gefühl hatte, im Leben verloren zu sein, entschied ich mich, eine Pause einzulegen, allein, und nahm einen Flug nach Ägypten für einen Kurzurlaub. Ich konnte mich nicht entspannen, konnte nicht still halten und so nahm ich meine Arbeit mit, um in Ruhe zu lesen. Jeden Tag ging ich laufen, entweder um 6 Uhr morgens oder kurz vor Sonnenuntergang, um die Hitze zu meiden. Eines Abends lief ich recht spät und wurde von dem schönsten Sonnenuntergang überrascht, den ich je gesehen hatte. Ich hatte noch nie so prächtige, warme Farben gesehen, unterbrochen nur von dem tiefen Schwarz der Berge. Der Anblick war überwältigend. Ich nahm mein Smartphone, wollte diesen Moment unbedingt bildlich festzuhalten, aber nein, die Aufnahmen waren nicht gut genug. Sie konnten die wahre Schönheit da draußen nicht einfangen, und doch musste ich einfach dieses Bild mit nach Hause nehmen. Ich wollte es unbedingt meinen Kindern und Freunden zeigen! Oder vielleicht könnte ich es für mein Büro einrahmen, damit es mich immer an diesen Urlaub erinnern kann! Frustriert ließ ich den Moment vorbeiziehen und schaute in mich hinein. Und was ich dort fand, war viel gewaltiger als der Sonnenuntergang. Mich selbst.

Das Gedicht, das diese Erfahrung zusammenfasst finden Sie am Ende des Kapitels. Dieser Ausflug nach Ägypten war der Beginn meiner Reise hinein in die Praxis der Mindfulness. Wenn ich zurückblicke und mir bewusst mache, wer ich damals war oder dachte zu sein, kann ich deutlich sehen, wie ich mich verändert habe. Es veränderte mein Gehirn und von da an zahllose Dinge in meinem Leben. Ich kann die Welt nicht ändern, sie nicht weniger hektisch und überwältigend machen, aber alles, was ich tue, versuche ich mit innerem Frieden zu tun. Ich strebe danach, es achtsam zu tun.

Mindfulness: Der Schlüssel zu Spitzenleistungen

Im vorangegangenen Kapitel haben wir Leistung definiert als unser Potential minus unsere Störungen. Diese Störungen sind in uns, unsere internen Blockaden. Es sind unsere Gedanken (Tagträumen oder an die Vergangenheit denken), unsere Emotionen (wir sind wütend) und unsere Impulse (wir wollen ständig unser Smartphone kontrollieren). Diese inneren Störungen blockieren häufig den Zugang zu unserem Potential: Wir denken, wir könnten es nicht schaffen und werden dadurch gehemmt, wir verschwenden Energie, wenn wir wütend sind und wenn wir ständig von unseren Impulsen unterbrochen werden.

Wie bereits zuvor erwähnt, sind unsere Gedanken meist die Quelle unserer Emotionen. Vielleicht werden wir während einer Diskussion wütend, weil die Meinung unseres Gegenübers nicht in unsere Gedankenwelt passt. Wir sind traurig, wenn uns unser Partner nicht die Aufmerksamkeit schenkt, die er uns schenken sollte, wenn er uns wirklich liebt. Wir sind enttäuscht, wenn unser Kollege schon wieder Mist gebaut hat. Wir sind wütend, weil unser Chef unsere Erwartungen nicht erfüllt hat. Erwartungen sind nichts anderes als die Projektion unseres aktuellen Wissens in die Zukunft. In unserem Leben sind Erwartungen der Grund für viele negative Emotionen. Erwartungen zu haben, bedeutet, dass wir Anderen implizit eine Anweisung geben: „Wenn Du machst und denkst, was ich will, ist alles gut. Wenn nicht, werde ich enttäuscht sein." Unsere Gedankenwelt und unsere Erwartungen sind einfach nur Gedanken, die sich in unserem Leben mehrfach wiederholt haben und sind so Teil unseres Selbst geworden. Noch deutlicher bedeutet das, dass sie angefangen haben, als Filter zu fungieren, durch den wir die Welt um uns herum wahrnehmen. Das heißt, sie sind nur für uns wahr und in einzigartiger Weise durch unsere Erfahrungen geprägt.

Wenn wir mit Situationen konfrontiert werden, die nicht in unsere Gedankenwelt passen und nicht unseren Erwartungen entsprechen, ruft das eine gewisse Unsicherheit in uns hervor. Ist die Situation auch nur in geringstem Maße relevant für uns, wird unsere Amygdala übermäßig stark aktiviert werden und uns ein Gefühl von Unsicherheit geben. Das ist ein Gefühl, das wir nicht mögen, und so versuchen wir, es durch eine Reduzierung der Aktivität der Amygdala aufzulösen. Nur dann geht es uns wieder gut. Wenn wir auf der Arbeit an einem Projekt gearbeitet haben, geben wir es so ab, dass wir uns gut damit fühlen. Bekommen wir dann ein schlechtes Feedback, passt das nicht zu unseren Erwartungen hinsichtlich des Projekts. Das Ergebnis ist eine erhöhte Aktivität der Amygdala, die eine negative Emotion hervorruft. Also lässt sich sagen, dass Ereignisse, die nicht zu unserer Gedankenwelt und unseren Erwartungen passen, eine stärkere emotionale Reaktion erzeugen als Ereignisse, die unseren Erwartungen entsprechen. Angenommen Ihr Vorgesetzter gibt Ihnen folgendes Feedback: „Das Projekt ist schön geschrieben und die Abbildungen verdeutlichen wirklich gut Ihre Ideen, aber Sie haben noch einiges zu lernen!" Was wird wahrscheinlich die stärkste emotionale Reaktion hervorrufen? Genau, die Tatsache, dass Ihr Chef Ihnen sagt, Sie hätten noch einiges zu lernen.

Obwohl eine schnell eintretende emotionale Erregung einen Vorteil für unser Überleben darstellt (z.B. als Reaktion auf ein unerwartetes Geräusch in der Nacht), bringt uns die Aktivität unserer Amygdala häufig in einen negativen Zustand und übernimmt die Kontrolle über unser Gehirn. Die Amygdala ist das notwendige Übel. Sie ist für die emotionale Bewertung von zweideutigen Reizen zuständig, unterscheidet zwischen Gefahr und Sicherheit und reagiert auf emotional bedeutsame Ereignisse. Doch da die Amygdala dazu neigt, unverhältnismäßig stark aktiviert zu werden, initiiert sie leicht eine Fight-Flight-Freeze-Reaktion und bringt uns in eine defensive Haltung. Im schlimmsten Fall ist die Aktivierung der Amygdala so stark, dass wir unmittelbar in einen Erschöpfungszustand geraten, der unseren Präfrontalkortex ausschaltet. Wir können nicht mehr klar denken, hören nicht mehr aufmerksam zu und werden mit Sicherheit nicht unsere Ansichten ändern. Natürlich ist das kein Schwarz-Weiß-Bild, aber unsere Amygdala kann in unterschiedlichem Ausmaß aktiviert werden, was unser Denken und schlussendlich unser Verhalten in spezifischer Weise beeinflusst.

Die Tatsache, dass die Amygdala in herausfordernden Situationen oft in unangemessener Intensität reagiert, führt zu negativen mentalen Zuständen, die unfreiwillig unseren Fokus, unsere Fähigkeit, mit Problemen umzugehen, unsere Flexibilität und Agilität und ganz generell unserer Denkvermögen einschränken. Probleme mit diesen kritischen Variablen verhindern, dass wir unsere bestmögliche Leistung erbringen. Das wiederum hat zahlreiche negative persönliche und organisationale Konsequenzen. Wenn unsere Amygdala nicht unverhältnismäßig stark reagieren würde, könnten wir durch eine verbesserte Kommunikation, durch eine effektivere Regulierung von automatischen Emotionen und Impulsen, durch einen intelligenteren Zugang zu organisationalem Wandel, durch ein natürlicheres Engagement bei unseren Aufgaben sowie durch eine verbesserte Aufmerksamkeit erheblich profitieren. Das erzeugt eine Kultur, die Unterschiede und Konflikte als konstruktiv und bereichernd ansieht, unsere Perspektive verbreitert und das individuelle Wohlergehen fördert.

Wenn wir, ausgelöst durch unsere Amygdala, eine negative Emotion spüren, versuchen wir, sie durch Selbstregulation abzuschwächen. Es gibt eine Vielzahl von Strategien, und wir alle können mindestens eine nennen, von der wir denken, sie helfe uns. Die häufigsten Strategien sind Verdrängung, Ablenkung, kognitive Neubewertung und Perspektivenwechsel. Verdrängung bedeutet, wir versuchen bewusst nicht an eine bestimmte Emotion oder einen störenden Gedanken zu denken, indem wir diese Emotion oder diesen Gedanken aktiv von uns wegschieben. Inzwischen haben wir gelernt, dass hierbei der Ironic-Rebound-Effekt eintreten und in den meisten Fällen das Gegenteil bewirken wird: Die Emotion wird schlimmer. Die Forschung konnte außerdem zeigen, dass schon fünf Minuten aktives Verdrängen von Emotionen oder Gedanken uns in einen Zustand der erschöpften Selbstregulation bringen kann, was der Amygdala freies Spiel beschert. Wir können vermutlich dieselben negativen Folgen erwarten, wenn wir versuchen uns abzulenken. Eine weitere häufig genutzte Strategie, um Emotionen zu regulieren, ist kognitive Neubewertung: Wir definieren unsere Emotionen neu („Ich brauche nicht wütend zu sein, da das Projekt eigentlich nicht so wichtig ist." oder „Ich habe keine Angst, das Projekt zu präsentieren. Was ich gerade fühle, ist eher Vorfreude und zeigt mir, wie wichtig mir dieses Projekt ist."), oder wir definieren die Situation neu, um die Emotion zu regulieren („Ich sollte nicht wütend sein, da mein Chef vermutlich müde war und was er gesagt hat, eigentlich nicht so gemeint hat."). Der Perspektivenwechsel ist eine ähnliche Strategie, bei der wir aktiv versuchen, die Welt durch die Augen unseres Gegenübers zu sehen, um ein besseres Verständnis der Situation zu bekommen und gegensätzliche Ansichten zu versöhnen. Personen unterscheiden sich in ihrer Anlage, ob sie spontan eher von kognitiver Neubewertung oder Verdrängung Gebrauch machen.

Dabei haben Personen, die eher die Strategie der kognitiven Neubewertung anwenden, weniger negative Emotionen, eine bessere Interaktion mit anderen sowie ein verbessertes physisches und psychisches Wohlbefinden. Den gegenteiligen Effekt findet man bei Personen, die spontan eher zu Verdrängungsstrategien neigen. Obwohl die kognitive Neubewertung und der Perspektivenwechsel Strategien sind, die gut funktionieren, benötigen sie doch kognitive Kontrolle. Das bedeutet, sie sind abhängig von unserem Präfrontalkortex, um tatsächlich erfolgreich zu sein, sind aber durch seine begrenzte Kapazität eingeschränkt. Daran sehen wir, dass die Ausübung dieser kognitiven Strategien zur Emotionsregulation die Energie des präfrontalen Kortex aufbraucht und ihn daran hindert, seine weiteren exekutiven Funktionen optimal auszuführen. Zudem funktionieren diese kognitiven Strategien nicht, wenn unser Präfrontalkortex erschöpft ist. Und denken Sie daran, der Erschöpfungseffekt ist ein ganztägiges Ereignis.

An dieser Stelle wollen wir uns der Mindfulness zuwenden, die als Emotionsregulationsstrategie eine ganz einzigartige Rolle spielt. Mindfulness ist eine nicht-kognitive Strategie, um emotionale Zustände zu regulieren und wieder ins Gleichgewicht zu kommen. Außerdem kommt Mindfulness gänzlich ohne Sprache aus. Das bedeutet, dass Mindfulness eine Strategie ist, die ohne Anstrengung angewendet werden kann und nichtsdestotrotz ein äußerst effektiver Weg ist, um Emotionen, Gedanken und Impulse zu regulieren, ohne die Ressourcen des Präfrontalkortex aufzubrauchen. Sie können nicht nur Ihre Emotionen, Gedanken und Impulse effektiv und ohne Anstrengung regulieren, sondern Sie entlasten zusätzlich Ihren Präfrontalkortex, dessen Ressourcen für andere Aufgaben verwendet werden können. Doch das ist noch nicht alles. Wir verändern die Struktur unseres Gehirns nachhaltig, wenn wir regelmäßig mindfulness-basierte Meditation praktizieren. Das führt dazu, dass negative Emotionen und Gedanken weniger stark aktiviert werden und uns so weniger einschränken können. Daraus geht hervor, dass Mindfulness uns nicht nur dabei hilft, unsere Hemmnisse zu regulieren, sondern bei regelmäßiger Anwendung zusätzlich deren Intensität abschwächen kann. Diese erhebliche Reduzierung von Hemmnissen erlaubt uns einen besseren – wenn nicht sogar den besten – Zugang zu unseren inneren Ressourcen, die wir alle besitzen, unserem Potential.

Bevor wir Ihnen nun die grundlegenden Prinzipien von Mindfulness erläutern, wollen wir Ihnen einen Überblick der wichtigsten Effekte geben, die Mindfulness auf unser Verhalten und unser Gehirn ausübt.

Was Mindfulness für mein Gehirn tun kann

Kann sich mein Gehirn immer noch verändern? Ja, unser Gehirn verändert sich ständig im Laufe unseres gesamten Lebens. Das Phänomen, dass sich unser Gehirn verändern kann, nennt man Neuroplastizität. Eine bekannte Studie, die Neuroplastizität untersucht hat, verglich die Gehirne erfahrener Londoner Taxifahrer mit den Gehirnen von Kontrollpersonen, die keine Taxifahrer waren. Die Ausbildung ist äußerst anspruchsvoll und stellt eine Herausforderung für den Orientierungssinn dieser Personen dar. Um in London beruflich Taxis fahren zu dürfen, müssen angehende Taxifahrer in jede von ca. 30.000 Straßen navigieren können, ohne eine Karte oder ein Navigationssystem zu Hilfe zu nehmen. Wenn man nun die Gehirne der beiden Gruppen vergleicht, zeigen die Taxifahrer einen signifikant größeren Hippocampus. Der Hippocampus ist ein Teil des limbischen Systems und spielt eine entscheidende Rolle für unser Gedächtnis und unseren räumlichen Orientierungssinn. Die Ergebnisse zeigten außerdem, dass der Hippocampus umso größer ausfiel, je erfahrener die Taxifahrer zum Zeitpunkt der Messung waren.

Wie verändert Mindfulness unser Gehirn? Im letzten Jahrzehnt wurden viele Studien durchgeführt, die die Auswirkungen von mindfulnessbasierter Meditation auf das Gehirn untersuchten. Viele dieser Studien fanden in einem klinischen Kontext statt, da Mindfulness oft als Teil der Therapie von psychischen Störungen wie Depression verwendet wird. Es würde zu lange dauern, sämtliche Studien aufzulisten, die die Auswirkungen zeigen, die Mindfulness auf unser Gehirn hat. Deshalb konzentrieren wir uns an dieser Stelle auf die Studien, die unserer Meinung nach die erstaunlichsten Effekte zeigen.

Dr. Sara Lazar ist Neurowissenschaftlerin in der Abteilung für Psychiatrie am Massachusetts General Hospital und Lehrende im Fach Psychologie an der Harvard Medical School. Sara Lazar und ihr Team führten einige hochinteressante neurowissenschaftliche Studien zum Thema Mindfulness durch, die viel zum Verständnis beigetragen haben, welche strukturellen Veränderungen im Gehirn stattfinden, wenn man regelmäßig Mindfulness praktiziert. In einer ersten Studie verglichen Lazar und Kollegen Personen, die erfahren waren in mindfulnessbasierter Meditation, mit einer geographisch abgestimmten Kontrollgruppe. Die meditierende Gruppe zeigte einen signifikant größeren Anteil an grauer Substanz im Präfrontalkortex im Vergleich zu der Kontrollgruppe. Der Präfrontalkortex spielt eine entscheidende Rolle für unser Arbeitsgedächtnis und unsere exekutiven Funktionen. Interessanterweise konnten die Ergebnisse auch zeigen, dass die Gehirne der beiden Gruppen scheinbar einen unterschiedlichen altersbedingten Veränderungsprozess durchlaufen. Bei den meisten Menschen beginnt das Gehirn zu schrumpfen, wenn sie älter werden, was sich auf unser Denken, unser Gedächtnis und Verhalten auswirkt. Diese Studie legte nahe, dass dieser Prozess bei den meditierenden Personen nicht stattfindet. Eine 50-jährige Person, die regelmäßig meditiert, schien gleich viel Hirnsubstanz zu besitzen wie eine 25-jährige Person. Anders ausgedrückt scheint Meditation den altersbedingten Abbauprozess der kortikalen Struktur zu verzögern oder gar zu verhindern. Obwohl diese Studie einige interessante Einblicke in die neuronalen Veränderungen gewährt, die durch Mindfulness hervorgerufen werden können, gibt es einen entscheidenden Kritikpunkt. Es handelte sich hierbei um kein kontrolliertes Experiment. Es ist sehr gut möglich, dass die Unterschiede in den Gehirnen der beiden Gruppen schon vor der Messung bestanden: Vielleicht wenden sich Personen mit größerem Präfrontalkortex eher meditativer Praxis zu? Eine weitere Möglichkeit ist, dass die gefundenen Unterschiede in der Größe des Präfrontalkortexes durch konfundierende Faktoren hervorgerufen wurden. So könnten sich die beiden Gruppen hinsichtlich ihrer Ernährungsgewohnheiten oder ihres Lebensstils unterschieden haben.

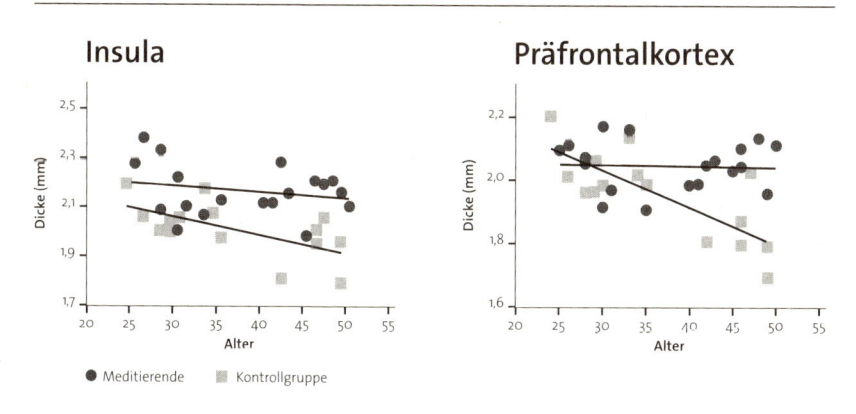

Abbildung 5: Teile des Kortexes (Insula und Präfrontalkortex)
Insula und Präfrontalkortex haben bei Personen, die meditieren, mehr graue Gehirnmasse im Vergleich zu einer Kontrollgruppe.
Quelle: Lazar et al., NeuroReport, 2005

Um alternative Erklärungen für die gefunden Unterschiede der Hirnstruktur auszuschließen, führten Sara Lazar und ihr Team eine Folgestudie durch. In dieser Studie wurde eine große Anzahl von Personen, die zuvor noch nie meditiert hatten, gebeten, an der Untersuchung teilzunehmen. Diese Personen wurden zufällig in zwei Gruppen aufgeteilt. Eine Gruppe bat man ein achtwöchiges mindfulness-basiertes Stressreduktionstraining durchzuführen, die zweite Gruppe diente als Vergleichsgruppe und meditierte in dieser Zeit nicht. Für das Mindfulness-Training erhielten die Versuchsteilnehmer der ersten Gruppe eine Audio-CD mit angeleiteten Meditationsübungen. Im Durchschnitt verbrachten die Teilnehmer der Mindfulness-Gruppe 27 Minuten täglich mit Mindfulness-Meditation.

Hirnscans der Meditations- und Vergleichsgruppe wurden vor und nach den acht Wochen aufgezeichnet. Verglichen mit der Vergleichsgruppe zeigten die Personen der Meditationsgruppe eine signifikante Zunahme an grauer Substanz im Hippocampus, der Hirnregion, die für Gedächtnisbildung, räumliche Orientierung und Emotionsregulierung zuständig ist. Die Tatsache, dass der Hippocampus eine entscheidende Rolle in der Emotionsregulation spielt, wurde von weiteren Studien unterstützt, die zeigen konnten, dass er bei Personen mit Depression oder Posttraumatischer Belastungsstörung verkleinert scheint. Für diese beiden Patientengruppen ist eine verminderte Fähigkeit zur Emotionsregulation typisch. Die Ergebnisse der Studie offenbarten außerdem, dass die Personen der Mindfulness-Gruppe, im Vergleich zur Kontrollgruppe, eine signifikante Zunahme der grauen Substanz im temporoparietalen Übergang zeigten, eine Hirnregion, die direkt über dem Ohr lokalisiert ist. Der temporoparietale Übergang spielt eine wichtige Rolle für Perspektivenwechsel, Empathie und Mitgefühl. Neben der strukturellen Veränderung des temporoparietalen Übergangs berichteten die Versuchspersonen der Mindfulness-Gruppe, nach dem Training eine verbesserte Fähigkeit zur Perspektivenübernahme sowie mehr Empathie und Mitgefühl zu besitzen. Und nicht zuletzt zeigte die Studie eine bedeutende Veränderung der Struktur der Amygdala bei den Personen der Mindfulness-Gruppe. In der Mindfulness-Gruppe, jedoch nicht in der Kontrollgruppe, fand man eine signifikante Verkleinerung der Amygdala. Die stärksten Veränderungen in der Größe der Amygdala standen in Zusammenhang mit der wahrgenommen Stärke stressbezogener Symptome: Personen mit einer stärkeren Schrumpfung der Amygdala zeigten weniger stressbezogene Symptome. Die Welt hat sich in acht Woche nicht verändert. Ihr Leben war nach wie vor stressig, die Wirtschaft hatte keinen Umschwung erlebt, doch trotzdem nahmen die wahrgenommenen stressbezogenen Symptome aufgrund der Verkleinerung der Amygdala ab. Das bedeutet, dass die Veränderung der Amygdala keine Veränderung unserer Umwelt repräsentiert, sondern vielmehr eine Veränderung der Art und Weise, wie Personen auf ihre Umwelt reagieren. Ich kann die Welt nicht ändern, sie nicht weniger stressig oder überwältigend machen, aber alles, was ich tue, versuche ich mit innerem Frieden zu tun. Ich strebe danach, es achtsam zu tun.

Eine Vielzahl von Studien hat, aufbauend auf den Erkenntnissen von Sara Lazar, zu unserem Wissen beigetragen, warum Mindfulness solch einen positiven Effekt für unsere exekutiven Funktionen und unser Wohlbefinden hat. Die Studien legen nahe, dass diese Effekte durch eine Abnahme eingeengten Denkens zustande kommen, das durch (unbewusste) negative Emotionen entsteht, die von einer Aktivierung der Amygdala ausgelöst werden. Die verringerte Aktivierung der Amygdala ermöglicht es uns, unseren Präfrontalkortex optimal zu nutzen, und verbessert so unsere Fähigkeit, aufmerksam und fokussiert zu bleiben, automatisierte und gewohnte Verhaltensweisen zu hemmen oder Entscheidungen mit klarem Verstand schnell und auch unter großem Druck zu treffen. Zudem werden wir deutlich weniger von negativen Emotionen zurückgehalten, die verhindern, dass wir unser Können unter Beweis stellen. Kurz gesagt, haben wir einen erheblich verbesserten Zugang zu unserem Potential. Außerdem konnte die Forschung zeigen, dass regelmäßige mindfulness-basierte Meditation die Verbindung zwischen unserem Präfrontalkortex und dem limbischen System, vor allem der Amygdala, stärkt. Das bedeutet, wir können emotionale Funktionen unseres Gehirns deutlich besser regulieren. Wir haben weiterhin Emotionen, nehmen sie aber bewusster wahr und können den Ausdruck dieser Emotionen durch die gestärkte Verbindung zwischen Präfrontalkortex und limbischem System besser regulieren.

Neben der strukturellen Veränderung der Amygdala während eines achtwöchigen Mindfulness-Trainings zeigten neuere Studien außerdem, dass die Aktivierung der Amygdala in Reaktion auf emotionale Reize nachlässt. Eine aktuelle Studie untersuchte die langfristigen Effekte des Mindfulness-Trainings auf die Aktivierung der Amygdala. Die Personen, die ein achtwöchiges Mindfulness-Programm durchlaufen haben (zwei Stunden Unterricht pro Woche und 20 Minuten mindfulness-basierter Meditation täglich), zeigten eine anhaltende Abnahme der Aktivierung der Amygdala in Reaktion auf emotionale Reize. Bei einer Kontrollgruppe zeigten sich diese Effekte nicht. Dabei ist wichtig zu erwähnen, dass die Versuchspersonen nicht gebeten wurden, während der Präsentation der emotionalen Bilder zu meditieren. Das zeigt, dass die Effekte mindfulness-basierter Meditation auf die emotionale Verarbeitung von Reizen auch auf nicht-meditative Zustände übertragen werden. Die Amygdala reduziert ihre Aktivierung in Reaktion auf emotionale Reize und löst so weniger häufig negative Zustände oder Stressreaktionen aus. Durch diese Wirkung erweist sich Mindfulness als perfekte Präventionsmaßnahme zur Vorbeugung von Stress und Burnout.

Eine Studie an Patienten mit generalisierter Angststörung (GAS) kam zu ganz ähnlichen Ergebnissen. Die Forscher teilten Personen mit GAS zufällig zwei Gruppen zu. Eine Gruppe führte ein achtwöchiges Mindfulness-Training durch, während die andere ein Stressmanagement-Training absolvierte. Eine dritte Gruppe bestand aus gesunden Personen, die nicht an einer GAS litten. Bevor das Training startete, untersuchte man die Hirnaktivität aller Personen in den drei Gruppen, die als Reaktion auftraten, wenn man ihnen Bilder von wütenden oder neutralen Gesichtsausdrücken zeigte. Es zeigte sich, dass bei der Präsentation von wütenden Gesichtern sowohl bei den GAS-Patienten als auch bei den gesunden Kontrollpersonen eine erhöhte Aktivität der Amygdala vorlag. Es zeigte sich aber außerdem, dass die GAS-Patienten im Vergleich zur Kontrollgruppe selbst bei den neutralen Gesichtern einen signifikanten Anstieg der Aktivität in der Amygdala erlebten. Unklare Reize lösten bei Patienten mit generalisierter Angststörung offenbar leichter eine negative Erregung aus. Nach dem achtwöchigen Training zeigte sich in beiden Trainingsgruppen eine signifikant geringere Aktivierung der Amygdala in Reaktion auf neutrale Gesichter. Unklare oder mehrdeutige Reize haben somit weniger Aktivität in der Amygdala ausgelöst und weniger häufig eine negative Erregung hervorgerufen. Außerdem fand die Forschergruppe, dass die funktionelle Verbindung des Präfrontalkortex und der Amygdala in der GAS-Gruppe signifikant verbessert war, die das Mindfulness-Training erhalten hatte. Die verbesserte funktionelle Verbindung von Präfrontalkortex und Amygdala legt nahe, dass die Patienten die Aktivierung ihrer Amygdala besser regulieren konnten. Diese Erkenntnisse gehen mit Ergebnissen weiterer Studien einher, die nachweisen konnten, dass mindfulness-basierte Meditation unsere Fähigkeit zur Emotionsregulation sowie unsere Aufmerksamkeit verbessert.

Lassen Sie uns die bisher vorgestellten Ergebnisse zusammenfassen. Mindfulness-basierte Meditation führt zu einer Verkleinerung der

Amygdala und dadurch zu weniger Aktivität in Reaktion auf emotionale Reize. Zusätzlich wird die funktionelle Verbindung zwischen Präfrontalkortex und Amygdala verstärkt, wodurch wir unsere Emotionen besser regulieren können. Viele persönliche oder organisationale Probleme stehen in direktem Zusammenhang mit einer übermäßig starken Aktivierung der Amygdala. In diesem Sinne haben eine reduzierte Aktivierung in dieser Hirnregion und die Fähigkeit, diese Aktivierung zu regulieren, einen positiven Effekt auf unsere Kommunikation, unsere Fähigkeit, automatische Emotionen und Impulse zu regulieren, das organisationale Change Management und unser natürliches Engagement für Aufgaben und Projekte und verbessern zudem unsere Aufmerksamkeit. Mindfulness trägt zu einer Unternehmenskultur bei, die Unterschiede und Konflikte als konstruktiv und bereichernd ansieht und das individuelle Wohlergehen fördert. Eine von Mindfulness geprägte Unternehmenskultur zeichnet sich durch eine große systemische Gesundheit aus.

Die Neurowissenschaft der Mindfulness

Obwohl die Forschung viel zu unserem Wissen beigetragen hat, welche strukturellen und funktionellen Veränderungen stattfinden, wenn wir Mindfulness praktizieren, konnten die vorgestellten Studien nicht erklären, welche Hirnmechanismen an der Mindfulness-Meditation selbst beteiligt sind. Bevor wir uns diese Mechanismen genauer ansehen, erinnern Sie sich daran, dass unser Gehirn in organisierten funktionellen Netzwerken arbeitet. Das sind mehrere verschiedene Hirnregionen, die eine zeitlich synchronisierte Aktivierung zeigen (d. h. gleichzeitig aktiv sind) und eine bestimmte Funktion erfüllen. Eines der am besten erforschten Netzwerke ist das Default Mode Network (DMN).

Doch lassen Sie uns einen kleinen Sprung machen und eine Übung durchführen. „Was denkst Du, Schatz?" fragte sie. „Ich? Was soll ich schon denken? Nichts!" entgegnete er. „Na komm, sag's mir schon. Ich kann es Dir doch ansehen." „Wieso? Wie kommst Du denn darauf? Kann man noch nicht mal nichts denken?" Ja, jetzt wäre es interessant für uns, in Ihre Köpfe zu schauen, denn Sie denken jetzt vermutlich, die beiden spinnen sich Ihre eigene Geschichte zusammen! Aber eins nach dem anderen. Sind Sie bereit, das für sich selbst zu testen?

Übung: Unbewusste Gedanken bewusst werden lassen

Lesen Sie bitte zunächst die Beschreibung dieser Übung und legen Sie dann das Buch beiseite, um die folgende Übung durchzuführen: Schreiben Sie fünf Minuten lang jeden Gedanken auf, der Ihnen durch den Kopf geht. Lassen Sie bitte alle Gedanken zu, filtern Sie nichts. Wenn Sie vom Hölzchen zum Stöckchen kommen, lassen Sie das zu. Es geht darum, sich darüber bewusst zu werden, wie viele und welche Art von Gedanken unser Kopf ständig produziert.

Im Anschluss an diese kleine Übung lesen Sie bitte, was auf dem Zettel steht. Wenn Sie sich wirklich nicht zensiert haben, dürfen wir Sie jetzt im „Club der Verrückten" willkommen heißen. Denn unser Geist ist wie ein Affe. Wenn man ihn frei walten lässt, springt er von Ast zu Ast und kann innerhalb von Minuten eine unglaubliche Reihe von scheinbar unabhängigen Themen bearbeiten. Das Gehirn generiert etwa 80.000 Gedanken täglich! Dabei sind einige Gedanken absurd, andere brillant, weitere idiotisch oder trivial. Es ist normalerweise alles dabei. Da wir uns aber im Allgemeinen nur etwa einem Prozent unserer Gedanken überhaupt bewusst sind, geschieht es bei dieser Übung beim ersten Mal oft, dass Menschen ihre Gedanken ordnen und strukturieren — und dadurch natürlich beeinflussen. Das Ergebnis sieht dann wesentlich weniger „verrückt" aus. Oft kann man hinterher diese Tendenz in den Notizen zum Beispiel an Stichwortlisten, an Aufzählungszeichen oder sonstigen Interpunktionen erkennen. Es dauert manchmal einige Zeit, bis man sich erlaubt, zu den subtileren Gedankenschichten vorzudringen.

Wie verrückt unser Gehirn ist und wieviele Gedanken es generiert, sehen sie unter diesem Link: *www.notebaert-consulting.com/book*

Diese Übung hat Sie das geschäftliche Treiben des DMN spüren lassen. Das DMN wird mit dem englischen Wort „default" (Deutsch: „standardmäßig") beschrieben, da es aktiv ist, wenn wir im Grunde gerade „rein gar nichts" tun. Wenn Sie auf dem Sofa sitzen, ohne sich auf eine bestimmte Aufgabe zu konzentrieren, wird das DMN aktiv und lässt Sie nachdenken. Sie denken vielleicht daran, was Sie gestern getan haben, oder an ein Meeting, das morgen stattfinden wird. Vielleicht denken Sie daran, dass Haus zu putzen, wenn Sie den Staub sehen oder sie denken daran, wie Sie sich fühlen. Das DMN ist beteiligt, wenn wir planen, tagträumen oder grübeln. Das DMN wird von Ihren Lebenserfahrungen geformt und enthält deshalb, was in Ihrem Leben passiert ist, Ihre Meinungen und Perspektiven, Ihre Ziele und Erwartungen. Es ist ein sehr dominantes Netzwerk, und Ihr Gehirn aktiviert es gerne, da es nicht viel Energie aufzubrauchen scheint: Sie denken über das nach, was Sie ohnehin schon wissen. Hier spricht Ihr Autopilot. Ihre Wohlfühlzone. Wenn das DMN aktiviert ist, bei den meisten Menschen also die meiste Zeit des Tages, funktioniert es wie ein Filter, durch den wir unsere Umwelt wahrnehmen. Tatsächlich verzerrt es unsere Wahrnehmung und bestimmt, was wir sehen und was nicht. Angenommen Sie sind ein Innenausstatter, dann enthält Ihr DMN eine Vielzahl von Informationen über Innenausstattung. Als Konsequenz sehen und erinnern Sie sich mehr an Details der Innenausstattung eines Hauses als eine Person, die sich nur wenig für dieses Thema interessiert. Obwohl dieses Beispiel eher einfach strukturiert ist, arbeitet dieser Mechanismus auch auf subtilere Art und Weise. Wenn Sie zum Beispiel davon überzeugt sind, dass man jemanden seine Liebe spüren lässt, indem man Zuneigung zeigt, dann ist auch das Teil Ihres DMN, durch das Sie die Interaktion mit Ihrem Partner wahrnehmen. Wenn hingegen Ihr Partner denkt, dass man seine Liebe demonstriert, indem man durch Arbeit das Geld verdient, wird er die Interaktionen mit Ihnen durch sein Netzwerk sehen. Er denkt also, dass er seine Liebe zeigt, da er das Geld verdient. Sie fühlen sich jedoch vernachlässigt, da Ihr DMN keine Anzeichen von Liebe wahrnehmen kann, schließlich gibt er Ihnen nicht genug Zuneigung. Wir alle haben ein einzigartiges DMN, was bedeutet, dass es so viele Filter gibt, durch die die Welt wahrgenommen wird, wie es Personen in dieser Welt gibt. Das DMN ist Ihre eigene Wahrheit. Deshalb fühlt es sich so natürlich an, Zeit mit jemandem zu verbringen, der dieselbe Meinung zu einem Thema hat, das in unserem Leben eine entscheidende Rolle spielt, zum Beispiel gemeinsam Kinder großzuziehen. Wie wir unsere Kinder großziehen, wird stark von unseren Erfahrungen, Zielen und Erwartungen bestimmt. Wenn Ihr Partner ein ähnliches DMN besitzt, fühlt es sich sehr natürlich an, Ihre Kinder auf eine bestimmte Art und Weise großzuziehen und Sie werden sich gegenseitig auch ohne viele Worte verstehen. Wenn Ihre DM-Netzwerke sehr unterschiedlich sind, wird es mehr Anstrengung kosten, zu einem gemeinsamen Verständnis zu gelangen. Das liegt daran, dass das von Ihnen und Ihrem Partner verlangt, sich anzupassen, die eigene Wohlfühlzone zu verlassen und den Autopiloten abzuschalten. Es ist nicht schwer zu erkennen, dass zwei DMN, die nicht gut zusammenarbeiten, zu vielen Konflikten führen können. Dies geschieht insbesondere dann, wenn wir nicht erkennen, dass es sich hier um zwei unterschiedliche, gleichberechtigte Wahrheiten handelt.

Das DMN verändert sich kontinuierlich mit den neuen Erfahrungen, die wir in unserem Leben machen. Wenn eine bestimmte Erfahrung häufig wiederholt wird, ist es sehr wahrscheinlich, dass sie eine bedeutende Rolle in unserem DMN spielt, sodass sich eine Gewohnheit – sowohl in unserem Verhalten als auch in unserem Denken – entwickelt. Angenommen, Sie haben mehrfach erlebt, dass harte Arbeit in Ihrem Unternehmen nicht belohnt wird. Dadurch würden Sie wahrscheinlich den Glauben entwickeln: „Was auch immer ich tue, es wird doch nicht wertgeschätzt." Diese Überzeugung wird Teil Ihres DMN, durch das Sie Ihre Welt sehen: Sie werden mit größerer Wahrscheinlichkeit Situationen sehen, in denen diese Überzeugung bestätigt wird („Siehst Du, mein Chef hat mir noch nicht einmal gedankt", oder „Meine Kollegen machen mir nur ein Kompliment, wenn Sie etwas von mir wollen."). Je häufiger dieser Glaube bestätigt wird (durch Ihre verzerrte Wahrnehmung), desto dominanter wird er – eine schwer veränderbare Denk- und Verhaltensweise!

Daher erleben und beobachten Sie die Welt durch dieses Netzwerk, benutzen das DMN als Filter und fügen Ihre eigenen Interpretationen auf der Grundlage Ihrer Gedanken, Erfahrungen und Überzeugungen hinzu. Dies trägt viel zur Entstehung von Emotionen bei. Erinnern Sie sich an das Beispiel aus dem ersten Kapitel: Ihr Kollege meldet sich vor der Präsentation krank. Die Tatsache, dass Ihr Kollege „sich ständig krankmeldet", wurde von Ihrem DMN hinzugefügt und hat Sie wütend gemacht. Die Welt durch unser DMN zu sehen, ist sehr einfach, aber auch sehr einschränkend.

Übung: Höre ich Dir oder mir zu?

Diese Übung ist inspiriert von Dough Silsbee. Sie können diese Übung nur zusammen mit einer weiteren Person durchführen. Wir schlagen deshalb vor, dass Sie diese Übung in eine zukünftige Unterhaltung einbauen, wenn Ihnen die andere Person etwas erzählt. Für die Mutigen unter Ihnen, nehmen Sie Ihr Telefon und bitten Sie einen Freund oder eine Freundin, Ihnen von etwas zu erzählen, dass bei ihm/ihr eine starke Emotion ausgelöst hat. Während die andere

Person ihre Geschichte erzählt, ballen Sie jedes Mal Ihre Faust, wenn Sie merken, dass Ihre Aufmerksamkeit nicht mehr bei der anderen Person ist.

Wenn Sie ehrlich sind, werden Sie bemerkt haben, dass Sie eigentlich die meiste Zeit Ihre Faust geballt haben. In unseren Seminaren lassen wir die Teilnehmer diese Übung in Paaren durchführen. Eine der beiden Personen wird gebeten, eine Geschichte zu erzählen, während die andere jedes Mal die Hand heben soll, wenn Sie an etwas denken, das nichts mit der Geschichte zu tun hat. Viele Personen heben erst dann ihre Hand, wenn sie in Gedanken wirklich abdriften. Im Anschluss an die Übung berichten die meisten, dass ihre Aufmerksamkeit die meiste Zeit bei der Geschichte der anderen Person geblieben ist, da sie „sich der Situation völlig bewusst waren". Sich der Situation völlig bewusst zu sein, bedeutet aber nicht, dass wir in Gedanken ganz bei der anderen Person sind. Im Gegenteil, Sie sind bei sich und Ihren eigenen Erfahrungen: „Ich habe etwas Ähnliches erlebt und das hat mir geholfen, Du musst das hier ausprobieren!" Es ist Ihr DMN, das hier aktiviert wird, aus Ihnen spricht und Informationen filtert. Daran ist nichts falsch, solange wir uns bewusst sind, dass wir unsere eigenen Erwartungen und Vorstellungen während der Geschichte selbst erzeugen und wir dadurch unser Verhalten und unsere Kommunikation beeinflussen.

Wenn Sie mögen, fragen Sie sich jetzt einmal, welche Konsequenzen Sie aus der Reflexion dieser Übung für sich ziehen möchten: Was bedeutet das für die Kommunikation während Besprechungen in Ihrem Büro? Können Sie eigentlich am Ende einer langen Diskussion, während der nichts visualisiert wurde, sagen: „Wir sind uns einig", und ohne weiteres erwarten, dass alle Beteiligten am gleichen Strang ziehen? Können Sie eine 30-Folien-lange-PowerPoint-Präsentation zu einem fachlichen Thema vor einem nicht fachlichen Publikum ohne weiteres stehen lassen und erwarten, dass auch nur das Geringste verstanden wurde? Vom Thema Multitasking über den Nutzen von Computern und Smartphones während Meetings ganz zu schweigen.

Ein weiteres funktionales Netzwerk in unserem Gehirn, das aus verschiedenen Hirnstrukturen besteht, ist das Direct Experience Network (DEN). Dieses Netzwerk ist besonders dann beteiligt, wenn wir körperliche Sinneseindrücke wahrnehmen und unsere Aufmerksamkeit fokussieren. Wenn dieses Netzwerk aktiviert wird, erfahren Sie die Welt und Ihre körperliche Empfindungen direkt durch Ihre Sinne, ohne darüber nachzudenken. Sie riechen, hören, sehen und fühlen die Fülle an Informationen, die über Ihre Sinne in Sie einströmen. Besonders wichtig ist dabei, dass die Aktivierung des Direkt Experience Network die Aktivierung des DMN ausschließt. Das bedeutet, wenn unser DEN aktiviert wird, wird unser DMN unmittelbar deaktiviert. Beide Netzwerke können nicht gleichzeitig arbeiten. Wenn Sie also eine Tasse Kaffee halten und die Wärme des Kaffees auf Ihrer Haut spüren, können Sie nicht gleichzeitig denken: „Es ist so schön in diesem Café zu sitzen und eine Tasse Kaffee zu trinken". Das Tagträumen, Planen und Grübeln wird ausgeschaltet, wenn wir in direkten Kontakt mit unseren Sinnen treten. Der Geschmack von Essen in all seinen Intensitäten kann nicht einhergehen mit Gedanken an ein schlechtes Meeting, das Sie heute hatten. Deshalb ist es besonders hilfreich, sich auf unsere körperlichen Empfindungen zu fokussieren, wenn ein stressiges Ereignis vor uns liegt. Es ist der Gedanke an ein Ereignis, der Sie sich gestresst fühlen lässt. Sobald Sie sich auf Ihre Sinne konzentrieren, werden Ihre automatischen Gedanken deaktiviert und Sie fühlen sich sofort weniger gestresst. Sie werden die Reichhaltigkeit Ihrer Erfahrungen in Echtzeit wahrnehmen, ohne dabei zu denken. Die Welt mit unserem DEN wahrzunehmen, bringt uns näher an die Realität eines Ereignisses.

Wenn wir die Welt hier und jetzt durch unsere reichhaltigen Sinnesinformationen wahrnehmen, können wir flexibler handeln und reagieren. Umgekehrt werden unsere Handlungsmöglichkeiten stark eingeschränkt, wenn wir die Welt um uns herum durch das DMN erleben, da wir alles durch unser Netzwerk vergangener Erfahrungen, Gewohnheiten, Erwartungen und Vorstellungen sehen. Ein aktiviertes DEN erlaubt es, auf Ereignisse zu reagieren, während sie sich entwickeln.

Eine Studie von Farb und Kollegen an der Universität von Toronto trug enorm zu unserem Wissen bei, welche neuronalen Netzwerke während mindfulness-basierter Meditation (de)aktiviert werden. Personen, die regelmäßig meditierten, konnten erheblich besser wahrnehmen, ob das DMN oder das DEN gerade aktiv ist und leichter zwischen den Netzwerken hin- und herwechseln. Nicht meditierende Personen aktivierten mit größerer Wahrscheinlichkeit automatisch das DMN. Das bedeutet, dass sie leichter in ihren eigenen Gedanken und Emotionen gefangen sind. Beachten Sie, dass das DMN der natürliche Zustand unseres Gehirns ist. Jeder besitzt ein DEN, das bewusst aktiviert werden kann. Erinnern Sie sich, es ist eine mühelose Handlung, das DEN zu aktivieren, es benötigt keine Sprache oder andere kognitiven Ressourcen. Achtsam sein bedeutet, uns bewusst zu werden, welches Netzwerk aktiv ist und unser Direct Experience Network anzuschalten.

Rufen Sie sich ins Gedächtnis, dass der Präfrontalkortex verantwortlich ist für die meisten unserer exekutiven Funktionen, also die Funktionen, die wir brauchen, um im Beruf zu glänzen. Neben den exekutiven Funktionen benötigen wir den Präfrontalkortex, um mit Hilfe von kognitiven Strategien, wie der kognitiven Neubewertung oder aktives Perspektivenwechseln, unsere Emotionen zu regulieren. Dabei dürfen wir nie vergessen, dass unser Präfrontalkortex eine begrenzte Kapazität besitzt! Aus der oben beschriebenen Geschichte geht hervor, dass wir, indem wir regelmäßig unser DEN im Gegensatz zu unserem DMN aktivieren, unser interpretatives Netzwerk, unsere Gedanken, Erwartungen und assoziierten Emotionen deaktivieren. Somit wird an erster Stelle die regelmäßige Aktivierung des DEN übermäßig starke Emotionen verhindern. Das führt zu einer Entlastung des Präfrontalkortex, da er weniger Emotionsregulation betreiben muss. Dadurch kann er mehr Ressourcen für die exekutiven Funktionen nutzen. Zweitens führt die Aktivierung des DEN, zum Beispiel wenn wir eine negative Emotion oder Stress erleben, zu einer Deaktivierung des DMN. Das Ergebnis ist eine unmittelbare Reduzierung des Stresses oder der negativen Emotion, was den Präfrontalkortex stark entlastet.

Der bedeutendste Gewinn, den uns mindfulness-basierte Meditation beschert, ist die Fähigkeit zu erkennen, welches Netzwerk gerade aktiv ist, und von unserem DMN zu unserem DEN umschalten zu können. Wenn Sie es schaffen, regelmäßig den Schalter umzulegen und vom DMN zum DEN zu wechseln, werden Sie weniger Stress und negative Emotionen erleben. Das beeinflusst Ihr Gehirn nachhaltig und in positiver Weise. Beispielsweise konnte gezeigt werden, dass regelmäßiges Meditieren die Funktion und Struktur der Amygdala verändert und so zu weniger Stressreaktionen und negativen Emotionen führt. Abgesehen von der Abwesenheit solcher negativen Zustände hat die Fähigkeit zu erkennen, welches Netzwerk gerade aktiv ist und zwischen ihnen wechseln zu können, zahlreiche positive Auswirkungen.

Die positive Auswirkung von Mindfulness auf unser Verhalten und unsere Kognitionen – eine Übersicht

Obwohl wir uns wünschen würden, dass Sie den besonderen Nutzen von mindfulness-basierter Meditation selbst erfahren, möchten wir Ihnen eine kleine Auswahl einiger interessanter Auswirkungen präsentieren, die Mindfulness auf unser Verhalten und unsere Kognitionen hat.

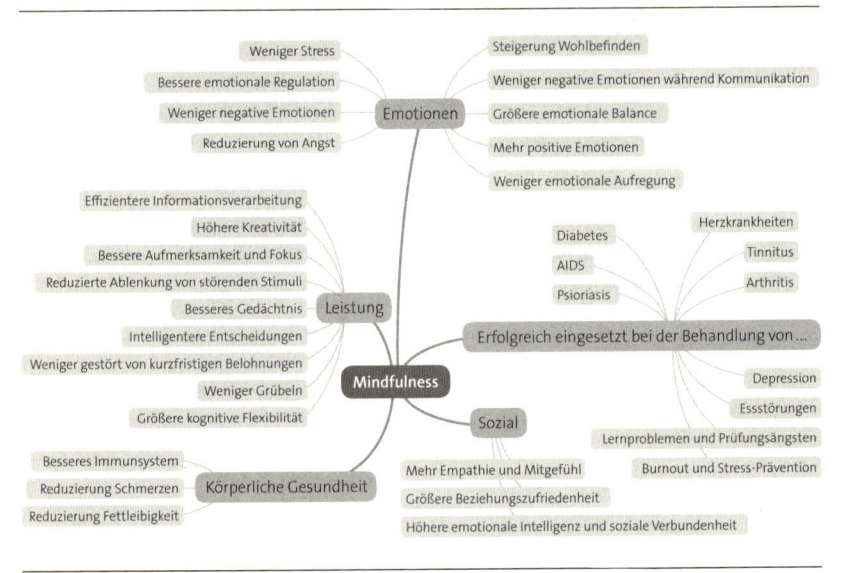

Abbildung 6: Die positive Auswirkung von Mindfulness – eine Übersicht
Quelle: Karolien Notebaert

In Kürze

Leistung ergibt sich aus unserem Potential minus all unserer Hemmnisse. Viele dieser Hemmnisse stehen in Zusammenhang mit negativen Emotionen, bei denen die Amygdala eine große Rolle spielt. Die Amygdala reagiert außerdem oft in unangemessener Intensität, was unser Potential zusätzlich blockiert. Aktuelle Studien konnten zeigen, dass Achtsamkeit die Größe der Amygdala und damit auch die Stärke der Aktivierung, die in Reaktion auf emotionale Reize auftritt, reduziert. Darüber hinaus stärkt achtsamkeitsbasierte Meditation die Verbindung zwischen Amygdala und Präfrontalkortex, was unsere Fähigkeit verbessert, Emotionen zu regulieren.

Viele persönliche und organisationale Probleme stehen in direktem Zusammenhang mit einer übermäßigen Aktivierung der Amygdala. In diesem Sinne hat deren verringerte Aktivierung und eine gesteigerte Fähigkeit zur Emotionsregulation einen positiven Effekt auf unsere Kommunikation, die effektive Regulierung von automatischen Emotionen und Verhaltensimpulsen, das organisationale Change Management, das natürliche Engagement bei den täglichen Aufgaben und Projekten sowie auf die Fähigkeit, fokussiert zu arbeiten.

Unser Gehirn ist in funktionellen Netzwerken organisiert. Diese funktionellen Netzwerke bestehen aus mehreren Hirnregionen, die eine synchrone, das heißt zeitgleiche Aktivierung aufweisen. Ein dominantes Netzwerk, das Ihr Gehirn gern aktiviert, ist das Default Mode Network (DMN). Das DMN ist die meiste Zeit aktiviert und beteiligt, wenn wir tagträumen, planen oder grübeln. Das DMN enthält Ihre Lebenserfahrungen, Meinungen, Ziele und Erwartungen. Es filtert eingehende Informationen, wodurch unsere Sicht auf die Welt eingeschränkt und oft unser Potential blockiert wird. Ein weiteres funktionelles Netzwerk ist das Direct Experience Network (DEN), durch das wir die Welt mit unseren Sinnen wahrnehmen, ohne zu filtern oder nachzudenken. Die Aktivierung des DMN und des DEN steht in einem negativen Zusammenhang. Das bedeutet, dass zu einem Zeitpunkt nur eins der beiden Netzwerke aktiv sein und eingehende Informationen verarbeiten kann.

Das DEN ist der natürliche Zustand unseres Gehirns und kann durch Achtsamkeit aktiviert werden. Das DEN zu aktivieren, ist eine mühelose Aufgabe und benötigt weder den Gebrauch von Sprache noch von anderen kognitiven Ressourcen. Wir müssen einfach erkennen, welches Netzwerk gerade aktiv ist und auf unser DEN umschalten.

Die Fähigkeit, wahrnehmen zu können, welches Netzwerk gerade aktiv ist und von unserem DMN zu unserem DEN umzuschalten, ist der wichtigste Aspekt der mindfulness-basierten Meditation. Wenn Sie es schaffen, regelmäßig den Schalter umzulegen und Ihr DEN zu aktivieren, werden Sie weniger Stress und negative Emotionen erleben. Und das hat langfristige positive Auswirkungen auf Ihr Gehirn.

Teil I.5: Finanzielle Entscheidungen und Mindfulness

In Teil I haben wir viel über die Funktionsweise unseres Gehirns erfahren: die Probleme, die entstehen können, und Wege, unser Potential voll auszuschöpfen. In diesem Abschnitt wollen wir genauer betrachten, welche Vorgänge in unserem Gehirn ablaufen, wenn wir finanzielle Entscheidungen treffen und wie uns Mindfulness helfen kann, gute, ausgewogene Urteile zu fällen. Um zu verstehen, wie wir finanzielle Entscheidungen treffen, müssen wir jedoch zunächst einen Schritt zurückgehen und die Abläufe betrachten, die zu einer Entscheidung führen.

1. Wie werden Informationen im Gehirn verarbeitet?

Unser Gehirn ist nie in wirklicher Ruhe. Nicht nur das Default Mode Network (DMN, dt. Standardzustandsnetzwerk) ist ständig aktiv, sondern auch unsere Sinne, die dauernd Informationen an unser Gehirn senden. Wir hören den Kollegen im Nachbarbüro telefonieren, sehen den Computerbildschirm vor uns genauso wie den Stapel zu erledigender Aufgaben, schmecken den letzten Schluck Kaffee auf der Zunge, riechen die frische Frühlingsluft, die durch das geöffnete Fenster hereinkommt, und auf unserer Haut spüren wir die Wärme des Sonnenstrahls, der auf unsere Hand fällt. All diese Informationen sind — biologisch ausgedrückt — Reize, die von den Sinnesorganen aufgenommen und in elektrische Signale umgewandelt werden. Als solche werden sie von Nervenzellen an spezifische Bereiche des Gehirns weitergeleitet. Wenn eine genügend große Anzahl elektrischer Impulse die Gehirnzelle erreicht, wird auch diese aktiv, leitet die Information weiter und löst Reaktionen in anderen Bereichen des Gehirns aus.

Unser Gehirn vollbringt nun eine einzigartige Leistung, denn es filtert diese Flut von Informationen. Nur ein kleiner Anteil der Informationen wird bewusst wahrgenommen und auf einer höheren Ebene kognitiv weiter verarbeitet. Dieses Phänomen haben wir alle bereits mehr oder weniger deutlich erlebt. Wir sind auf einer Party, im Hintergrund sind Musik und die Gespräche der vielen Gäste zu hören. Wir stehen in einer Gruppe und hören der Unterhaltung zu, als plötzlich in einer anderen Gesprächsrunde in der Nähe ein Begriff fällt, der für uns eine Bedeutung hat. Das kann der eigene Name sein, der eines Freundes oder ein wichtiges Projekt. Ganz automatisch richten wir unsere Aufmerksamkeit auf dieses Gespräch und blenden die Unterhaltung direkt vor uns aus. Diese Fähigkeit, bestimmte Reize, wie z.B. Äußerungen eines Gesprächspartners, selektiv unter gleich starken oder sogar stärkeren Reizen wahrzunehmen, ist unter dem 1953 von Cherry eingeführten Begriff „Cocktail-Party-Phänomen" bekannt.

Informationen, auf die wir unsere Aufmerksamkeit lenken, haben eine wesentlich geringere Wahrnehmungsschwelle. So ist es uns möglich, zielgerichtet tätig zu werden. Indem wir unsere Aufmerksamkeit bewusst lenken, können wir uns auf einen Aspekt konzentrieren und andere, unter Umständen störende Umweltreize, ausblenden. Wenn Sie ausprobieren möchten, wie effektiv dieser Filtermechanismus sein kann, schauen Sie sich dieses kurze Video an: https://www.youtube.com/watch?v=vJG698U2Mvo.

Beeindruckend, nicht wahr? Für diejenigen, die gerade nicht online sein können: Der Film ist eine kurze Demonstration von Chabris und Simmons zu ihrem Buch „Der unsichtbare Gorilla". Zwei Basketballmannschaften, eine in weißen T-Shirts, die andere in schwarzen, spielen sich gegenseitig Bälle zu. Der Zuschauer wird aufgefordert, die Anzahl der Ballwechsel der Mannschaft in weiß zu zählen. Eine schwierige Aufgabe, da die Spieler beider Mannschaften durcheinander laufen und zwei Bälle im Spiel sind. Der Zuschauer muss seine volle Aufmerksamkeit auf die Mannschaft in weiß fokussieren. Nach circa 23 Sekunden durchquert eine als schwarzer Gorilla verkleidete Frau die Spielfläche. Sie ist etwa neun Sekunden in voller Größe zu sehen. Dennoch wird sie von der Hälfte der Zuschauer nicht entdeckt (Chabris und Simmons, 2011). Interessant ist, dass weder eine gute Konzentration noch eine gute oder schlechte Zählleistung einen Einfluss darauf haben, ob Sie den Gorilla entdecken. Einfluss darauf hat aber die Expertise: Chabris und Simons beschreiben, dass professionelle Basketballspieler den Gorilla häufiger entdeckten, professionelle Handballspieler hingegen keinen Vorteil hatten.

Dieses Beispiel zeigt deutlich, dass unsere Wahrnehmung einer Situation kein 1:1-Abbild der beobachteten Situation ist, sondern immer nur unsere Sicht der Dinge widerspiegelt, die aufgrund eines Filterprozesses entstanden ist. Aufmerksamkeit ist bei diesem Filterprozess ein wichtiger Faktor, aber nicht der einzige, der für eine verzerrte Wahrnehmung der Wirklichkeit verantwortlich ist. Ebenso beeinflussen unsere Stimmung und unsere Gefühle, welche Aspekte der Wirklichkeit wir wahrnehmen und welche Aspekte unser Gehirn herausfiltert.

2. Der Mythos rationaler Entscheidungen

Eine Entscheidung ist immer die Wahl zwischen verschiedenen Alternativen. Als wirtschaftlich denkende, rationale Menschen gehen wir zumeist davon aus, dass wir so auch unsere Entscheidungen treffen. Diese rationale Entscheidung sollte — basierend auf einer umfassenden Informationsgrundlage über mögliche Alternativen — der bestmöglichen Lösung entsprechen. Mit dieser Anspruchshaltung überschätzen wir jedoch unsere Möglichkeiten in vielerlei Hinsicht. Wie Brunsson und Kollegen (2005) eindrucksvoll beschreiben, haben wir niemals die komplette, perfekte Information, die auch die Folgen unserer Handlungen und der Handlungen anderer mit einbeziehen. Und selbst wenn wir so eine perfekte Datenbasis hätten, wären wir nicht in der Lage, sie zu verarbeiten. Insofern überschätzen wir unsere kognitive Kapazität.

Information ist auch keine neutrale, im Überfluss vorhandene Ware, die wir nur sammeln müssten. Stattdessen ist sie meist zweideutig und lässt sich von dem Prozess, sie wahrzunehmen und zu interpretieren, nicht trennen. Information ist stark beeinflusst von sozialen und organisationalen Situationen, von unseren Interessen und Fähigkeiten. Behalten wir das Beispiel des unsichtbaren Gorillas vor Augen. Es zeigt uns, wie leicht sich in unserem Gehirn ein verfälschtes Bild der Wirklichkeit verfestigt und wie leicht wir davon überzeugt sind, dass es der Wirklichkeit entspricht. Unsere Entscheidungen basieren auf Überzeugungen, zu denen wir durch unsere Wahrnehmung der Realität gelangt sind. Dabei passiert es uns, dass wir Informationen selektiv wahrnehmen und andere Informationen ausblenden. Wir treffen Annahmen über den wahrscheinlichen Eintritt unsicherer Ereignisse. Und bewerten die Folgen entsprechend unserer Vorlieben und Persönlichkeit.

3. Wie trifft das Gehirn (finanzielle) Entscheidungen?

Die zentrale Gehirnstruktur, die bei komplexem Verhalten und Entscheidungen aktiv ist, ist der Präfrontale Cortex (PFC). Die Nervenzellen dieses Gehirnareals sind sehr vielschichtig miteinander verflochten und ermöglichen daher enorme informationsverarbeitende Leistungen.

Es ist sozusagen das Rechenzentrum unseres Gehirns, das aktiv wird, wenn unsere Sinnesorgane Reize aufnehmen, wenn wir Gedächtnisinhalte abrufen oder künftige Ereignisse antizipieren. Der PFC ist eng verknüpft mit weiteren Gehirnbereichen, insbesondere dem Thalamus und dem limbischen System. Diese drei Gehirnstrukturen arbeiten eng zusammen, wenn wir Entscheidungen treffen. Der Thalamus, der aufgrund seiner Bedeutung für Aufmerksamkeitsprozesse auch das Tor zum Bewusstsein genannt wird, ist mit seiner Aktivität entscheidend dafür, welche aufgenommenen Informationen in den Genuss einer komplexen Verarbeitung im PFC kommen. Dies kann bewusst durch die absichtsvolle Lenkung unserer Aufmerksamkeit erfolgen, wenn wir uns z.B. auf eine bestimmte Informationsquelle konzentrieren, oder aufgrund biologisch verankerter Handlungsprogramme. Innerhalb von Millisekunden wird die Information in unserem Rechenzentrum mit unseren Erfahrungen abgeglichen. Gedächtnisinhalte des für das Abspeichern neuer Erinnerungen zuständigen Hippocampus werden abgerufen, es erfolgt ein Abgleich mit fest verankerten Prinzipien und fast augenblicklich eine Bewertung.

Je vertrauter uns die Informationen sind, desto schneller können wir ihnen eine Bedeutung zuordnen und desto schneller treffen wir die Entscheidung, was zu tun ist. Denn bei vertrauten Informationen haben wir bereits die weitere Vorgehensweise als ein inneres Bild abgespeichert. Es existiert eine feststehende Kombination von Nervenzellen, die gemeinsam aktiv werden und so unser Verhalten bestimmen. Je öfter wir diese Verknüpfung von einem Reiz (die Zigarette, die Schokolade oder die tollen neuen Schuhe) und der darauffolgenden Handlung (rauchen, naschen oder die Schuhe kaufen) aktivieren, desto stabiler wird die Verbindung zwischen den Nervenzellen. Unser Verhalten wird zu einem Automatismus.

Passen die Informationen dagegen nicht in ein bestehendes Schema, sind sie neu oder selten, erfolgt ein aufwändigeres Abwägen von Möglichkeiten. Erst dann betrachten wir das Problem von verschiedenen Seiten, ziehen verschiedene Alternativen in Betracht und nutzen die Fähigkeiten und die Kapazität unseres Gehirns. Der Aktienhändler, der sieht, dass eine vom ihm favorisierte Aktie, für die er freie Handelslimite hat, zu einem günstigen Kurs zu kaufen ist, wird die Gelegenheit nutzen und die Aktie kaufen. Diese Entscheidung stimmt mit seinem Handelsplan überein und erfordert kein aufwändiges Abwägen. Ist das Limit für diesen Kunden erreicht oder muss er aufgrund einer geänderten Marktsituation seinen Handelsplan überdenken, wägt er

Alternativen ab und nutzt sein Fachwissen, seine Expertise. Gleiches gilt für den Disponenten im Wareneinkauf: Wenn die Vorräte einer Warengruppe zur Neige gehen, wendet er sich an den langjährigen Lieferanten und, sofern der Preis unverändert ist, bestellt er neue Vorräte. Fordert der Lieferant aber einen höheren Preis oder kann er die Waren derzeit nicht liefern, muss der Disponent andere Lieferanten anfragen und neu kalkulieren.

Hat die Information eine potentiell bedrohliche oder emotionale Bedeutung, wird eine direkte Verbindung zwischen dem Thalamus und der Amygdala, die entscheidend für die Entstehung von negativen Emotionen ist, aktiviert. Automatisch erfolgt eine emotionale Bewertung der Situation und die Aktivierung körpereigener Ressourcen, um auf die potentielle Gefahr zu reagieren. Unser Adrenalinspiegel steigt, und wir stellen uns darauf ein, auf die Gefahr mit Flucht oder mit Kampf zu reagieren. Unsere Amygdala signalisiert uns, jetzt sofort aktiv zu werden. Wir verspüren den starken Impuls zu handeln.

Angenommen, es kommt bei unserem Aktienbeispiel zu einem Kursrutsch, kann der Aktienhändler je nach Risikofreudigkeit den Impuls haben, schnell mehr Aktien zu dem günstigen Kurs zu kaufen, um den durchschnittlichen Einstandskurs herunterzumischen, oder die vorhandenen Aktien schnell zu verkaufen, bevor der Kurs noch weiter einbricht. Bei dem Disponenten kann es der Impuls sein, schnell vom nächstbesten Lieferanten die Waren zu bestellen. Ohne Berücksichtigung weiterer Hinweise über die aktuelle wirtschaftliche Situation des Aktienunternehmens oder die Qualität der Ersatzlieferung kann die Reaktion sowohl konstruktiv als auch destruktiv sein.

Unsere Expertise in unserem Fachgebiet, unsere Erfahrung in unserem Beruf schützt uns davor, diesem Impuls vorschnell nachzugeben. Wir wissen, was zu tun ist und regulieren unsere Emotionen, um anschließend die Situation mit kühlem Kopf zu überdenken. Wie die professionellen Basketballspieler, die aufgrund ihrer Expertise den Gorilla überdurchschnittlich oft entdeckten, schützt uns unsere Erfahrung vor Blindheit gegenüber dem Offensichtlichen und vor möglichen Fehlentscheidungen.

Private Finanzinvestitionen sind schwieriger. Die Entscheidung für oder gegen eine Anlagealternative läuft nach dem gleichen Muster ab, doch sie birgt ein größeres „Gefahrenpotential", denn das angesparte Geld bedeutet der einzelnen Person viel mehr. Es steht stellvertretend für die Möglichkeiten, die es eröffnet: Das Auto, das uns beim Fahren so viel Spaß bereitet oder zum ersehnten Ort bringt, die Unabhängigkeit, nicht jede Aufgabe übernehmen zu müssen, die Sicherheit, auch unter widrigen Umständen den Lebensstandard halten zu können. So wird dem Geld ein emotionaler Wert beigemessen, und finanzielle Entscheidungen werden zu emotionalen Entscheidungen. Wenn wir uns allein davon leiten lassen, ist die Gefahr von finanziellen Fehlentscheidungen sehr groß.

In der Hoffnung auf hohe Gewinne investieren wir einen sehr großen Anteil in eine Anlage und übersehen, dass hohe Gewinnversprechen auch immer mit einem hohen Risiko verbunden sind. Die Aussicht auf hohe Gewinne nimmt sehr schnell einen übermäßigen Teil unserer Aufmerksamkeit und unserer kognitiven Kapazität ein. Statt die Chancen und Risiken einer Investition mit kühlem Kopf zu betrachten, denken wir leicht nur noch daran, wofür wir den potentiellen Gewinn verwenden. Wir wähnen uns bereits am Traumstrand oder in einem schicken Cabrio und übersehen ganz, dass dies nur eines von vielen möglichen Szenarien ist.

Oder unser größtes Anlagemotiv ist die Angst, das gesparte Geld zu verlieren. Aus diesem Grund legen wir womöglich die gesamte Summe zu einem festen Zinssatz an und übersehen dabei, dass die Inflation einen Teil davon entwerten wird. Wie hoch dieser Anteil ist, können wir nicht absehen, das gilt umso mehr, je länger der Anlagezeitraum ist. Auch bei der vermeintlich sicheren Anlage eines Betrages über einen festgelegten Zeitraum zu einem festvereinbarten Zinssatz treffen wir eine Annahme über den wahrscheinlichen Eintritt eines unsicheren Ereignisses, denn wir können nur vermuten, wie sich die Inflation entwickeln wird und welche Kaufkraft das angesparte Kapital bei Fälligkeit der Anlage haben wird.

Daher ist es wichtig, sich bei privaten Finanzinvestitionen bewusst zu machen, welche Ziele mit der Anlage erreicht werden sollen, welche Szenarien möglich sind und unter welchen Umständen das gewünschte Szenario realistisch ist. Bei privaten Finanzentscheidungen fehlt den meisten von uns die Expertise, ein reicher Erfahrungsschatz, der uns im beruflichen Kontext hilft, die Situation mit kühlem Kopf zu überdenken. Eine Möglichkeit, dies zu kompensieren ist eine strukturierte Investitionsentscheidung, um so den kognitiven Anteil der Investitionsüberlegung zu stärken.

4. Warum trifft das Gehirn „Fehlentscheidungen"?

Auch den Entscheidungsexperten unter uns können jedoch die engen Verbindungen zwischen dem PFC und dem limbischen System Probleme bereiten. Zwei Kernbereiche des limbischen Systems haben Sie bereits kennengelernt: Den Hippocampus, der als Repräsentant für Gedächtnisinhalte durchaus hilfreich ist, und die Amygdala, das notwendige Übel, das durch die Aktivierung von körpereigenen Reserven und schnelle Reaktion positive Seiten hat, deren grobes Entscheidungsraster und vorschnelle Reaktion aber auch Probleme bereiten kann.

Aber es sind nicht nur intensive negative Emotionen, die es uns durch eine Überaktivität der Amygdala schwer machen, gute finanzielle Entscheidungen zu treffen. Jede finanzielle Entscheidung, auch die gut durchdachte Entscheidung, ist eine Abwägung von potentiellen Gewinn- und Verlustmöglichkeiten; ein Szenario, das uns automatisch in eine positive oder negative Stimmung versetzt, Emotionen auslöst und spezifische Gehirnbereiche aktiviert. In Erwartung eines finanziellen Gewinnes sind es die Nervenzellen des Nucleus accumbens, die aktiv werden (Breiter et al., 2001, Knutson et al., 2001). Dieses Gehirnareal ist Teil des bereits bekannten Belohnungszentrums (S. 67). Die Nervenzellen des Belohnungszentrums werden aktiv, wenn wir künftige positive Ereignisse antizipieren, an Belohnungen oder an das köstliche Stück Kuchen denken. Für die Nervenzellen des Nucleus accumbens ist es das abstrakte Belohnungsszenario, die Aussicht auf den finanziellen Gewinn, der für die Aktivierung verantwortlich ist.

Geht es darum, künftige finanzielle Risiken zu antizipieren, wird ein Netzwerk von Gehirnarealen aktiv, das von Knutson und Huettel (2015) prägnant als Risikomatrix bezeichnet wird: Der aversive Aspekt des Risikos, der potentielle Verlust, den wir vermeiden wollen, lässt die Nervenzellen eines bestimmten Gehirnareals (der anterioren Insula) sehr aktiv werden. Die dem Risiko innewohnende Chance, die uns dazu bringt, das Risiko einzugehen, führt zu einer Aktivität des Nucleus accumbens. Diese beiden Gehirnareale sind aber nicht als Bestandteile eines Zweikomponentensystems zu sehen, sondern sie werden als zwei unabhängige, gegensätzliche motivationale Komponenten betrachtet (Loewenstein, Rick und Cohen, 2008).

Zwischen diesen beiden unterschiedlichen Motivationen, das Risiko vermeiden und die Chance ergreifen, vermittelt ein weiteres Gehirnareal, ein Teil des PFC, der anteriore cinguläre Cortex (ACC). Ein Gehirnbereich, der kognitive Kontrollprozesse unterstützt und wichtig für Verhaltensänderungen ist (Shenhav, Botvinick und Cohen, 2013, Knutson und Huettel, 2015). Wir sind also von Natur aus mit zwei Systemen ausgestattet, die es uns ermöglichen, Chancen zu ergreifen und übermäßige Risiken zu vermeiden. Dazwischen steht eine hochleistungsfähige Gehirnstruktur als Kontrollinstanz, die beide Systeme in Balance hält. Wo also ist das Problem, warum trifft unser Gehirn dennoch in bestimmten Momenten „Fehlentscheidungen"? Das liegt daran, dass die Gehirnzellen unseres PFC aktiv sind, sobald wir in irgendeiner Form unser Verhalten kognitiv kontrollieren, und die Kapazität dieser Verhaltenskontrolle ist begrenzt.

Dies haben Wagner und Heatherton (2013) gezeigt, indem sie die Hälfte der Teilnehmer einer funktionalen Neuroimaging-Studie baten, eine gezeigte Information nicht zu beachten. Anschließend wurden Bilder gezeigt, die zu einer emotionalen Reaktion und Aktivierung der Amygdala führten. Die Teilnehmer, die die Information nicht beachteten, also ihr Verhalten bewusst steuerten, waren in ihrer Selbstkontrolle erschöpft. Sie reagierten mit verstärkter Gehirnaktivität in der Amygdala auf die emotionalen Bilder, während gleichzeitig die funktionelle Verbindung zwischen der Amygdala und dem PFC deutlich schwächer war als bei den Personen, die vorher keine kognitive Kontrolle über ihr Verhalten ausgeübt hatten.

Was bedeutet dies für unsere finanziellen Entscheidungen? Das Abwägen von Risiken ist ein kognitiver Kontrollprozess, der auf die Kapazitäten unsers PFC zurückgreift. Wenn diese Kapazitäten nach einem anstrengenden Tag erschöpft sind, fehlt die ausgleichende Kontrollinstanz, die das Gleichgewicht zwischen den beiden motivationalen Komponenten herstellt. Wir sind dann besonders empfänglich, aufgrund übermäßiger Aktivität des Nucleus accumbens (des Belohnungssystems) oder der anterioren Insula (der Risikoaversion) Entscheidungen zu treffen, die nicht mehr auf Fakten basieren, sondern aufgrund unserer inneren Motivation. Das klingt erschreckend, und es ist wahrscheinlich unsere unmittelbare Reaktion, diese Vorstellung weit von uns zu weisen.

Diese Position wird aber durch eine Vielzahl von Verhaltens- und bildgebenden Studien unterstützt. Knutson und Kollegen (2008) zeigten, dass allein das Betrachten positiver Bilder die Nervenzellen des Nucleus accumbens aktivierte und so zu risikoreicheren Entscheidungen führte. Wenn Studienteilnehmer negative Bilder betrachteten, verfolgten sie verstärkt risikoaverse Investmentstrategien (2008). Die Studienteilnehmer zeigten zudem ein asymmetrisches Lernverhalten: Ausgehend von ihrer Investition berücksichtigten sie vorwiegend die Informationen, die ihre Entscheidung rückwirkend rechtfertigten und ignorierten gegensätzliche Informationen.

Unterstützung findet die Theorie, dass ein erschöpfter PFC zu unausgewogenen Entscheidungen führt, auch durch Studien im Rechtswesen: Danziger, Levav und Avnaim-Pesso (2011) zeigten, dass die Wahrscheinlichkeit eines hohen Strafmaßes vor der Mittagspause deutlich höher ist als nach der Pause. Barnes und Guanara (2016) fanden einen Zusammenhang zwischen Schlafentzug durch die Umstellung auf Sommerzeit und harten Gerichtsurteilen. Spielcasinos sind edel ausgestattet: der umgebende Luxus soll die Spieler verleiten, hohe Einsätze zu wagen. Entscheidungen hängen also von äußeren Einflüssen und der eigenen Verfassung ab. Das sollte man sich auch bei finanziellen Entscheidungen bewusst machen.

5. Wie kann Mindfulness unsere Entscheidungen verbessern?

Unser Gehirn baut sich ständig um und passt sich an die Anforderungen an, denen wir ausgesetzt sind und mit denen wir unser Gehirn konfrontieren. Ein andauernder Prozess, der als Neuroplastizität bekannt ist. Dabei werden ungenutzte Nervenbahnen reduziert, in viel genutzten Gehirnarealen werden die Verbindungen zwischen den Nervenzellen gestärkt, und es entstehen auch im Erwachsenenalter noch neue Nervenzellen.

In der Mindfulness-Meditation üben wir uns in der Fokussierung der Aufmerksamkeit und der Regulation unserer Emotionen. Dadurch aktivieren wir Nervenzellen in den Gehirnarealen, die bei diesen Tätigkeiten aktiv sind, wir stärken ihre Verbindung mit anderen Zellen des Netzwerkes, ihre Aktivierungsschwelle sinkt. Auf diese Weise ist ein vielgenutztes Netzwerk gezielter und leichter zu aktivieren. In Neuroimaging-Studien wird dies in Form von veränderten Aktivitätsmustern und Volumen von Gehirnarealen sichtbar: Die Gehirne Meditierender unterscheiden sich von denen Nicht-Meditierender durch vermehrte Gehirnmasse und eine höhere Aktivität des ACC und des PFC, durch verminderte Gehirnmasse der Amygdala, eine verbesserte Kontrolle der Amygdala durch den PFC und durch eine vermehrte Gehirnmasse im Hippocampus (wichtig für Lernen und Gedächtnisfunktionen) (Hölzel und Kollegen, 2011, Lazar und Kollegen, 2005). Neuere Studien belegen, dass bereits kurze Mindfulness-Trainings die Stressreaktion des Körpers reduzieren (Taren und Kollegen, 2015) und zu verbesserter kognitiver Leistungsfähigkeit führen (Zeidan und Kollegen, 2010).

Das bedeutet, dass Mindfulness ein Werkzeug ist, mit dem wir aktiv unsere Gehirnstrukturen beeinflussen können. Wir verringern die Gehirnmasse der Amygdala und wirken so einer übermäßigen Stressreaktion unseres Körpers entgegen. Wir stärken unseren PFC, den ACC und seine Verbindung zur Amygdala und stärken so die kognitive Kontrollinstanz, die uns vor einer übermäßigen, emotionalen Reaktion bewahrt. Auf diese Weise erhalten wir uns die Balance von Kognition und Emotion.

In Bezug auf finanzielle Entscheidungen kann Mindfulness uns folglich helfen, das Gleichgewicht zwischen Risikobereitschaft und -aversion aufrecht zu erhalten, unsere Leistungsfähigkeit zu steigern und so erfolgreiche Geschäfte abzuschließen.

I am the actor of my life, the clown
Blinded by my mask, I nearly missed a Beauty oh so large
Juggling balls as the sun slowly went down
I grasped for the wheel to be in charge

Ambitiously attempting to touch the sunbeams
Feeling I must, -please! I cannot miss!
I want it now, a moment to taste my dreams
Stepping out of my clown suit, please God allow me to dismiss

Frustrated as I could not sense
I could not smell, I could not touch, I could not feel
The pure Beauty was too far, yet immense
And there I was, still in my hamster wheel

Desolated and lost, I let the moment be
Accepting and quietly I closed my eyes
Suddenly there it was, childish yet wise
Pure Love, just right inside of me

Karolien Notebaert

Teil II: Mindfulness: Eine qualitativ andere Lebenseinstellung

Ein Gelehrter hatte von einem weisen Mann im Fernen Osten gehört und begab sich in die Berge, um von ihm zu lernen. Der Gelehrte war schon ganz gespannt auf die Unterhaltung mit dem Weisen, und konnte es nicht abwarten, mit seinen Fragen zu beginnen. Doch als er die Hütte des Weisen erreichte, bat man ihn zunächst, draußen zu warten. Als man ihm schließlich Einlass gewährte, war der Gelehrte schon ganz ungeduldig und begann sofort, seine Fragen zu stellen. Der Weise aber, anstatt zu antworten, fragte: „Hättest du gern eine Tasse Tee?" Der Gelehrte stimmte zögernd zu, ein bisschen mürrisch, denn er war nicht zum Teetrinken gekommen. Der Weise ging still, den Tee zuzubereiten. Als der Tee fertig war, schenkte er dem Gelehrten ein, bis der Tee überlief. „Halt!", rief der Gelehrte, „was machst Du? Siehst Du nicht, dass die Tasse voll ist?" „Genau das ist Deine Situation", antwortete der Weise. „Du kommst her, um mir Fragen zu stellen, aber Deine Tasse ist bereits so voll, dass meine Antworten sie nur zum Überlaufen bringen werden."[1]

Angenommen, der Weise in der Geschichte hat mit seiner Einschätzung Recht: Was macht es aus, das die Tasse des Gelehrten zum Überlaufen bringt? Wie stellen Sie sich den Gelehrten vor? Eher zerstreut (sehr aktives Default Mode Network) oder eher hochkonzentriert, klar und rhetorisch gewandt? Sowohl der zerstreute als auch der konzentrierte Zustand verringern unsere Aufnahmefähigkeit für Neues! Wenn unser Default Mode Network sehr aktiv ist, ist unser Gehirn nur mit sich selbst – mit unseren Vorerfahrungen und den dazu gehörigen Emotionen – beschäftigt. Klar, dass wir dann „nicht ganz bei der Sache" sind und andere uns als schlechte Zuhörer erleben. Wenn wir aber hochkonzentriert sind, blenden wir Dinge aus. Dabei sind wir uns unserer Sache auch schon mal so sicher, dass uns auch hier die Aufnahme neuer Informationen ganz schwer fällt. Im Sinne dieses Bildes: Unsere Tassen sind bereits voll. Je fester unsere Gewissheit, desto weniger hinterfragen wir sie. Diese Gewissheit hilft uns oft, gibt uns Orientierung und Zuversicht. Doch wenn sich diese konzentrierte Gewissheit oder die zerstreute Gedankenwanderung verselbständigen und unser Innenleben dominieren, verlieren wir die Flexibilität, die wir zur Aufnahme von neuen Informationen, zum Lernen und für neue Erfahrungen brauchen.

Auch Stress, wallende Emotionen, Multitasking, der ständige Versuch, die eigenen Impulse zu hemmen, die „Sucht" nach dem Smartphone, nach dem Glas Wein, der fehlende oder schlechte Schlaf, kurz: die erschöpften Ressourcen des Präfrontalkortex, die uns im ersten Teil des Buchs immer wieder beschäftigt haben, füllen ständig die Tasse und verhindern, dass wir uns gelassen und offen mit neuen Informationen auseinandersetzen können. „Neue Informationen" bedeuten im Sinne unseres Themas nicht nur neues Wissen in einer bestimmten Sache, sondern auch, zu registrieren, wie es anderen Menschen geht, was im eigenen Körper vorgeht, wie die eigene Gefühlslage ist und wie Letztere unsere Entscheidungen und unsere Interaktion mit Menschen beeinflusst.

Es wäre also wertvoll, wenn wir ein Mittel hätten, unsere Tasse so leer zu halten, dass wir – dann, wenn wir es brauchen – noch achtsamer für all diese Dinge sein könnten. Wir könnten vielleicht verhindern, dass wir krank werden, wenn wir gleichzeitig Krisen in unserem Projekt und zu Hause meistern müssen; vielleicht könnten wir uns rechtzeitig beruhigen, ehe wir im wöchentlichen Managementmeeting verärgert auf die Bemerkung des Kollegen zu unserer Präsentation reagieren. Und wir könnten vielleicht die Klarheit bewahren, die wir für eine folgenschwere Entscheidung brauchen. Die Frage ist nur: Sind wir überhaupt noch in der Lage, „die Tasse zu leeren"? Denn absichtlich verschließen wir uns doch nicht für Neues! Wir sind nur einfach extrem gefordert in dieser Welt mit ihrer 24-Stunden-Erreichbarkeit. Deshalb ist es auch nichts Falsches oder Blödes, wenn „unsere Tasse überläuft". Nur die Auswirkung ist oft ungünstig – nicht wünschenswert – für uns selbst und Andere. „Mindfulness" ist das Mittel, um Platz in Ihrer Tasse zu machen!

Teil II. 1. Was ist Mindfulness? Einführung in Definition und Praxis

Im ersten Teil des Buchs haben Sie schon Einiges darüber gehört, warum Mindfulness so immens nützlich sein kann. Aber was ist das genau? Egal, ob Sie schon mal von Achtsamkeit, Mindfulness oder Meditation gehört oder sie praktiziert haben: Für dieses Buch bitten wir Sie, all das, was Sie darüber schon wissen, einmal außen vor zu lassen und sich mit der folgenden Definition auseinanderzusetzen; nicht, weil wir Sie für die einzig mögliche halten, sondern weil es für alle Schlussfolgerungen, die wir ziehen und auch für die Praxis, die wir Ihnen anbieten, wichtig ist. Für uns ist Mindfulness eine Qualität, eine innere Ressource, die wir im täglichen Leben jederzeit abrufen können und die uns natürlicherweise innewohnt — aber im gegenwärtigen Lebensstil meist einfach untergeht. Es ist *die Qualität, sich dessen, was im gegenwärtigen Moment in uns und um uns herum geschieht, willkürlich (willentlich) und ohne Urteil gewahr zu sein.*

Was bedeutet das genau?

1. Es ist eine *Qualität*: eine Art des Seins, eine innere Haltung; eine Art, dem Leben zu begegnen.

2. Eine Qualität, *sich dessen, was um uns herum geschieht gewahr zu sein*: wirklich mitzubekommen, was um uns herum geschieht — nicht ein Tagträumen oder ein Nachdenken, sondern ein Präsentsein im gegenwärtigen Moment. Der Neurobiologe Gerhard Roth schätzt, dass wir lediglich 0,1 Prozent dessen, was unser Gehirn tut, bewusst wahrnehmen; und Forschungen haben gezeigt, dass wir weniger als ein Prozent eines Promilles dessen, was um uns herum geschieht bewusst wahrnehmen. Das ist auch gut so, denn wir wollen uns nicht bis zum Irrsinn oder zur Ohnmacht überfluten lassen. Aber im oft hektischen täglichen Geschehen der um uns herum wirbelnden Menschen und Situationen und den damit verbundenen inneren Gedanken, Emotionen und Körperregungen entgeht uns möglicherweise auch viel Relevantes — körpersprachliche Signale eines Kunden, Unwohlsein als Indikator für einen schwelenden Konflikt bei zwei Mitarbeitern, die Stimmungslage des Kindes, wenn es wichtige Bedürfnisse hat, aber nicht ausspricht; ein schöner Sonnenuntergang oder was Edmund Hallowell in einem Artikel einen „menschlichen Moment" in der Begegnung mit Anderen genannt hat. Zudem

ist die überwältigende Mehrheit unserer Gedanken auf die Vergangenheit oder die Zukunft ausgerichtet und lenkt uns immer wieder von dem ab, was tatsächlich jetzt geschieht. Mindfulness bringt uns eine innere Ruhe und mehr Aufmerksamkeit für den Moment. Dabei ist Mindfulness nicht ein mystisch-entrückter, unzugänglicher, der Welt abgekehrter Zustand, sondern ein bodenständiges Im-Leben-Stehen.

3. Eine Qualität, *sich dessen, was in uns geschieht, gewahr zu sein*: In uns gibt es in jedem Moment Gefühle, Gedanken und körperliche Regungen. Wir sind uns bei weitem der meisten nicht bewusst. Wir nehmen nur den kleinsten Anteil unserer Gedanken überhaupt bewusst wahr. Diese Gedanken bewusst zu registrieren wäre für uns etwas Neues. Vielleicht war es ganz schön herausfordernd für Sie, in der Übung auf S. 24/25 Ihre Emotionen aufzulisten. Da wir heutzutage mit so vielen Dingen im Kopf beschäftigt sind, merken wir oft nur die dringendsten körperlichen Befindlichkeiten (Hunger, die Notwendigkeit, zur Toilette zu gehen, extreme Müdigkeit). Viele subtile Signale des Körpers entgehen uns regelmäßig. Im Fall von Stress spricht man ja auch von „Frühwarnzeichen" – Schmerzen im Rücken und Nacken, auch Veränderungen des Gemütszustands, subtile emotionale Entwicklungen. Oft „ziehen wir Dinge durch" und hören dabei nicht immer auf Körper und Gefühle – oder tun das Hören auf die Signale des Körpers schlimmstenfalls noch als „Schwäche" ab. Vielleicht würde uns auch das Bewusstsein einer ungünstigen Gefühlslage für das anstehende kritische Gespräch mit dem Chef manchmal sehr gelegen kommen.

4. Achtsam sein heißt auch, seine Antennen auf Empfang für die körperlichen Bedürfnisse eingestellt zu haben. Nicht alle diese Gedanken, Körperregungen und Emotionen sind für uns relevant. Aber viele beeinflussen uns, ohne dass wir es merken. Das beeinträchtigt unser Leistungsvermögen und erhöht unseren inneren Stress, die innere Unruhe. Dies alles merken wir kaum – und wenn, dann mehr als ein „Hintergrundrauschen" denn als erkennbare einzelne Vorgänge. Wenn wir aber immer weniger auf die subtilen Signale in unserem Körper hören, dann wird es auch immer schwieriger, sensibel für schöne Empfindungen zu sein. Wann hatten Sie das letzte Mal ein richtig wohliges Gefühl, wenn Sie ganz entspannt einfach nur geatmet haben? Wann haben Sie das letzte Mal beim Essen einfach nur gegessen und genossen anstatt gleichzeitig Gespräche zu führen, das Smartphone zu bedienen oder zu arbeiten?

5. *Ohne Urteil:* Das meinen wir hier in einem sehr weiten Sinn. Es geht dabei nicht um „negative" Urteile, denn die Qualität von Mindfulness kennt weder positive noch negative Gewichtung. Es geht überhaupt nicht um Urteilen im Sinne irgendeiner Moral. Im Zustand der Mindfulness wird nur das Direct Experience Netzwerk im Gehirn aktiviert. Wir übersetzen es gern mit „Rohdaten"-Netzwerk, weil es darum geht, die „Daten", die wir empfangen, ohne Bewertung, ohne Interpretation aufzunehmen. Gleichzeitig wird das Default Mode Network deaktiviert, das normalerweise die Bewertung, die Urteile produziert. Dazu zählen auch Vergleiche. Das Bezeichnen, Etikettieren dessen, was wir wahrnehmen, ist als Urteil zu verstehen. Diese sind proportional negativ zum direkten Erleben des Moments: je mehr Urteile, desto weniger Erleben im Moment. Die Kunst, achtsam zu sein, wäre also die Fähigkeit, sich vom ewigen Taxieren zu lösen, um intensiver in direktem Kontakt mit dem zu sein, was im Moment geschieht. Wir sind allerdings nicht in der Lage, alle Gedanken im Kopf zu stoppen. Wenn sich also wieder Urteile im Kopf bilden, dann macht man sie in der Mindfulness-Praxis zum Teil der Übung: Wir werden uns urteilsfrei unserer Urteile gewahr. Das klingt jetzt noch paradox. Im nächsten Schritt werden Sie beginnen, das auf der Erfahrungsebene zu verstehen.

6. Eine Qualität, sich *im gegenwärtigen Moment* der Dinge gewahr zu sein: Klar, alles geschieht immer nur im gegenwärtigen Moment. Die Vergangenheit ist nicht mehr, die Zukunft noch nicht, die einzige Realität ist dieser Moment. Aber was leicht gesagt ist, ist nicht leicht getan. Wir verbringen laut einer Studie aus dem Jahr 2010 mit dem eindrucksvollen Titel „A wandering mind is an unhappy mind" (zu Deutsch so viel wie: Ein wandernder Geist ist ein unglücklicher Geist) die Hälfte unserer Zeit damit, über das Vergangene und das Zukünftige nachzudenken und aufgrund dessen den Moment zu „verpassen" (und das bezieht sich lediglich auf die bewussten Gedankenprozesse der damaligen Versuchsteilnehmer!). Mindfulness heißt, sich von Gedanken, die uns aus diesem Moment herausführen, zu lösen.

Stellen Sie sich vor, Sie wären in einer Besprechung, in der es darum ginge, eine breite Perspektive zu einem Thema zu beleuchten, und alle Beteiligten wären in der Lage, die Beiträge ihrer Kollegen zunächst wirklich mal nur zu hören, zu verstehen und sie erst im Anschluss zu bewerten! Die Qualität der Diskussion wäre ruhiger, eine größere Vielfalt von Meinungen würde in Betracht gezogen, und mit großer

Wahrscheinlichkeit wären die Entscheidungen klüger sowie von den Beteiligten gemeinsam getragen. Aber die Prozesse sind blitzschnell und unwillkürlich, so dass sofort eine ähnliche Gedankenkette wie Folgende einsetzt: „Ja, das hatte sie ja auch schon mal so ähnlich vorgetragen, aber damals hatte sich schon herausgestellt, dass sie die Entwicklungskosten nicht bedacht hatte; ich halte sie ohnehin nicht für jemanden, der Risiken gut einschätzen kann; da bräuchten wir den Kollegen Y (…), wenn der jetzt nicht bei der Tochterfirma diese seltsame Stelle angenommen hätte (…), das war doch auch nur ein politisch motivierter Schritt (…), ich denke, man wollte ihn loswerden. Ist ja auch typisch für unsere Personalpolitik (…)." In dem Moment, in dem ich merke, dass meine Gedanken in die Vergangenheit oder Zukunft wandern, kann ich mich von ihnen distanzieren und wieder zum gegenwärtigen Moment zurückkehren. Deshalb ist die Fähigkeit, jetzt mitzubekommen, was — innen wie außen — geschieht, so wichtig für diesen Ansatz: in einem achtsamen Zustand hätten wir besser zugehört, anstatt den wandernden Gedanken zu folgen.

Eine schöne Metapher, die wir in diesem Buch regelmäßig verwenden, ist „Spiegel sein": Mindfulness ist wie ein Spiegel, in dem Sie sich so sehen, wie Sie sind. Der Spiegel reflektiert ohne Wertung und Urteil alles, was sich vor ihm befindet. Die Qualität des Spiegels bleibt auch immer gleich, egal, was sich vor ihm befindet. Was sich in ihm reflektiert, kommt und geht, der Spiegel in seiner Klarheit bleibt. Zu Beginn ist es möglicherweise herausfordernd, mit aller Klarheit des Spiegels zu sehen. Der Spiegel ist vielleicht lange nicht benutzt worden. Es liegt eine dicke Staubschicht auf seiner Oberfläche. Mit der Zeit führt die Übung in Mindfulness zur Säuberung des Spiegels, und wir sehen immer klarer und in immer tiefere Schichten in uns selbst hinein. Unsere Aufmerksamkeit wird schärfer, unsere Fähigkeit, uns von eigenen Bewertungen und Urteilen zu distanzieren, wird immer ausgeprägter, wir kommen direkter mit uns selbst und der Umwelt in Kontakt. Dies wiederum erlaubt uns, mit allen Potentialen ungehindert bei der Sache zu sein und unsere Bestleistung zu liefern, egal ob beim Sport, beim Hobby, bei der Arbeit oder in einer Beziehung.

Wann ist es wichtig, achtsam zu sein?

Denken Sie nur an die diversen Szenarien auf S. 36/37. Immer, wenn es darum geht, die Ressourcen des präfrontalen Kortex zu schonen (und damit die Macht automatischer Impulse zu mindern) ist es grundsätzlich hilfreich, achtsam zu sein. Hier einige beispielhafte Situationen, die sich für uns fundamental unterschiedlich auswirken könnten, je nachdem, ob wir achtsam sind oder nicht. Bitte stellen Sie sich dazu folgende Situationen vor:

- Sie sind im Verkehr zur Arbeit unterwegs und die anderen Autofahrer, der Stau und das graue Wetter sind im Wettkampf miteinander, die Wertung „Nervensäge Nummer eins" zu verdienen.

- Sie stehen an der roten Ampel und sind allgemein leicht negativ gestimmt.

- Sie sehen Ihre E-Mails und sind sofort genervt. Wenn Sie wie die meisten Menschen sind, haben Sie auch „E-Mail Apnoe" — die meisten von uns atmen unregelmäßig und halten oft den Atem an, wenn wir im Computer und besonders an der E-Mail sitzen.[2]

- Sie sprechen jemanden Vertrautes an, aber er hat Sie zweimal nicht verstanden und fragt jetzt: „Wie bitte?"

- Sie brauchen Ihre Ruhe, doch jemand ruft an, unterbricht Sie, „nervt."

- Sie sitzen in einem Meeting, das Sie für Zeitverschwendung halten. Sie arbeiten lieber an Ihrem Smartphone. Plötzlich spricht Sie jemand zu einem Punkt in der Präsentation an.

- Sie sehen die Post durch, dabei ist eine Rechnung, die Sie für unberechtigt halten und die Ihnen jetzt eine Menge Zusatzaufwand aufhalst.

- Sie werden am Telefon von einem Service-Mitarbeiter sieben Minuten in der Warteschleife gehalten.

- Jemand ruft um 20 Uhr zu Hause bei Ihnen an, um Ihnen etwas zu verkaufen, das Sie nicht brauchen.

- Sie lassen beim Kochen etwas fallen, das einen dicken feuchten Fleck auf dem Boden hinterlässt.

- Während Sie in der Schlange im Supermarkt, an der Tankstelle, wo auch immer anstehen, steigt Ihr Stresslevel zunächst kaum merklich, aber stetig.

- Sie grübeln intensiv, begleitet von einer negativen Grundstimmung und negativen Szenarien im Kopf.

- Ihr Kopf ist voller unnützer oder störender Gedanken.

Jutta Häuser kommt aus Dortmund und ist selbständige Beraterin mit dem Schwerpunkt „Entwicklung von Höchstleistung". Sie praktiziert Mindfulness seit einigen Jahren. Sie sagt: *„Wenn ich meditiert habe, bin ich klarer, über den Tag sehr viel wacher, auch wenn ich mal bis 23 Uhr arbeite. Bevor ich früher morgens das Haus verließ, lief ich noch dreimal nach oben, weil ich etwas vergessen hatte. Diesen morgendlichen Zick-Zack-Kurs gibt es allein durch das Meditieren nicht mehr. Ich bin durchweg viel konzentrierter, bleibe bei der Sache. Eine der wichtigsten Erkenntnisse für mich war, dass es zwischen jedem äußeren Reiz und meiner meist automatisch ablaufenden Reaktion einen (Zwischen-)Raum gibt, so dass ich eine kurze Pause einlegen kann, ein „Stopp", um meine Reaktion bewusst wählen zu können. Dadurch bin ich im Alltagsstress viel ruhiger geworden. Ich komme raus aus dem Reiz-Reaktionsmuster, treffe bewusst bessere und auch konfliktfreiere Entscheidungen. Und genau da merke ich deutlich den Unterschied, wenn ich mal nicht meditiert habe".*

Sören Fischer ist 42. Er hat als Senior Vice President bei Airbus eine große Verantwortung. Er ist aber auch junger Vater und ringt um seine „Balance". Dazu, wie er zu Mindfulness kam und was er davon hat, sagt er Folgendes: *„Ich bin über meine gesundheitliche Situation und durch allgemeines Interesse am Thema ‚Burn Out'-Prävention zu Mindfulness gekommen. Ich las einige Bücher dazu und habe die Mindfulness-Techniken dann in einem Coaching erlebt. Ich habe dadurch mehr Ausgeglichenheit, Stressreduzierung, Freude am Leben und weniger ‚Tunnelblicke'. Ich bin ruhiger geworden, habe Abstand gewonnen. Ein konkretes Beispiel: Ich fliege viel. Nach einer extrem fordernden Woche habe ich mich im Flieger neulich bewusst 10 Minuten achtsam wach gehalten und dann geschlafen, tief und fest. Anders als sonst war dies deutlich erholsamer und somit eine sehr positive Erfahrung."*

Es gibt kaum eine Situation, in der Mindfulness nicht nützlich ist, denn es vergrößert unsere Handlungsflexibilität und unsere Potentialentfaltung. Die Qualität, im Moment urteilsfrei sich selbst, Anderen und Situationen zu begegnen, können wir trainieren. Das Training kann entweder durch Meditationstechniken (regelmäßige Übung) oder im Alltag, während man in jedwede Aktivität involviert ist, stattfinden. Wir werden Ihnen hier empfehlen, beides zu tun. Dazu gleich ein paar essentielle Hinweise:

Akzeptanz, „Sein-Modus" und Integration in Ihren Alltag

Bedingungslose Akzeptanz: Kein Versteck vor dem Spiegel! Das Wichtigste vorweg: Dies ist kein Kurs in Selbstverbesserung, keine Kritik an Ihrem bisherigen Leben und kein missionarischer Aufruf für eine Lebensphilosophie oder Ethik. Wir versuchen auch nicht, Sie zum „Gutmenschen" zu machen, oder fordern Sie auf, den Weltfrieden zu fördern oder mitleidig zu lächeln, wenn Sie vom Kollegen aus dem anderen Bereich unrechtmäßig einen Vorwurf gemacht bekommen. Mindfulness ist keine objektive Wissenschaft, sondern eher eine „innere", subjektive Wissenschaft — jeder muss sie für sich neu „erfinden" bzw. neu entdecken. Die Wissensvermittlung allein reicht dafür nicht aus. Erst die persönliche Erfahrung schafft letztlich den Zugang zu Mindfulness. Da wir als Autoren aber nicht wissen können, welche subjektiven Erfahrungen Sie mit Mindfulness machen werden, können wir Sie nur einladen, inspirieren, es selbst auszuprobieren.

Oft fragen Anfänger, ob sie die „richtigen" Erfahrungen machen. Jede Ihrer Erfahrungen ist „richtig." Denn es sind Ihre Erfahrungen. Mindfulness bringt nichts Neues von außen in Sie hinein. Vielmehr bringt es all das, was in Ihnen steckt, zur Geltung. Was in Ihnen steckt, ist Ihr Potential. Deshalb ist das, was in Ihnen steckt, auch Ihr Bestes! Wenn es zur Entfaltung kommt, kann das also nur gut sein! Wir fordern Sie deshalb zur bedingungslosen Akzeptanz sich selbst gegenüber heraus. Denken Sie dran: Der Spiegel reflektiert das, was ist. Die Kunst wird sein, sich selbst so zu nehmen, wie man ist. Kein Hoffen, dass es anders wird. Keine Schönheitskorrekturen. Kein sich selbst Vorspielen. Auch das, was schmerzt oder uns nicht so sehr an uns selbst gefällt, wird im Spiegel sichtbar. Das ist sozusagen die Spielregel. Am besten passt dazu noch eine Prise Humor.

Welches Verhalten sich für Sie als verantwortungsbewusstem Menschen aus Ihrer Erfahrung der Mindfulness-Praxis ergibt, steht nur Ihnen selbst zur Beurteilung zu. Wir halten uns aus der gesamten Verhaltensthematik heraus. Wir teilen mit Ihnen aber gern unsere eigene Erfahrung sowie die anderer Meditierender, die wir für das Buch interviewen und zitieren durften. Wir reflektieren auch gern, wie das Zusammenleben und die Zusammenarbeit in Unternehmen sich entwickeln könnten, wenn die Menschen dort achtsam wären.

Qualität, nicht Quantität: Außerdem gehen wir davon aus, dass Sie schon genug zu tun haben. Deshalb verlangen wir nicht, eine weitere Stunde Mindfulness-Übung zu Ihrem Kalender hinzuzufügen, damit Sie Ihre Lebensqualität verbessern können. Wenn Sie die Stunde haben, toll! Oder wenn Sie eine Stunde, in der Sie Dinge tun, mit denen Sie sich selbst keinen Gefallen tun, mit Meditation ersetzen möchten, nur zu! Aber das, was wir Ihnen hier nahebringen möchten, muss auch dann möglich sein, wenn Sie diese Stunde nicht haben. Wir zielen daher auf einen minimalen Zeiteinsatz, um damit eine maximale Verbesserung der Lebensqualität zu erreichen.

Tun oder sein — das ist hier die Frage: Bitte seien Sie darauf gefasst, dass es sich bei der Mindfulness-Praxis um einen qualitativen Bruch mit dem handelt, wie wir normalerweise unterwegs sind. In der Praxis der MBCT (Mindfulness Based Cognitive Therapy oder achtsamkeitsbasierte kognitive Verhaltenstherapie, einer neuen Form von Psychotherapie, die Verhaltenstherapie mit Mindfulness vereint) spricht man deshalb oft vom „Tun-Modus" und „Sein-Modus". Der Tun-Modus ist unser normaler Modus. Wir sind eigentlich von morgens bis abends mit Tun beschäftigt, und wenn nicht körperlich dann auf jeden Fall mit dem Kopf. MBCT hat durch die mit Mindfulness verbundene Fähigkeit der Klienten, gleichzeitig Akzeptanz und Distanz zu ihren Themen zu verstärken, einen um die Hälfte höheren Erfolg bei der Verhinderung von Rückfällen klinischer Depressionen als herkömmliche Therapieformen erreicht.[3] Mindfulness bringt uns durch die innere Haltung des Spiegels aus dem Tun-Modus heraus in den Sein-Modus. Letzterer heißt soviel wie einfach im Moment in direktem Kontakt mit sich selbst und seiner Umwelt sein können.

Dr. Holger Rohde ist 46, begeisterter Triathlet und generell interessiert und motiviert für Sport, persönliche Entwicklungsthemen und Menschenführung, was in seinem Job als Vice President im Bereich Einkauf bei Airbus natürlich eine große Rolle spielt. *„Ich habe im Rahmen eines Coachings festgestellt, dass Ungeduld ein Muster in meiner Einstellung und in meinem Verhalten darstellt. Im beruflichen Umfeld führt das dazu, dass ich manchmal eine Verhandlung schnell zum Ende bringen will, wenn die Eini-*

gungsmöglichkeiten scheinbar auf dem Tisch liegen, ohne weiterhin nach noch besseren Optionen zu suchen. Beim Autofahren habe ich gemerkt, das mich meine Ungeduld oftmals stresst, wenn es mir nicht schnell genug geht. Beide Formen von Ungeduld sind mir durch die tägliche Praxis des Mindfulness viel bewusster geworden und heute kann ich sie viel eher als Impuls akzeptieren, den ich dann auch wieder gehen lassen kann." Seine Erfahrung zum „Tun-Modus" und „Sein-Modus" reflektiert Dr. Rohde so: *„Spannend ist die Erkenntnis, dass ich mich dabei nicht vom Planen der Zukunft abhalten lassen muss, dass aber die Qualität der Gegenwart einen Unterschied in der Qualität meiner Zukunft macht: Ich muss erst im Jetzt sein können, um die Zukunft gestalten zu können".*

Wie das vorangehende Beispiel zeigt, geht es also nicht darum, passiv zu werden bzw. nichts mehr zu gestalten. Im Gegenteil, Ihr Tun wird durch Mindfulness viel effektiver. Das hört sich in diesem Moment erst mal wie ein Paradox an. Dieses wird sich durch Ihre Erfahrung aber zeitnah auflösen.

Unser Dilemma als Autoren ist, dass wir mit diesem Buch versuchen, unseren Lesern etwas zu vermitteln, das sie nur dann verstehen können, wenn sie damit Erfahrungen machen. In diesem Sinn hat Mindfulness etwas mit Schwimmen gemeinsam: Keine Theorie der Welt kann vermitteln, wie es sich anfühlt, bis man zum ersten Mal selbst ins Wasser gesprungen ist und schwimmt. Wir müssen aber zunächst erklärende Worte vermitteln. Dabei entstehen schon zu Anfang mehr Fragen als Antworten. Deshalb ist unsere wärmste Empfehlung an Sie als Leser, die praktischen Übungen in diesem Buch für sich zu machen, bevor Sie jeweils weiterlesen.

Abgrenzung: Der Unterschied zu anderen Methoden

Mindfulness, Meditation, Achtsamkeit usw. — alles Worte, die zur begrifflichen Verwirrung führen können. Wir würden am liebsten ein neues Wort für das erfinden, was wir Ihnen hier nahebringen möchten. Doch um es nochmals klar abzugrenzen, präsentieren wir Ihnen hier ein paar Beispiele dessen, was es *nicht* ist.

Diese Abgrenzung ist für uns keine negative Bewertung: All diese Methoden mögen zu unterschiedlichen Zwecken sinnvoll und extrem hilfreich sein. Körperliche Aktivität, Sport, Tanzen, Gibberish[4] (eine Form der bewussten Katharsis, bei der man „eine Sprache spricht, die man nicht spricht", praktische Übung siehe S. 151), Entspannungsübungen oder Hypnose[5] können gut als Vorbereitung für Mindfulness dienen. Auch sogenannte „Self-Technology"[6] wie Biofeedback (z. B. das Emwave von Heartmath) oder der Atem-Monitor „Spire"[7] der gleichnamigen Firma können hilfreich sein. Denn es fällt den meisten von uns schwer, einfach zu sitzen und ruhig zu sein. Wenn Sie sich das erleichtern können, dann ist jedes Mittel recht. Nur verwechseln Sie bitte das „Mittel zum Zweck" nicht mit dem Zweck, auch wenn das Mittel selbst Ihnen gut tut. Wenn wir aber die Klarheit haben, was Mindfulness ist und was nicht, und wenn wir es regelmäßig praktizieren, dann können einige dieser Methoden Mindfulness als Lebensqualität unterstützen.

Am leichtesten fällt uns die Abgrenzung dessen, was Mindfulness ist und was nicht, wenn wir uns an die Definition halten: Alles, wobei sich unsere Aufmerksamkeit nicht urteilsfrei dem zuwendet, was jetzt in uns und/oder um uns herum geschieht, ist in unserer Definition nicht Mindfulness: also alles, was nicht dem „Spiegel sein" entspricht. Dann wäre zum Beispiel eine wunderbar entspannende Hypnose oder Phantasiereise[8], bei der Sie unterstützt werden, sich über Visualisierung an einen wohligen Ort zu begeben, nicht Mindfulness (denn Sie sind ja nicht an dem Ort). Techniken des Visualisierens von „ressourcevollen Zuständen"[9] (Zuständen, in denen wir optimalen Zugang zu unseren inneren Kompetenzen und Stärken haben), die wir im Zusammenhang mit Coaching und persönlicher Entwicklung sehr begrüßen, wären es auch nicht, denn ein Visualisieren ist ein Konstruieren anstatt eines Akzeptierens. Alles kontemplative und selbstreflektierende Denken ist auch nicht Mindfulness, denn Mindfulness beobachtet die Gedanken und steuert sie nicht. Auch autogenes Training (bei dem man sich vorstellt, dass der Körper schwer und/oder warm wird, um Entspannung zu verstärken) wäre es nicht. Anstatt urteilsfrei und wahlfrei etwas aufzunehmen, generiert man hier durch Konzentration etwas Bestimmtes. Dies ist auch der Grund, warum wir darauf bestehen, dass Mindfulness nicht Konzentration ist. Die beiden lateinischen Worte ‚com' und ‚centrum' bilden die ursprüngliche Bedeutung von „Zusammen zum Mittelpunkt", eine enge Bündelung der Aufmerksamkeit (daher auch die Metapher des „Tunnelblicks"), wodurch über Intention andere Elemente von der Aufmerksamkeit ausgeschlossen werden.

Auch während unserer Meditation können wir die Gedanken nicht eliminieren. In der Meditation werden unsere Gedanken aber zum Objekt unserer Übung, indem wir uns ihnen urteilsfrei zuwenden, anstatt zu versuchen sie, wie gewohnt, zu steuern. Wir wollen die Gedanken nicht verändern, wir reagieren einfach nicht auf sie! Man könnte sagen: während die Gedanken in vielen der vorgenannten Techniken organisiert und strukturiert werden, werden Sie in der Mindfulness-Praxis unsortiert und unzensiert im Sinne des Spiegels reflektiert. Das Wort „Reflektion" ist hier nicht im Sinne von „hinterher darüber nachdenken" zu verstehen; vielmehr werden die Gedanken im Moment des Entstehens zum Objekt unserer Meditation. So wird die Meditation zu einem neuen alternativen Geisteszustand. Normalerweise ist das Default Mode Network so stark, dass wir uns bei genauerem Hinschauen als Spielball der Gedanken erleben – die Gedanken kontrollieren uns, nicht wir sie. Die einzige Alternative dazu erschließt sich uns zunächst im Konzentrieren: Um nicht an weiße Bären (denken Sie auch an Teil I. 3. siehe S. 78/79) zu denken, konzentrieren wir uns auf eine Aufgabe. Im Zustand der Mindfulness erleben wir es eher so, dass wir die Gedanken nutzen können: wir sind „Herr über sie", nicht sie „Herr über uns". Dazu brauchen wir die „weißen Bären" aber nicht zu bezwingen, sondern wir lassen sie einfach kommen und wieder gehen. Mindfulness ist tatsächlich der einzige Bewusstseinszustand, in dem weißen Bären wieder gehen, ohne dass wir umdenken müssten.[10] Mindfulness wird Ihnen ein sehr feines Gefühl für unterschiedliche Modi der Aufmerksamkeit näherbringen. Noch ein Hinweis: wenn wir im Zusammenhang mit Mindfulness von Gedanken sprechen, dann zählen auch innere Bilder oder Stimmen dazu: Alles, was in Ihrem Kopf los ist und was über den urteilsfreien direkten Kontakt mit dem, was tatsächlich geschieht, hinaus geht, ist im Sinne dieses Buchs ein „Gedanke".

Eine spannende Frage in diesem Kontext ist, in welchem Maß Teamsportler konzentriert sind. Auf der einen Seite müssen sie völlig präsent sein. Sobald die Gedanken wandern, sind sie nicht mehr im Spiel. Sie brauchen einen starken Fokus. Sie können sich nicht erlauben, sich mal eben von dem ablenken zu lassen, was die Zuschauer da gerade Lustiges machen. Auf der anderen Seite würde ein Spieler, der allein konzentriert ist, ausblenden, was seine Mitspieler machen. Ein Fußballer, der nach links schaut und auf der rechten Seite plötzlich einen Steilpass spielt, kann nicht nur konzentriert gewesen sein, denn sonst hätte er nicht gesehen, dass sein Kollege durchgestartet war. „Präsent" ist gegebenenfalls ein besseres Wort.

Wir wollen Ihnen nicht die Fähigkeit zur Konzentration nehmen. Ohnehin ist es wissenschaftlich erwiesen, dass die Kapazitäten von Fokus und Konzentration durch Mindfulness wachsen! Mindfulness verringert die ständige Ablenkung durch Bottom-up-Impulse und erleichtert uns so die Konzentration. Das heißt, Mindfulness hilft auch in den Situationen, in denen Sie sich konzentrieren müssen!

Mindfulness vereint Entspannung — nicht nur des Körpers, sondern des Geistes —, Wachheit und Anstrengungslosigkeit in sich. Das läuft dem intuitiven Verständnis von Entspannung *(je entspannter, desto weniger wach)* zuwider. Doch es ist unsere Erfahrung, dass mit Mindfulness ungeahnte Wachheitszustände einhergehen, die wir aber ohne Anspannung erreichen. Deshalb kann eine Methode, die Sie entspannt und müde macht oder die Sie anstrengt, nicht als Mindfulness gelten.

Um das Paradox „wache Entspannung" für sich anschaulich zu machen, stellen Sie sich dazu am besten ein sehr waches Säugetier vor, wie ein wachsam grasendes Reh oder eine wachsam umherlaufende Katze, oder vielleicht spricht Sie das Bild eines komplett in seiner Aktivität aufgehenden Kindes eher an: Entspannung pur und Wachsamkeit pur in einem.

In welchen Situationen fällt uns Mindfulness besonders leicht oder schwer?

Die Frage, welche Aktivität Mindfulness sein kann bzw. in welcher Situation wir achtsam sein können, hängt nicht davon ab, was wir machen, sondern wie wir es machen. Wir haben ja schon mehrfach betont, dass Mindfulness nicht nur eine „formale" Disziplin, eine Aktivität, sondern vielmehr eine Lebensqualität, eine innere Haltung, ein Teil des Lebens sein kann. Deshalb ist das Ziel, in so vielen täglichen Situationen wie möglich im inneren Zustand von Mindfulness zu sein. Aktivitäten, die sich besonders leicht mit der Übung von Mindfulness verbinden lassen sind Aktivitäten, die uns Raum lassen, parallel zur Aktivität ein Fenster der urteilsfreien Aufmerksamkeit nach innen öffnen zu können. Mit anderen Worten: Wenn die Aktivität so viel Aufmerksamkeit erfordert, dass wir dabei nicht die Kapazität haben, gleichzeitig urteilsfrei zu merken, was in uns und um uns herum geschieht, dann eignet sie sich weniger gut, zumindest am Anfang. Wenn zum Beispiel eine plötzliche Krise entsteht, die alle meine intellektuellen Ressourcen verlangt, vergesse ich besser Mindfulness für den Moment. Wenn ich aber eine Tätigkeit ausübe, die ich „automatisch" im Griff habe, dann könnte sie sich besonders gut dafür eignen, sie „achtsam" auszuüben. Deshalb eignen sich zum Beispiel Yoga (Formen, die nicht mit kontrolliertem Atem arbeiten)[11], Qi Gong (eine „innere" chinesische Kampfkunst, die vor allem mit Atem und minimalen achtsamen Bewegungen arbeitet) und andere Formen einfacher Bewegungen.

Wenn die Bewegungen allerdings so einfach auszuführen sind, dass sie „langweilig" werden, dann lässt sich leicht beobachten, dass man zur Gedankenwanderung neigt. Mindfulness würde dann bedeuten, dass man den Fokus der Aufmerksamkeit zurück in den gegenwärtigen Moment bringt und sich während der Aktivität seines Körpers, seiner Bewegungen, seines Atems und gegebenenfalls auch der kommenden und gehenden Gedanken gewahr ist. Auch andere typische Aktivitäten sind so automatisiert, dass man zum Gedankenwandern neigt: Duschen, Autofahren, Kochen, Essen, Gehen usw. Wenn Sie im Folgenden aufgefordert werden, bei der Meditation die Augen zu schließen, gilt das natürlich nur für die Meditation — und nicht fürs Gehen, Kochen und Autofahren!

Die Praxis – So einfach wie herausfordernd

Vier Schritte der Meditationspraxis

Wissenschaftler in den USA haben erforscht, an welchen vier Schritten man den Prozess der Mindfulness genau erkennen kann:

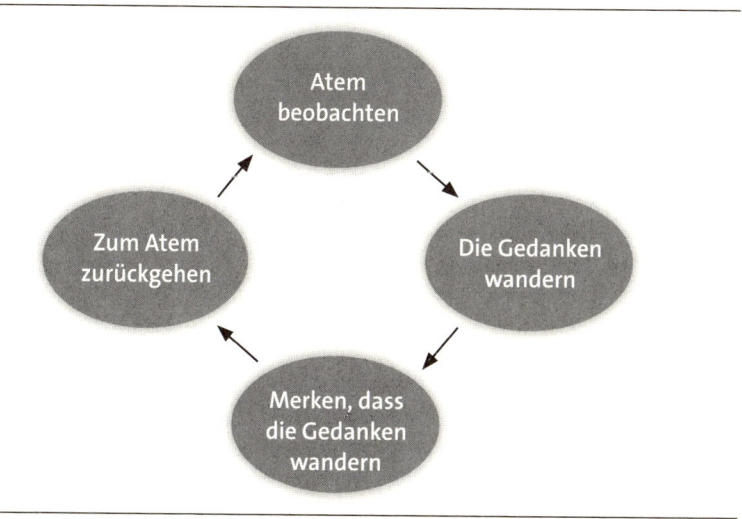

Abbildung 7: Mindfulness-Meditation
Quelle: Peter Creutzfeldt

1. Urteilsfreies Beobachten (z. B. des Atems).
2. Die Gedanken fangen an zu wandern.
3. Sie merken, dass die Gedanken wandern.
4. Sie kehren mit der Aufmerksamkeit zum urteilsfreien Beobachten zurück.

Daraufhin geht der Kreis wieder von vorn los. Der Prozess des Meditierens beinhaltet ein immerwährendes Wechselspiel in dieser Reihenfolge. Mit der Zeit und Übung wird es Ihnen gelingen, immer öfter und immer länger achtsam zu bleiben, so dass das Gedankenwandern weniger dominant wird. Die Erfahrung zu Beginn kann allerdings sein, dass Sie zunächst das Gefühl haben, als wären mehr Gedanken als je zuvor in Ihrem Kopf. Das ist ein Zeichen von wachsender Achtsamkeit, Sie sind sich also immer mehr der Gedanken bewusst. Die Gedanken gab es aber schon vorher.

Lassen Sie uns das einmal praktisch ausprobieren. Um Ihnen ein gutes Verständnis von Mindfulness zu geben, bitten wir Sie jetzt, die Anleitung für die erste praktische Übung zu lesen und sie dann für sich zu machen, bevor Sie weiterlesen. Vorab aber noch ein Hinweis: Es entstehen jetzt unwillkürlich Erwartungen in Ihnen an das, was in den ersten Übungen passieren soll/nicht passieren soll. Wenn Sie ganz aufmerksam schauen, können Sie ständig beobachten, wie Ihr Unbewusstes solche Erwartungen unvermeidbar und unwillkürlich im Alltag produziert.[12] Da Sie sich aber mit Mindfulness auf etwas einlassen, womit Sie keine Erfahrungen haben, sind Sie im Bereich des absoluten Unbekannten unterwegs. Und deshalb können Ihre Erwartungen auch nicht erfüllbar sein. Am besten also, Sie erlauben sich, die Erwartungen zu haben, aber in dem Wissen, dass sie unrealistisch sind.

Und noch ein Hinweis zu den Meditationszeiten: Um nicht dauernd auf die Uhr schauen zu müssen, empfehlen wir Lesern, die regelmäßig üben möchten, sich im App-Store (Android, Apple etc.) eine App wie zum Beispiel „Zazen Suite" herunterzuladen, bei der Sie nach einer beliebigen Zeit ein Tonsignal hören können (oder suchen Sie zum Beispiel nach „Mindfulness Bell").[13] Sie können sich auch einen normalen Wecker stellen, die Apps haben nur angenehmere Töne. Dies kann sehr förderlich sein, denn Mindfulness kann die Sensitivität erhöhen, weshalb manchmal der reguläre Klingelton weniger wünschenswert ist.

Sind Sie soweit? Es geht los:

> **Übung: Die Hände und den Atem von innen beobachten**
>
> Bitte setzen Sie sich jetzt bequem auf einen Stuhl oder auf den Boden und legen Sie alle Dinge wie Kaffeetassen, Schreibgeräte usw. beiseite, damit sie während der Übung Ihre Augen schließen und ihre Hände benutzen können. Bitte halten Sie jetzt einmal eine Zeitlang in jeder Hand einen Eiswürfel; oder alternativ klatschen Sie dreimal kräftig in die Hände. Schließen Sie anschließend Ihre Augen und verlagern ungefähr eine Minute lang Ihre ganze Aufmerksamkeit auf die Hände. Bitte beobachten Sie einfach nur, was mit Ihren Händen geschieht, seien Sie einfach nur der Spiegel. Es geht nicht darum, darüber nachzudenken, was mit Ihren Händen passiert. Neurobiologisch aktivieren Sie jetzt das Direct Experience Network.
>
> Jetzt lassen Sie die Augen weiterhin geschlossen und verlagern Ihre Aufmerksamkeit auf Ihren Atem. Lassen Sie den Atem in Ruhe weiter fließen, Sie brauchen ihn nicht zu verändern. Beobachten Sie ihn nur einmal ungefähr zwei Minuten lang und tun weiter nichts Anderes. Lesen Sie erst weiter, wenn Sie fertig sind.
>
> Für einen Link zu einem Video, in dem wir diese Übung demonstrieren tippen Sie bitte folgende Adresse in Ihren Browser: www.workinginthezone.com/de/buch

Was war einfacher: den Atem zu beobachten oder die Hände? Und was heißt „einfacher"? Bei geschlossenen Augen sollte das doch die einfachste Übung der Welt sein, oder? Wenn es Ihnen aber so geht wie allen anderen Menschen, haben Sie auch bemerkt, dass sich in kürzester Zeit Gedanken (einschließlich innerer Stimmen, Bilder usw.) bei Ihnen bemerkbar gemacht haben, die nichts mit Händen und Atem zu tun hatten und die eine Tendenz hatten, Sie von Ihrer Aufgabe abzulenken. Damit haben Sie bereits die wichtigste und fundamentale Herausforderung der Mindfulness-Praxis kennengelernt.

Hinweis: Falls es Ihnen unangenehm ist, die Augen während des Meditierens zu schließen, dann halten Sie sie geöffnet und schauen mit einem „weichen Blick" vor sich hin auf den Boden. Man schließt bei diesen Übungen im Idealfall die Augen, weil die Augen den größten Teil unserer Aufmerksamkeit in Anspruch nehmen und uns das Meditieren daher zu Beginn mit geschlossenen Augen leichter fällt.

Oft fällt es Menschen leichter, bei dieser ersten Übung die Hände zu beobachten, da sie durch das stimulieren (Eis bzw. Klatschen) „spürbarer" geworden sind. Je intensiver der Sinneseindruck, desto leichter fällt es uns oft, dabeizubleiben. Viele Menschen erfahren auch bei dieser allerersten Übung bereits den ersten wichtigen Nutzen der Mindfulness-Praxis. Vielleicht haben Sie ja auch bei sich schon jetzt bemerkt, dass der Atem etwas ruhiger, gleichmäßiger, entspannter und vielleicht langsamer geworden ist. Falls ja: Eine besonders leicht zu beobachtende Wirkung von Mindfulness ist, dass sie sofort entstressen kann. Und zwar sozusagen „nebenbei", ohne es zu beabsichtigen. Denn die Aufgabe war ja, den Atem nicht zu verändern — was übrigens besonders am Anfang vielen Menschen nicht leicht fällt. Mit der Zeit wird es aber immer leichter fallen.

Falls bei Ihnen der Atem jetzt noch nicht spürbar entspannter geworden ist, machen Sie sich bitte keine Sorgen: Es war das allererste Mal, und gerade mal zwei Minuten, und wir versprechen Ihnen, dass Sie im Laufe dieses Buchs noch viele entspannende Erfahrungen mit Mindfulness machen werden.

Mindfulness und die Gedankenwanderung (Default Mode Network): paradoxe Symbiose

Nun empfehlen wir Ihnen, noch einmal den Atem zu beobachten, und zwar diesmal etwas länger: fünf Minuten.

> **Übung: Den Atem beobachten**
>
> Wenn Sie fünf Minuten diese Übung machen, denken Sie bitte vorher nochmals daran, dass es nicht darum geht, über etwas nachzudenken, und auch nicht darum, die Gedanken abzustellen, und dass es normal ist, von irgendwelchen Gedankenwanderungen abgelenkt zu werden. Sobald Sie merken, dass Sie mit Ihrer Aufmerksamkeit nicht mehr beim Atem sind und irgendwelchen Gedanken nachfolgen, dann bringen Sie Ihre Aufmerksamkeit einfach wieder sanft zum Atem zurück.

Viele Menschen, die Mindfulness zum ersten Mal kennenlernen, denken, sie machen etwas „falsch", wenn sie gleich während der Übungen immer wieder von ihren Gedanken abgelenkt werden. Wir empfehlen Ihnen, sich stattdessen Folgendes zu sagen: „Toll, ich bin so achtsam, dass ich gemerkt habe, dass meine Gedanken wandern waren; und jetzt bin ich ja wieder da!" Damit meinen wir die innere Haltung, mit der Sie sich selbst in diesem Lernprozess begegnen; wir suggerieren natürlich nicht, die Mindfulness-Übung durch Denkkonstrukte zu unterbrechen. Seit Entdeckung der Mindfulness-Methode vor tausenden von Jahren[14] haben viele Menschen geglaubt, sie könnten die „lästigen" Gedanken abstellen. Sie erreichten dabei nur das Gegenteil: Je mehr sie mit den Gedanken kämpften, desto mehr Kraft verliehen sie ihnen. Durch das „Erlauben" der Gedanken und das gleichzeitige Distanzieren davon konnte man die Gedanken zwar nicht stoppen, aber sie wirkten nicht mehr störend. Wie ein innerer Ruhepol im Zentrum des Sturms konnte der innere Beobachter, der innere Spiegel, das, was um ihn herum geschah, einfach da sein und weiterziehen lassen. Denn die Erfahrung war gleichzeitig: Wenn man mit den Gedanken *nicht* kämpfte, zogen sie irgendwann fort. Daraufhin kamen neue, aber diese zogen ebenso weiter. Daraus entstand die Metapher der „weißen Wolken": Als Spiegel können wir die „Wolken" (Gedanken, Emotionen, Körperregungen, Phänomene in der Umwelt) kommen und gehen lassen, ohne den inneren Ruhepol dadurch zu stören. Eine andere häufig verwendete Metapher ist die des „Beobachters auf dem Hügel": Er hat dort seine Stellung, seine Ruhe, und beobachtet das Kommen und Gehen im Tal — das geschäftige Treiben, vielleicht einen Fluss, auf dem so Einiges vorbeitreibt — als Metapher wiederum für die Gedanken usw. in unserem Inneren sowie die Impulse in unserer Umwelt.

Wir empfehlen Ihnen, natürlich vorausgesetzt, sie sehen einen Wert in der Übungspraxis, ab sofort am besten täglich einige Minuten auf diese Art Ihren Atem zu beobachten. Beginnen Sie mit ein paar Minuten, und wenn Sie die Zeit haben, steigern Sie es langsam in einem Maß, das Ihnen leicht fällt. Später stellen wir Ihnen eine Reihe von Variationen in der Mindfulness-Praxis vor.

Ein vordergründiges Paradox der Meditationspraxis ist, dass Sie genau genommen erst dadurch, dass Sie die Wanderung von Gedanken bemerken, eine Gelegenheit erhalten, die Qualität von Mindfulness dauerhaft und kumulativ zu trainieren. In den Forschungen dazu wurde vor allem immer wieder festgestellt, dass der breite Nutzen der regelmäßigen Übung auch bei Anfängern schon nach wenigen

Wochen, teils nach wenigen Tagen und in einigen Fällen schon nach einigen Minuten Meditation eintritt, wobei letzteres sich vor allem auf die emotionale Regulation bezog. Je länger die Praxis, desto stärker und nachhaltiger die Veränderung. Diese wurde teilweise im Hirnscanner beobachtbar. Das heißt, Mindfulness verändert das Gehirn! Und zwar ausschließlich auf positive Weise!

> **Beispiel:**
>
> Enrico Rück ist Ingenieur bei dem internationalen Automobilzulieferer Continental in Frankfurt am Main. Er ist durch Freunde zum Thema Mindfulness gekommen und wollte es für sich auf Basis der guten Erfahrungen seiner Bekannten ausprobieren. Er selbst war dabei recht skeptisch: *„Ich bin im Allgemeinen aufmerksamer, munterer und stressfreier im Alltag. Ich bin ruhiger und habe mehr Augenkontakt in der Kommunikation mit Anderen. Ich höre aufmerksamer zu und unterbreche Leute seltener. Sogar im Straßenverkehr bin ich ruhiger, zum Beispiel gebe ich nicht mehr unbedingt Gas, wenn die Ampel auf ‚Gelb' schaltet, lasse das Radio bewusst aus, beobachte die Umwelt und lasse andere Fahrer gern vorn. Irgendwie betrachte ich alles wie neu und genieße meine Momente."*

All diese Veränderungen werden also genau genommen nur dadurch möglich, dass unsere Gedanken immer wieder wandern und wir das anschließend bemerken. Denn das genau ist das Training von Mindfulness. Wenn die Gedanken wandern und wir es nicht bemerken, dann sind wir nicht achtsam. Und zu allem Überfluss werden wir dann laut der erwähnten Studie auch noch unglücklicher. Es ist also von Vorteil und erwünscht, immer wieder durch den Prozess der oben beschriebenen vier Schritte zu gehen. Genau genommen ist das Gedankenwandern im Prozess der Mindfulness-Praxis wie ein Fitnessgerät für uns – nur nicht für die körperliche Fitness, sondern für die der Achtsamkeit!

Jutta Häuser: *„Als ich vor 20 Jahren meine ersten Erfahrungen mit Entspannungstechniken machte, fiel schnell die Entscheidung: Das ist nichts für mich. Denn ich bin jemand, der sich bewegen muss. ‚Du legst Dich hin und kommst entspannt zur Ruhe', ging gar nicht. Erst vor drei Jahren kam dann aber zu viel zusammen. Ich schrieb neben meiner täglichen Arbeit auf Anfrage eines Verlages in drei Monaten ein Buch, bin gleichzeitig mit meinem Büro umgezogen, bekam sechs Wochen keinen Telefon- und Internetanschluss, mit dem Gefühl von abso-*

luter Machtlosigkeit als Kunde zwischen zwei Telefonkonzernen und zunehmend übersteigerter Wut. Nach dieser Phase merkte ich, wie ich weiter in diesen Erfahrungsmustern fest hing. Ich konnte nicht mehr ‚runter fahren', regte mich sofort über Kleinigkeiten auf, bekam die Situation nicht mehr wie gewohnt in den Griff. Genau zu dem Zeitpunkt bekam ich eine Kundenanfrage im Bereich Gesundheitsmanagement. Ich habe dem Kunden eine MBSR-Trainerin empfohlen, die bereits seit 30 Jahren meditiert. Im Auftragsgespräch fiel mir ihre klare Sprache auf. Sie war sehr direkt, gleichzeitig sehr einfühlsam, mit viel Tiefgang und Weisheit, überhaupt nicht, wie ein wenig vermutet, esoterisch. Das Vertrauen war da, die Zeit war reif, und so habe ich selber an einem von ihr angebotenen Mindfulness-Training teilgenommen. Eine wichtige Erfahrung für mich gleich am Anfang war, dass es nicht darum geht, die auftauchenden negativen Gedanken ‚wegzuknipsen', sie nicht mehr zu haben, sondern so, wie sie gerade sind, erst mal anzunehmen, sie so sein zu lassen".

In Kürze

Mindfulness ist ein Zustand, eine Qualität, dem Leben auf eine nicht urteilende Art zu begegnen, dabei voll und ganz gegenwärtig mit dem, was in uns und um uns herum geschieht zu sein. Mindfulness heißt einerseits die Meditationspraxis und andererseits das Leben dieser Qualität in Alltagssituationen. Eine nützliche Metapher für Mindfulness ist der Spiegel, der alles, was sich in ihm spiegelt, so, wie es ist, urteilsfrei reflektiert. „Urteilsfrei" hat hier nichts mit Moral zu tun. Vielmehr bezeichnet „urteilen" in diesem Sinn alles, was nicht dem Direct Experience Network zugeordnet ist: Etikettieren, Beurteilen, Analysieren, in Zusammenhang setzen usw.

Wir bezeichnen Mindfulness als „Sein-Modus" in Abgrenzung zum „Tun-Modus", in dem wir uns normalerweise befinden. „Tun" bedeutet dabei nicht nur die von außen sichtbare Aktivität, sondern auch die ständige innere Aktivität unseres unruhigen Geistes.

Mindfulness soll genauso wenig Ihren vollen Tag noch voller machen wie es eine „kritische Selbstbetrachtung" ist. Vielmehr ist es ein wichtiger Hebel zur Potentialentfaltung.

Als gelebte Qualität eignet sich Mindfulness für „Anfänger" besonders gut in Situationen, die nicht unsere volle Aufmerksamkeit brauchen, zum Beispiel automatische Handlungen. Wir empfehlen Ihnen, die praktischen Übungen, beginnend mit der Atemmeditation, jeweils durchzuführen, bevor Sie in unserem Ratgeber weiterlesen, und danach in Ihren Alltag zu integrieren.

Mindfulness folgt immer dem gleichen Prozess in vier Schritten: Das urteilsfreie Beobachten, das Wandern der Gedanken, das Bewusstwerden der Gedankenwanderung, sowie der Rückkehr zum urteilsfreien Beobachten. Das Wandern der Gedanken ist vielleicht die größte Herausforderung, die uns in der Mindfulness-Übungspraxis begegnet. Wir stellen dies hier nicht als Störung dar, sondern als Chance, Mindfulness zu trainieren.

Teil I. 2: Nützliche Prinzipien, Mythen und Tipps

Es war einmal ein alter Mann, der zur Zeit Lao Tses in einem kleinen chinesischen Dorf lebte. Der Mann lebte zusammen mit seinem einzigen Sohn in einer kleinen Hütte am Rande des Dorfes. Ihr einziger Besitz war ein wunderschöner Hengst, um den sie von allen im Dorf beneidet wurden.

Eines Tages war der Hengst verschwunden. Nachbarn kamen und sagten: „Armer Mann! Was für ein Unglück!" „Der alte Mann schaute sie an und sagte nur: **„Unglück – Mal sehen, wer weiß?"**

Ein paar Tage später, war der Hengst wieder da und mit ihm war ein Wildpferd gekommen, das sich dem Hengst angeschlossen hatte. Jetzt waren die Leute im Dorf begeistert. „Du hast Recht gehabt", sagten sie zu dem alten Mann. Das Unglück war in Wirklichkeit ein Glück. Der Alte sagte nur: **„Glück – Mal sehen, wer weiß?"**

Am nächsten Tag begann der Sohn des alten Mannes, das neue Wildpferd zu zähmen und zuzureiten. Beim ersten Ausritt warf ihn dieses so heftig ab, dass er sich beide Beine brach. Die Nachbarn im Dorf versammelten sich und sagten zu dem alten Mann: „Du hast Recht gehabt. Das Glück hat sich als Unglück erwiesen, dein einziger Sohn ist jetzt ein Krüppel." Aber der Alte blieb gelassen und sagte zu den Leuten im Dorf: **„Unglück – Mal sehen, wer weiß?"**

Ein paar Wochen später begann ein Krieg. Der König brauchte Soldaten, und alle wehrpflichtigen jungen Männer im Dorf wurden in die Armee gezwungen. Nur den Sohn des alten Mannes holten sie nicht ab, denn den konnten sie mit seinen Krücken nicht gebrauchen. „Ach, was hast du wieder für ein Glück gehabt!" riefen die Leute im Dorf. Der Alte sagte: **„Mal sehen, wer weiß?"**[1]

Bewerten Sie eine Situation wie die Bewohner des Dorfs manchmal voreilig und stellen dann fest, dass das Unglück — oder Glück — gar nicht so groß war? Vergleichen Sie sich dabei manchmal mit Anderen, deren Glück oder Unglück so viel größer scheint als Ihres? „Was ein Glück, dass wir nicht auf der Gegenspur sind — schau Dir mal den Stau an" oder: „Jetzt ist hier Stau und das dauert garantiert eine Stunde" — „Warum muss mir immer so was passieren?", „Mich hätte man ja bei der Beförderung auch mal in Betracht ziehen können, aber ich hab ja wohl bei denen da oben verspielt!". Sogar die 5-prozentige Korrektur des Aktienmarkts ist ein Unglück, selbst wenn der Gewinn über die letzten beide Jahre verteilt bei 25 Prozent lag.

> **Übung: Vorschnelle Bewertung**
>
> Legen Sie das Buch bitte auf die Seite und schreiben Sie einmal drei Situationen auf, in denen Sie schnell eine positive oder negative Bewertung über die Situation von jemandem abgegeben haben und diese Situation sich dann in eine andere Richtung entwickelt hat.
>
> Wenn Sie sich noch erinnern: Wie schnell haben Sie die Bewertung vorgenommen?
>
> Wie haben Sie sich gefühlt, als sie die Bewertung abgaben, und wie, als Sie die neue Entwicklung feststellten? Ging es Ihnen so ähnlich wie in der fiktiven Geschichte mit dem kranken Kollegen auf S. 22/23? Haben Sie auf Basis der vorschnellen Bewertung gehandelt, und wenn ja, was waren die Konsequenzen? Wie wäre es wohl für Sie, wenn Sie in solchen Fällen in der Haltung des alten Mannes in der Eingangsgeschichte wären?

Wir Menschen brauchen die Möglichkeit, schnell Situationen erfassen und bewerten zu können. Ohne diese Möglichkeit könnten wir nicht kreativ sein und in komplexen Situationen handeln. Unsere Bewertungen geschehen zunächst einmal bottom-up. Das allein ist kein Problem, denn es spart wertvolle präfrontale Ressourcen. Doch unsere blitzschnellen Bewertungen verleiten uns ganz schnell dazu, ihnen „zu glauben", sie also als einzige mögliche Sicht der Dinge zu akzeptieren. Hier haben wir dann schnell bei komplexen Projekten oder neuen Situationen ein Problem. Unsere Bottom-up-Bewertungen basieren auf den in der Vergangenheit gemachten und in der Gegenwart wiederum bewerteten Erfahrungen. Daher sprechen wir auch von „Voreingenommenheit". Wenn wir hier zu schnell vertrauen, beschränkt sich der Umgang mit komplexen und neuen Situationen auf diese Vorerfahrungen. Dadurch wird der Kreis unserer Auswahl eng.

Mindfulness erlaubt uns, auf Distanz zu unseren Bottom-up-Impulsen zu gehen und sie erst mal überhaupt wahrzunehmen. Dadurch erhöht sich die Fähigkeit, achtsamer zu urteilen und bessere Entscheidungen zu treffen, so wie in diesem Beispiel: *Die Nachricht kam ein paar Tage vor dem Workshop der Abteilungsleiter zum Kickoff mit dem neuen Bereichsleiter: Dessen Nominierung war aufgehoben, da „ganz oben" andere Prioritäten gesetzt wurden. Und zwar befand man sich mitten in einem Umstrukturierungsprozess,* der auch die Reduzierung des Personals und das Verlagern von Kompetenzen innerhalb des Unternehmens beinhalten sollte. Die Impulse der einzelnen Abteilungsleiter waren schnell: Wie verteidige ich die Bedürfnisse meiner Abteilung, damit sie nicht leidet? Wie kann ich dafür sorgen, dass meine Kompetenzen erhalten bleiben? Wenn Personal gestrichen werden muss, dann aber in den anderen Abteilungen! Im Managementteam herrschte ein gewisses Vertrauen, so dass die einzelnen Manager im Rahmen eines Workshops ihre Impulse aussprachen: „Wir können die nächsten Monate, bis der neue Chef kommt, nur kooperieren. Sonst scheitern wir alle gemeinsam." Oder: „Wir müssen unser Ziel im Auge behalten." Das Managementteam diskutierte, bis es sich darüber einig war, was über die nächsten zwölf Monate erreicht werden musste. „Was haltet Ihr davon, wenn wir uns ab jetzt gegenseitig vertreten, anstatt Vertreter aus unserer jeweiligen eigenen Abteilungen zu nehmen? Dadurch wären wir direkter im Austausch und hätten immer einen, der die Nachbarabteilung kennt." Am Ende des Workshops stand ein Beschluss, einen informellen „Bereichsvorstand" ins Leben zu rufen, in dem man sich gemeinsam für sämtliche Abteilungen verantwortlich fühlt und in dem aber jeder auch die Belange der eigenen Abteilung vertritt.

Die Fähigkeit, in einer solchen Situation achtsam auf Abstand zu den eigenen impulsiven Bewertungen zu gehen, eröffnete diesem Team Möglichkeiten, die es rein auf Basis von bisherigen Erfahrungen und Bottom-up-Impulsen nicht in Erwägung hätte ziehen können. Aus den alten Mustern hätten sich eher Grabenkämpfe und Ineffizienz ergeben; so aber entwickelten sich Kooperation und Vertrauen.

Von „Om" und Räucherstäbchen zum wachsamen Zeitgenossen

Im Zusammenhang mit den Worten Mindfulness oder Achtsamkeit, und insbesondere auch mit Meditation, gibt es allerlei Mythen. Im Hier und Jetzt schwelgend, interessiert uns die Welt nicht mehr, solange sie uns in Ruhe lässt. Im Lotussitz auf dem Boden sitzend, Daumen und Mittelfinger berühren sich. Dazu der Qualm von Räucherstäbchen, „Ommmmm" summend. Das ist ein bekanntes und belächeltes Image.

Das Image hat natürlich irgendwo seinen Ursprung. Menschen, die etwas Wertvolles für sich gefunden hatten, wollten sich vielleicht von Anderen abgrenzen, um das Wertvolle zu schützen. Aus Indien, aber auch aus westlichen Klöstern, kamen die Räucherstäbchen (bzw. der Weihrauch). Das alles haftet dem religiösen Ursprung der Meditation an. Im Buddhismus und Hinduismus, woher Mindfulness und Yoga ursprünglich entstammen, sind religiöse Menschen aus Respekt vor anderen Lebewesen vornehmlich Vegetarier. Und im religiösen Kontext war und ist es auch traditionell tatsächlich so, dass die Meditations-„Profis" nicht in der Gesellschaft, sondern in Klöstern oder Höhlen oder anderweitig abgeschieden leben. Damit geben wir Autoren uns aber nicht zufrieden. Abgeschieden von jeder Herausforderung normaler Beziehungen, von Stress und Druck, von Konflikten achtsam sein? Wir sagen: Das kann jeder! Nein, für uns ist die moderne Herausforderung, diese enorm wertvolle Qualität in unser Leben hinein zu transportieren. Damit, so meinen wir, gehen wir heute einen Schritt weiter, sind mutiger und auf eine Art fortgeschrittener als diejenigen, die sich dem Leben entzogen, um zu meditieren. Aber klar: Ein Image, das über ein paar tausend Jahre entstand, verschwindet nicht mal eben so. Wenn wir auf Veranstaltungen fragen, wer schon mal meditiert hat, kommt immer von irgendwo ein „Ommm". Umso wichtiger ist es für uns, Ihnen klar zu kommunizieren, worum es uns hier geht und worum nicht.

Inzwischen hat die Wissenschaft eindrucksvoll gezeigt, dass die Mindfulness-Methoden im säkularen Kontext, also ganz und gar losgelöst von ihren religiösen Wurzeln, ebenso wertvoll – ja, wie gesagt, vielleicht noch wertvoller sein können als im religiösen Kontext. Ray Dalio, der Gründer des Investment Fonds Bridgewater, sagt: *„Mindfulness lässt mich die Dinge aus einer höheren Perspektive betrachten"*. Der Nutzen ist in den letzten Jahrzehnten immer wieder im säkularen Kontext erforscht worden. Wir können wunderbar meditieren, indem wir auf einem Stuhl anstatt auf dem Boden sitzen. Wir können dabei jeden vorhandenen Geruch und jedes Geräusch urteilsfrei beobachten, nicht nur Räucherstäbchen. Für Meditation eignet sich ein asiatischer Basar prinzipiell genauso gut wie ein buddhistischer Tempel. Andere Mythen betreffen Dauer und Zeit: Mindestens eine ganze Stunde, früh am Morgen, sonst wird nichts draus? Auch das hat die Forschung widerlegt. Es spricht natürlich nichts dagegen, wenn jemand eine ganze Stunde meditiert und dafür die Zeit nutzt, wenn er frisch und ausgeschlafen ist. Es gibt aus der chinesischen Lehre der Fünf Elemente und aus dem indischen Ayurveda Vorstellungen davon, welche Methode sich zu welcher Tageszeit am besten mit dem Metabolismus vereinbart. Aber der moderne Mensch braucht für unseren Anspruch eine Möglichkeit, Mindfulness auf eine Art in sein Leben integrieren zu können, ohne gleich neben einem Park wohnen, seinen Job auf dreißig Stunden verkürzen und seine gesamte Ernährung umstellen zu müssen. Und es ist erwiesen: Wir alle profitieren auch am Abend von 10 Minuten Mindfulness. Empfehlenswert ist nur, wach und nüchtern (also nicht etwa unter Alkoholeinfluss usw.) zu sein. Dies dient ganz einfach der

Klarheit der Aufmerksamkeit, die unter Drogen leidet. Wir empfehlen Ihnen also hier eine Veränderung Ihrer *Lebensqualität*. Wir sehen aber keine Notwendigkeit irgendeiner Änderung Ihres *Lebensstils*.

Mantras, Motivation und nochmals die wache Entspannung

Der Sinn eines Mantras (ein Wort oder Klangwort, das als Teil einer Meditation ständig wiederholt wird) wie „Om" im Zusammenhang mit Mindfulness ist derselbe wie die Beobachtung des Atems.[2] Der „Gegenstand" Ihrer Mindfulness-Übung (das, worauf Sie fokussieren) wird allerdings beim Mantra künstlich generiert, anstatt ein objektiv existentes Phänomens wie den Atem zu beobachten. Salopp gesagt: Man sagt das Mantra so oft vor sich hin, bis es so langweilig wird, dass die Gedanken wandern, man es merkt und wieder zurück zum Mantra kommt. Wir empfehlen Ihnen, Ihre Übungspraxis nicht mit einem Mantra anzufangen, da der „Sein-Modus" aus unserer Sicht im Kontrast zum gängigen Tun-Modus über die Beobachtung interner und externer Phänomene leichter erfahrbar ist und geübt werden kann. Über ein Mantra ist die Versuchung groß, im Tun-Modus zu verharren.

Das Paradox der Motivation: Um wirklich nachhaltig die Lebensqualität zu verbessern, bedarf es einer täglichen systematischen Praxis. Nehmen wir an, Sie mögen die Technik, den Atem zu beobachten, so wie im vorangegangenen Kapitel beschrieben. Anfangs kann das ganz interessant sein. Es ist etwas Neues. Es passieren spannende Erfahrungen. Aber ganz schnell bemerken Sie, dass es nicht gerade emotional motivierend ist. Es ist weder gefährlich noch attraktiv, das immerwährende Auf und Ab des Atems — bis zu 20.000-mal am Tag — urteilsfrei zu beobachten![3] Unsere stärkste Motivation aber geschieht auf der emotionalen Ebene über das, was uns potentiell „belohnen" (hin-zu) oder „bestrafen" (weg-von) kann! Wir heißen Sie herzlich willkommen im Club derjenigen, die bei sich festgestellt haben, dass Sie sich nicht leicht dazu motivieren können, jeden Tag zu meditieren, oder die Widerstände im Kopf oder Zweifel haben, wie Sie das hinkriegen können! Es ist nicht unbedingt eine attraktive Aussicht für das „emotionale" Hirn, jeden Tag dazusitzen und das langweilige Auf und Ab Ihres Atems zu beobachten, und das zu allem Überfluss auch noch urteilsfrei!

In so einem Fall hilft eine zusätzliche Motivation. Oft ist es eine Begegnung mit jemandem, dem es selbst geholfen hat, und wir denken dann: „Wenn das so hilfreich ist, dann bleibe ich mal da dran." Viele Menschen kommen aber auch zu Mindfulness über ein Trauma oder einen geplatzten Traum. Das sind oft die Momente im Leben, in denen es Menschen wichtig genug ist, zu sagen: „Irgendwas muss sich jetzt ändern!" Typischerweise entdecken auch viele Menschen Mindfulness, wenn sie ihre Ziele im Leben erreicht haben, aber nicht die Erfüllung erleben, die sie sich davon erhofft hatten. Es ist für Sie vielleicht Zeit, zu reflektieren, ob es noch eine Dimension des Lebens gibt, die über das Erreichen von messbaren Zielen wie Geld, Karriere, Auto, Haus usw. hinausgeht.

Aber unabhängig davon, ob Ihre Motivation darin liegt, dass Sie Impulse oder Emotionen regulieren, Ihre Leistungsfähigkeit steigern oder Ihren Schlaf, ihre Kreativität verbessern möchten, es dürfte nicht allzu schwer fallen, sich davon zu überzeugen, dass es sich lohnt, Mindfulness einmal auszuprobieren.

Nun stehen wir aber vor einem Dilemma: Auf der einen Seite kann die Motivation über einen spezifischen erhofften Nutzen eine disziplinierte Praxis fördern. Wir können aber nicht gleichzeitig urteilsfrei des Moments gewahr sein und dabei auf einen zukünftigen Nutzen hoffen: stellen Sie sich vor, wie Sie sitzen und meditieren, und eine Stimme in Ihnen wartet immer heimlich darauf, wann endlich der Nutzen eintritt! Dann ist das, was Sie tun, nicht Mindfulness, sondern Sie sind engagiert in einem Gedankengang; und deshalb tritt der Nutzen nicht ein. Daher empfehlen wir Ihnen, sich vor Beginn Ihrer Meditation so viel Sie es brauchen zu motivieren, und diese Motivation während der Meditation ganz und gar zu vergessen.

Am Anfang dieses Kapitels haben wir Mindfulness ein Stück entmystifiziert. Wir haben vorgeschlagen, bequem zu sitzen und sich nicht an stereotypen Vorstellungen zu orientieren. Einen Vorschlag haben wir allerdings, um den Zustand der „wachen Entspannung" zu fördern: denn dazu empfiehlt sich sehr ein aufrechtes Rückgrat. Je horizontaler die Haltung des Menschen ist, desto leichter fällt es ihm einzuschlafen. Deshalb ist die Erfahrung in längeren Mindfulness-Sitzungen, dass eine nicht aufrechte Haltung schnell in eine „müde Entspannung" führt. In der Mindfulness-Lehre wird oft eine Eselsbrücke verwandt, die wir hier erwähnen möchten: „In die Wachheit sinken" (engl. „Falling Awake") anstatt „in den Schlaf sinken" (engl. „Falling Asleep"). Dies ist leichter gesagt als getan. Denken Sie daran: Wenn es anstrengend ist, kann es nicht Mindfulness sein. Wenn irgendeine Spannung entsteht, irgendeine konzentrierte Handlung, eine Top-down-Anweisung wie „reiß Dich zusammen" erfolgt, dann geht das gegen die Mindfulness-Prinzipien. Das „Falling Awake" ist also ein Loslassen im Sinne folgender Metapher: Wenn Sie durch einen Bach waten, dabei das Flussbett aufwühlen und das Wasser trübe wird, können Sie nichts weiter tun als warten. Sie können nicht aktiv werden, um die Klarheit des Bachs wiederherzustellen. Genauso ist es mit Mindfulness. Und damit das Loslassen in Wachheit mündet, ist der gerade Rücken äußerst hilfreich. Denken Sie dabei nochmals an das wach-entspannte Reh aus Teil II. 1, S. 118.

„Vorbehaltlose Achtsamkeit" und Autonomie

In den unterschiedlichen Meditationstechniken geht es darum, sich dessen gewahr zu sein, was in uns und um uns herum geschieht. Eine klassische Übungssequenz wäre: zunächst einige Wochen den Atem zu beobachten; dann eine Zeitlang statt des Atems die Gedanken zu beobachten; dann die Emotionen; anschließend die Umwelt (hören, sehen etc.) und schließlich die „offene" Mindfulness-Meditation, in der Sie sich nicht mehr auf einen bestimmten Aspekt fokussieren, sondern nur noch „ein großer Spiegel" sind, der alles reflektiert, was sich in ihm findet. (Eine ausführliche Darstellung der Meditationstechniken finden Sie im nächsten Kapitel.) Dabei ist ganz besonders wichtig, nicht die Konzentration zu nutzen, um etwas Bestimmtes zu beobachten — man spricht auch von „vorbehaltloser Achtsamkeit" („Choiceless Awareness"). Dies ist sozusagen das Gegenteil von Konzentration: Man könnte „Dezentration" sagen. Wenn wir uns konzentrieren, sind wir im „Tun-Modus", wenn wir meditieren im „Sein-Modus", im „Nicht-Tun". Laut Osho ist Meditation ein Nicht-Tun: In Konzentration vollziehen wir eine Handlung, mit der wir gezielt andere Reize ausblenden. Dies verlangt nach einer Zeit eine Erholungspause (weil es präfrontale Ressourcen erfordert); Meditation dagegen ist entspannend, blendet keine Reize aus (sondern nimmt sie achtsam zur Kenntnis) und kann uns nicht ermüden.

„Choiceless awareness" ist der Zustand, in dem der alte Mann in der Geschichte am Anfang des Kapitels ist. Er lebt Mindfulness selbst in Situationen, die normalerweise eine extreme Erregung der Amygdala auslösen würden. Was ihn von Menschen unterscheidet, die weniger achtsam sind, ist nicht ein Mangel an Initiative oder Handlung. Dies ist oft das stereotype Missverständnis. Es geht auch nicht darum, dass der Alte emotionslos ist. Er leidet natürlich wie jeder Vater, wenn der Sohn sich verletzt, und wie jeder Bauer, wenn seine Existenz auf dem Spiel steht. Der wirkliche Unterschied liegt in der emotionalen Reaktion und inneren Haltung angesichts einer Situation. Er ist wie der Ruhepol im Zentrum des Sturms und lässt sich nicht von ihm hin- und herreißen: Der Sturm verändert sich nicht, ob wir nun von innen her ruhig sind oder aufgeregt. Nur für uns selbst sind die Auswirkungen unterschiedlich. Der alte Mann wird unendlich viele präfrontale Ressourcen sparen, und hat sie später für andere Herausforderungen zur Verfügung. Er braucht kein „Work-Life Balance"-Seminar. Er lebt eine innere Balance.

Autonomie: Wenn es bei Mindfulness darum gehen soll, urteilsfrei und ohne Wahl dem zu begegnen, was in diesem Moment innen und außen geschieht, dann muss es ein autonomer Prozess sein. Ein Eingreifen von außen steht potentiell unmittelbar im Konflikt mit der „vorbehaltlosen Achtsamkeit", denn es lenkt die Aufmerksamkeit von außen. Aus diesem Grund sind wir im Allgemeinen keine Befürworter von „geführten Meditationen". Die Aufmerksamkeit geht bei solchen Techniken immer wieder auf die Sprache des Führenden und seine Stimme zurück, während der Meditierende „multitasken" muss, um immer wieder in den Mindfulness-Modus zu kommen, was inhärent unvereinbar ist. In Gruppen braucht es diese Art der Führung manchmal, zum Beispiel wenn man mit einer Gruppe gemeinsam eine Reise durch den Körper macht, um einzelne Körperpartien urteilsfrei wahrzunehmen. Ansonsten ist Intervention selbst nicht hilfreich. Sie kann aber wiederum dann helfen, wenn sie der Unterbrechung des tendenziellen Impulses, sich in Gedanken zu verlieren dient, also als „Erinnerung", achtsam zu sein. Solche Interventionen können sein:

1. In der Tradition des Zen ein „Zenstock", mit dem der Kopf berührt wird.

2. Eine kurze sprachliche Intervention.

3. In zufälligen Intervallen ein Ton, der als „Erinnerung" verstanden wird. So etwas gibt es heutzutage auch schon als App für das Smartphone und ist empfehlenswert.

In Kürze

Mindfulness bringt uns in eine Haltung, in der wir akzeptieren, was ist. Die Bewertung, was gut und schlecht ist, halten wir in der Schwebe, wodurch wir eine innere Balance bewahren.

Mindfulness ist etwas ganz Pragmatisches und Simples (und ist sehr anspruchsvoll als regelmäßige Disziplin). Es braucht keine speziellen Rituale und kann in jedes normale Leben integriert werden. Auf diese Weise hat es sogar einen Mehrwert gegenüber der abgeschiedenen religiösen Praxis der Meditation.

Wir tun gut daran, eine Motivation für unsere regelmäßige Meditation zu haben, denn sie unterstützt die Disziplin. Während der Meditation jedoch müssen wir uns von den Gründen dazu verabschieden.

Wir können Mindfulness nicht mit unserem Willen „tun." Die Kunst der Meditation ist es, zu entspannen und gleichzeitig hellwach zu sein. Deshalb kann Mindfulness auch nicht Konzentration sein: Konzentration ist der „Tun-Modus", Mindfulness der „Sein-Modus." Während zu Anfang geführte Meditation nützlich sein kann, um sich ganz auf die Erfahrung einzulassen, empfehlen wir im Laufe der Zeit grundsätzlich autonome Meditation.

Teil II. 3: Mindfulness-Meditation: Techniken

Zwei buddhistische Mönche waren auf Wanderschaft und kamen an ein Flussufer. Dort sahen Sie eine junge Frau, die Angst hatte, den tiefen Fluss zu überqueren. Der ältere Mönch nahm die Frau auf seine Schultern und trug sie über den Fluss. Nach einer Stunde sagte der jüngere Mönch: „Bruder, ich kann nicht mehr an mich halten. Unsere Religion verbietet uns den körperlichen Kontakt mit Frauen. Warum hast Du gesündigt?" Der ältere Mönch entgegnete: „Ich habe die Frau vor einer Stunde dort am Flussufer abgesetzt. Anscheinend trägst Du sie noch mit Dir herum."[1]

Regelmäßigkeit als Schlüssel

In diesem Kapitel geben wir Ihnen einen Überblick über verschiedene Techniken der Meditationspraxis. Darunter verstehen wir das regelmäßige „formale" Meditieren, im Unterschied zur Anwendung im Alltagsgeschehen (die wir im nächsten Kapitel im Detail behandeln), also der Umsetzung dessen, was Sie in der Meditation gelernt haben.

Eine entscheidende Einsicht der Studie von S. Lazar und Kollegen zur Veränderung von Hirnstrukturen durch Meditation ist, dass diese Veränderungen offensichtlich auf kontinuierlicher Übung aufbauen. Dabei ist es weniger wichtig, dass die Übungseinheiten extrem lang sind. Mit anderen Worten: Wie beim Fitness Training ist es hilfreicher, fünfmal in der Woche 20 Minuten zu trainieren als einmal am Wochenende drei Stunden.

Was der Gegenstand Ihrer Übung ist, macht dabei keinen Unterschied: Sie trainieren nicht das Atmen oder das Sitzen, sondern Mindfulness! Denken Sie daran, dass es nicht darum geht, immer leichter sitzen oder gerader sitzen zu können oder entspannter zu bleiben oder ruhiger zu atmen. All das sind Nebeneffekte und Trainingsszenarien. Wir üben Mindfulness! Das Sitzen ist genau genommen ein Anfängerkurs – gut, nach 40.000 Stunden sitzen tibetische Mönche immer noch.[2] Aber das ist nicht die Frage, auch für die „Profis" ist die Meditation ein Mittel zum Zweck: etwa die Lebensqualität zu erhöhen oder ein achtsamerer Mensch zu sein. Für uns ist es einfach die Qualität von Mindfulness als integraler Bestandteil unseres Lebens, mit dem Anspruch – den wir möglicherweise nie erfüllen, aber nach dem wir streben – 24 Stunden am Tag diese Qualität zu leben. Wie das Leben aussehen könnte, wenn wir den Anspruch doch einmal erfüllen, reflektieren wir in den abschließenden Gedanken dieses Buchs.

Wenn Sie sich für eine Methode entschieden haben, bleiben Sie drei Wochen lang bei ihr. Variieren Sie besonders zu Beginn nicht ständig die Technik, mit der Sie meditieren. Wenn Sie nach drei Wochen nicht irgendwelche positiven Entwicklungen spüren, wechseln Sie die Methode. Vielleicht fällt Ihnen eine andere leichter.

Es ist also im Grunde irrelevant, was der Spiegel während der Meditation reflektiert. Wir gehen deshalb hier ganz pragmatisch vor. Im Folgenden erklären wir Ihnen, warum es einfacher ist, über den Körper, besonders den Atem, auf der Erfahrungsebene Zugang zu Mindfulness zu bekommen. Also fangen wir damit an. Aber im Laufe der Zeit können Sie es beim Gehen, beim Sport, beim Zuhören, beim Reisen, bei allen möglichen Gelegenheiten anwenden. Wir betonen nochmals: Je komplexer der Kontext, in dem Sie die Umsetzung im Alltag üben, und je eher eine längere Ablenkung wahrscheinlich ist, desto anspruchsvoller ist es, unter den Umständen achtsam zu sein. Sie allein können darüber urteilen, ob das Praktizieren von Mindfulness für Sie persönlich unter dem jeweiligen Umstand förderlich ist oder nicht. Förderlich sind Umstände, unter denen es Ihnen besonders leicht oder besonders oft gelingt, achtsam zu sein, also das Wandern der Gedanken zu bemerken, um dann wieder zum urteilsfreien Beobachten zurückzukehren.

Lassen Sie uns aber eins noch einmal unterstreichen: Die Bewertung, dass Ihnen die Meditation „nicht gut gelingt", weil Sie viele Gedanken im Kopf wahrnehmen, kann nicht akkurat sein. Denn wenn Sie nicht achtsam wären, würden Sie Ihre Gedankenwanderungen ja nicht bemerken. Deshalb ist gerade die Bewusstheit von vielen Gedanken im Kopf während der Meditation am Anfang ein Zeichen für wachsende Achtsamkeit, ein Hinweis dafür, dass die Meditation „gut gelingt"! Gleichzeitig sollten Sie schon nach kurzer Zeit das Gefühl haben, dass das Gedankenchaos in Ihrem Kopf, das Ihnen zunächst bewusster geworden ist, sich zu besänftigen beginnt.

Der bereits zitierte Enrico Rück empfiehlt: *„Hören Sie zunächst zu, wie die Methoden und Prinzipien erklärt werden und achten Sie anschließend darauf, was Ihre eigene Erfahrung ist – bewahrheiten sich die Hinweise für Sie oder nicht? Richtige Meditation kommt mit der Übung und durch Reflektion der Erfahrung*

– sich von dem Neuen seine Erlebnisse erzählen lassen. Innere Ruhe führt zu enormer Flexibilität im Handeln."

Wenn Sie den Luxus haben, mit einer Gruppe oder auch nur zu zweit zu praktizieren, dann kann das genauso hilfreich sein wie das gemeinsame Fitnesstraining. Erstens fördert es die Disziplin. Zweitens gibt es uns die Möglichkeit, uns mit Anderen auszutauschen, die ähnliche Erfahrungen haben wie wir. Eine der wichtigsten Empfehlungen, die wir machen können, ist sich mit anderen Meditierenden auszutauschen. Sonst kann es zur Tendenz kommen, sich einsam und verloren zu fühlen: „allein ich auf der Welt habe so viele Gedanken im Kopf – es muss irgendetwas an mir falsch sein..."

Take it easy and enjoy: Wenn Sie sich innerlich zwingen müssen zu meditieren, dann kann das kontraproduktiv sein. Regelmäßig Widerstände gegen die Meditationspraxis zu haben ist aber normal: Wie gesagt, willkommen im Club! Am besten nehmen Sie das ganze Phänomen, inklusive des eigenen Widerstands, mit einem Quäntchen Humor. Alle Arten von Selbsterkenntnis, ob erfreulich oder nicht, gehören zur Mindfulness-Übung. Sie zeigt uns gnadenlos alles über uns selbst auf – wie ein Spiegel halt. Humor und Selbstwertschätzung sind essentiell dafür, diese wunderbare, wertvolle Reise ins Innere mit Freude als Bereicherung sehen zu können. Wenn Sie Mindfulness mit dieser Haltung angehen, brauchen Sie sich nicht zu zwingen. Vielleicht können die inneren Widerstände ja sogar Teil Ihrer Meditation sein!

Jutta Häuser: *„Ich habe die Übungen sehr konsequent durchgeführt, nach Anleitung. Nicht denken, einfach tun. Mit dem Body Scan tat ich mich dennoch schwer, die innere Unruhe auszuhalten, zu wissen, du beginnst bei den Füßen und es dauert, bis diese Übung am Kopf endet. Dann habe ich das für mich thematisiert: ‚Was hat das mit Dir zu tun?' Mit der Folge, die innere Unruhe nicht mehr auszuhalten, sondern sie mit Freundlichkeit zu akzeptieren. Das war es wert, da dranzubleiben."*

Meditationstechniken: Der Körper

Im Allgemeinen ist es die Erfahrung von Meditierenden, dass der leichteste Zugang zu der Qualität, die wir hier beschreiben, der über den Körper ist. Es ist leichter, zu „merken", was im Körper geschieht, als die subtilen Entwicklungen von emotionalen Tendenzen oder Gedankenströmen zu beobachten. Beginnend mit dem Atem, stellen wir hier noch einige andere „Techniken" vor. Alle Techniken haben gemeinsam, dass sie aus der Spiegel- bzw. Beobachterhaltung heraus praktiziert werden:

> **Übung: Den Wendepunkt des Atems beobachten**
>
> Bei dieser Variante der Atemmeditation bringen Sie den Fokus Ihrer Mindfulness auf den subtilen Wendepunkt zwischen Ausatmen und Einatmen bzw. Einatmen und Ausatmen. Versuchen Sie, wahrzunehmen, wo genau der Wendepunkt ist, an dem Sie weder ein- noch ausatmen, sondern der Körper ganz still ist, ohne jede Atembewegung. Dieser Wendepunkt mag so kurz sein, dass es schwierig ist, ihn überhaupt wahrzunehmen. Aber er existiert. Er ist sogar notwendig, damit das Auf und Ab des Atems überhaupt möglich sein kann.
>
> Bitte forcieren Sie den Wendepunkt nicht. Verlängern Sie ihn auch nicht. Lassen Sie den Atem wieder ganz natürlich geschehen. Es ist, als würde „es in Ihnen atmen." Sie brauchen gar nichts zu tun, als achtsam zu beobachten, wie die Atmung geschieht.

Die Länge dieser Übung hängt davon ab, wie lange Sie es „schaffen" bzw. wie viel Zeit Sie haben. Mit „schaffen" meinen wir die Zeit, die Sie glauben ruhig sitzen zu können. Dies wird für die meisten Menschen nach einer Weile unerträglich. Das ist übrigens ganz normal, machen Sie sich also darüber keine Sorgen. Nehmen Sie sich ruhig zu Beginn etwas weniger Zeit als Sie glauben, ruhig sitzen zu können. Sie können diese Technik auch gut im Alltag anwenden. Dies empfehlen wir, sobald Sie eine Woche oder zwei Meditationserfahrungen gesammelt haben.

> **Übung: Den Atem im Bauch spüren**
>
> Bei dieser Variante geht es nochmals darum, Ihre Aufmerksamkeit auf einen bestimmten Aspekt des Atems zu fokussieren. In diesem Fall spüren Sie beim Meditieren, wie sich Ihr Bauch beim Atmen bewegt, ohne etwas bewusst dafür zu tun. Ein nützlicher Hinweis kann sein: „Es atmet in Ihnen." Diese Technik können Sie am Anfang

gut üben, indem Sie eine Hand auf den Bauch (am besten direkt unterhalb des Nabels) legen. Wenn Sie gut im Liegen meditieren können, geht das auch mit einem Buch.

Der Grund, warum wir Ihnen verschiedene „Techniken" anbieten, ist, dass sich in der Praxis unterschiedliche Varianten der Mindfulness-Praxis für unterschiedliche Menschen als leichter oder weniger leicht herausgestellt haben. Es gibt auch Ansätze, die bestimmte Varianten für Männer oder Frauen befürworten, zum Beispiel sollten Männer den Atem am Nasenloch (s. nächste Übung) und Frauen im Bauch spüren. Wir empfehlen aber, verschiedene Techniken auszuprobieren und dann selbst für sich zu entscheiden, welche Technik am leichtesten fällt und welche den meisten Mehrwert an Lebensqualität bringt.

Übung: Den Atem an der Nase spüren

In diesem Fall lenken Sie Ihre Achtsamkeit auf den Punkt an Ihrer Nase, wo der Atem in den Körper ein- und austritt. Spüren Sie — wie immer ohne zu urteilen —, wie der Atem sich beim Eintreten in den Körper kühl anfühlt, und wie er beim Austreten aus dem Körper warm geworden ist. Wie immer gibt es nichts zu tun, nichts zu verändern, nur zu beobachten, wie ein Spiegel.

Wenn Sie viel Zeit haben und gern mit der Atemmeditation üben, empfehlen wir eine Variante, bei der zwischen Sitzen und Gehen gewechselt wird. Auch hier wird der Atem beobachtet. Da das längere Sitzen sehr unbequem werden kann, wechselt man etwa nach 45 Minuten für 15 Minuten zum „meditativen" Gehen. Dabei wird das Gehen — die Füße und ihre Bewegungen — zum Objekt der Mindfulness. Dies gelingt am besten, wenn der Gang auf ein Minimum der normalen Geschwindigkeit reduziert wird.[3]

Übung: Der „Body scan"

Für diese Übung brauchen Sie etwas mehr Zeit. Am Anfang besorgen Sie sich am besten eine Audiodatei. Hier ist eine empfehlenswerte:

> Download der langen Version (45 Minuten)
> www.linda-lehrhaupt.com/begleitete-meditationen/body-scan
>
> In dieser Aufnahme führt Sie eine Stimme durch die Übung. Sie reisen in dieser Übung mit Ihrer Aufmerksamkeit durch den gesamten Körper, von den linken Zehen über Teile des Fußes, des Beins, mit der Aufmerksamkeit auf einzelnen Körperpartien, die Sie möglicherweise auch noch nie bewusst gespürt haben. Dabei sensibilisieren Sie sich für Ihren Körper und schärfen gleichzeitig Ihre Achtsamkeit. Sie nehmen in den unterschiedlichen Körperteilen jeweils das urteilsfrei wahr, was Sie dort vorfinden: Spannungen, Wärme/Kühle, Regungen, Bewegungen, was auch immer dort zu erforschen ist – mit derselben Haltung, mit der Sie den Atem beobachtet haben. Auch hier werden sich die Gedanken immer wieder „selbständig machen", und es gelten die gleichen Prinzipien: Sobald Sie das Wandern der Gedanken feststellen, machen Sie diese zum Objekt Ihrer Mindfulness und kehren dann sanft zur Übung zurück.

Dauer dieser Übung: zwischen 15 und 45 Minuten. Ein pragmatischer Tipp: Falls Ihnen der Body Scan als Meditationstechnik gefällt, üben Sie ihn solange mithilfe der führenden Stimme, bis Sie das Gefühl haben, dass Sie die Sequenz, in der Sie durch den Körper „reisen", auswendig können, und machen Sie es fortan ohne Hilfe. Diese Technik ist in den diversen Mindfulness-Schulen weit verbreitet und besonders durch MBSR (Mindfulness-Based Stress Reduction, zu Deutsch etwa: „Stressmanagement auf Basis von Achtsamkeit") und Jon Kabat-Zinn bekannt geworden. MBSR war eines der ersten säkularen Meditationsprogramme in der westlichen Welt. Jon Kabat-Zinn vom Medical Institute der University of Massachussettes begründete bereits in den 1970er Jahren dieses Programm, das tausenden von Menschen mit chronischen Schmerzen, Depressionen und vielen anderen Problemen, bei denen die Allgemeinmedizin keine Fortschritte erzielen konnte, geholfen hat. Heute findet man in jeder größeren Stadt durch zertifizierte Trainer geleitete MBSR-Programme.

Varianten der „Body Scan"-Technik sind die Fokussierung der Achtsamkeit auf einzelne Körperbereiche wie Nacken, rechter und linker Fuß, Kiefer usw. und die Erweiterung der Achtsamkeit auf den gesamten Körper. Unsere Empfehlung ist wie immer, zu experimentieren und bei dem zu bleiben, was Ihnen besonders gut tut.

Mindfulness mit Fokus auf die einzelnen Sinne

Die Sinne sind unsere einzige Verbindung mit der Außenwelt. In dem Maß, in dem wir nicht achtsam sind, verzerren unsere Bewertungen, Interpretationen, Urteile usw. unseren Kontakt mit der Welt. Dabei geht es uns nicht um die Frage, wie akkurat wir die Außenwelt „innen" abbilden: In vielen Wissenschaften — von der Quantenphysik bis zur Hirnforschung — spricht man heute davon, dass unser Hirn die Welt „konstruiert" und nicht abbildet.[4] Vielmehr geht es uns darum, mit welcher Intensität wir mit der Umwelt in jedem Moment in Kontakt sind — wie auch immer dieser Kontakt entstehen mag. Auf einzelne Sinne zu fokussieren hat spannende Wirkungen in unserer Begegnung mit uns selbst, mit Situationen, mit anderen Menschen und mit der Welt insgesamt.

Übung: Sehen, als wäre es das erste Mal

Diese Variation können Sie in jeder denkbaren Situation anwenden: Wenn Sie morgen von der Arbeit nach Hause kommen, schauen Sie sich mit Ihrer ganzen Aufmerksamkeit die Umgebung an, in der Sie leben, die Gebäude, die Natur, die Straßen, das Haus, in dem Sie wohnen. Begegnen Sie den Menschen, inklusive der eigenen Familie auf eine neue Art. Bekanntem und Vertrautem begegnen wir oft auf eine Art, als könnte uns nichts mehr überraschen. Wir glauben oft, schon zu wissen, was vertraute Menschen uns erzählen, wie sie sich verhalten, wie sie aussehen. Aber selbst innerhalb eines einzigen Tages hat sich für jeden von uns eine Entwicklung vollzogen. Die amerikanische Psychologin und Altersforscherin Ellen Langer, deren Lebenswerk der Vergleich unserer nicht achtsamen mit den achtsamen Zuständen war, definiert Mindfulness als die Aufnahme von neuen Informationen im gegenwärtigen Moment. In dieser Übung können Sie ganz achtsam und urteilsfrei (also über das Direct Experience — oder auch „Rohdaten"-Netzwerk) schauen, was Sie Neues an Ihren Liebsten entdecken. Gehen Sie durch Ihr Haus, Ihren Garten, was immer Ihren Wohnbereich ausmacht, und schauen Sie, als wären Sie dort zum ersten Mal. Oder Sie machen diese Übung auf dem Weg zur Arbeit oder auf Ihrem täglichen Spaziergang mit Ihrem Hund oder in einem schönen Park oder am Wasser. Auch Ihren Arbeitskollegen, Ihren Chef oder Ihren Kunden können Sie auf diese Art begegnen.

Das Hauptaugenmerk liegt nicht auf dem, was gesehen wird, sondern auf demjenigen, der sieht: Sie sind der Spiegel, Sie verlieren sich nicht in dem, was Sie sehen.

Übung: Achtsam Zuhören

Diese Variation können Sie auf unterschiedliche Art durchführen: in einem Gespräch mit Menschen oder in der Natur, auf einem Bazar, am Meer, auf einer Parkbank, oder irgendwo, wo Sie die Augen schließen können, nicht mit anderen engagiert sind und einfach nur auf „Direct Experience" („Rohdaten") schalten können. In diesem Fall ist das Objekt Ihrer Mindfulness all das, was Sie hören. Dabei ist es eine Kunst, nicht zu urteilen. Wer bewertet eine klangvolle Musik oder einen schönen Vogelgesang nicht schnell als „positiv" und ein plötzlich kreischendes Kind oder eine schrille laute Maschine als „negativ"? Wem es nicht leicht fällt, kann sich zu Beginn eine Art Eselsbrücke bauen, indem er sich von der inneren Haltung her sagt: „Diese Geräusche sind dazu da, mich daran zu erinnern, achtsam zu sein, und dafür bin ich dankbar". Dies nennen wir „Utilisation von Störungen".

Auf ähnliche Art können Sie in geeigneten Situationen auch auf den Geschmacks-, Geruchs- und Tastsinn achtsam fokussieren. Im MBSR-Training erhalten die Teilnehmer eine Rosine, die sie mit allen Sinnen achtsam erkunden.

Übung: Achtsam Rauchen

Eine Idee für alle Raucher inklusive solcher, die sich das Rauchen abgewöhnen möchten: Wenn Sie gegen Ihr eigenes Verlangen und Ihre Impulse kämpfen, setzt oft der „Ironic Rebound Effect" (das ironische Überwachungssystem) ein, das heißt, je mehr Sie kämpfen, desto stärker wird der Impuls. Als Erstes sollten Sie deshalb eine entspannte Beziehung zu diesem Impuls aufbauen. Machen Sie aus Ihrem Rauchen eine Meditation! Genießen Sie jeden Aspekt des Rituals, aber nicht automatisch, sondern bewusst, achtsam:

> Wenn Sie die Zigarette aus der Schachtel nehmen, tun Sie das ganz bewusst. Schauen Sie sie achtsam an; riechen Sie an ihr. Nehmen Sie sie in den Mund und merken den Geschmack, das Gefühl an den Lippen. Nehmen Sie das Feuerzeug und zünden sich die Zigarette an. Ziehen Sie ganz langsam und beobachten, wie der Rauch in Ihre Lunge geht, nehmen Sie achtsam wahr, was für Gefühle und Körperregungen das auslöst usw. Wie immer sind Sie in der Haltung eines Spiegels, und irgendwelche Urteile oder Gedanken werden mit im Spiegel reflektiert.

Wie in der Geschichte am Anfang des Kapitels liegt der Fokus dieses Ansatzes auf dem inneren Geisteszustand und nicht auf dem Verhalten. Wir assoziieren schnell Meditation mit einem bestimmten Verhalten – wie im vorherigen Kapitel reflektiert. Mit diesem Ansatz geht es uns um Folgendes: Wenn Sie gelernt haben, sich nicht mehr von Ihren automatischen Impulsen dominieren zu lassen und dann auf Basis einer flexiblen bewussten Entscheidung entweder weiter rauchen oder nicht, sehen wir kein Problem. Persönlich empfehlen wir natürlich, Gratis-Frischluft anstatt teures Gift zu atmen. Das Prinzip der Trennung von Verhalten und Haltung bleibt aber unberührt: Der ältere Mönch in der Geschichte am Anfang des Kapitels hilft der Frau mittels einer flexiblen Entscheidung über den Fluss, nicht mittels eines automatischen Impulses. Der jüngere Mönch vermischt die Ebenen und schaut nur auf das Verhalten: „Mönche müssen sich von Frauen fernhalten, damit sie nicht in Versuchung geraten." Er braucht in seiner fehlenden Reife ein Regelwerk. Der ältere Mönch ist reif genug, um spontan in der Situation Verantwortung übernehmen zu können.

Mindfulness-Techniken: Die Gedanken

> ### Übung: Die Gedanken beobachten
>
> In dieser Variante beobachten Sie nicht den Atem, sondern die Gedanken. Wichtig ist dabei, dass Sie nicht aktiv nach Gedanken suchen, sondern sie kommen und gehen lassen (keine Angst, Sie werden nicht arm an Gedanken zum Beobachten sein!). Diese Art der Meditation ist für die meisten Menschen herausfordernder als

> das Beobachten des Körpers, denn die Gedankenprozesse sind subtil und „verführen" uns sozusagen zum Identifizieren mit Ihnen. Mit Identifizieren meinen wir, dass wir die Distanz zu den Gedanken verlieren und uns in ihnen engagieren. Wir sind dann schnell wieder im „Tun-Modus" und haben unbewusst das Gefühl: „Ich bin meine Gedanken", während die Spiegelhaltung uns erlaubt, durch die Distanz eine Wahrnehmung zu haben, die in die Richtung geht: „Dort sind Gedanken, aber ich muss mich nicht mit ihnen identifizieren, es sind einfach nur Gedanken." Bisher ging es bezüglich der Gedanken immer darum, sich nicht von ihnen ablenken zu lassen und zum jeweiligen Gegenstand der Meditation zurückzukehren. Hier werden die Gedanken selbst zum Gegenstand der Meditation.

Der Geist ist eine Art Maschine, die Gedanken produziert. Auch wenn Sie nach einer Weile die Erfahrung haben, dass diese Gedanken Sie nicht mehr so dominieren, wird es Ihnen nie gelingen, keine Gedanken mehr zu haben. Und wenn dies ginge, warum sollten wir Ihnen dann zu dieser Technik raten? Wir hätten dann eine Gedankenstopp-Meditation erfunden.

Eine spezifische Übung zu Mindfulness der Gedanken ist das Beobachten bestimmter Gedankenmuster bzw. innerer Haltungen (z.B. sich wiederholenden Gedankenkonstruktionen darüber, wie Menschen, Frauen, Männer, Chefs, Mitarbeiter, Deutsche, Franzosen, die neue Generation, die alte Generation etc. sind). Dies lässt sich entweder als „formale" Technik anwenden (Sie lenken ähnlich wie beim Body Scan den Fokus der Aufmerksamkeit urteilsfrei auf bestimmte Aspekte Ihrer Gedanken und beobachten diese wie ein Spiegel) oder als Alltagsübung. Beides kann spannende Wirkungen und Erkenntnisse hervorbringen. Die Übung im Alltag ist im Allgemeinen herausfordernder. Wenn Sie dies noch einen Schritt weitertreiben möchten, können Sie noch eine zusätzliche Denkleistung erbringen: Suchen Sie einmal aktiv Beweise dafür, dass Ihre tiefsten Grundwerte und Überzeugungen falsch sind. Der Sinn der Übung ist nicht, dass Sie Ihre Werte ändern sollen, sondern sich mit dem Prozess der Konfrontation mit der eigenen Haltung auseinanderzusetzen. Für die meisten von uns ist es schwer erträglich, diese Übung zu machen.

Mindfulness-Techniken: Die Emotionen

Achtsam mit unseren Gefühlen zu sein heißt zunächst, sich auch subtiler Regungen überhaupt bewusst zu sein. Angesichts unserer 24-stündigen Erreichbarkeit, unseres Versuchs, alles zu „managen" (inklusive sogar des eigenen Selbst!), unseres Anspruchs immer rational, logisch und fokussiert zu handeln, treten der Körper und die Gefühle leicht in den Hintergrund. Hinzu kommt eine soziale Norm, die gegenüber Gefühlen eine seltsame Einstellung zeigt: Zorn und Wut werden „gezügelt", während echte Freude ein Zeichen leicht abgehobener, unrealistischer Menschen ist und Trauer schnell mit Depression verwechselt und deshalb versteckt oder „behandelt" wird. Ein zuversichtlicher, charismatischer Optimismus wird generell befürwortet (und wirkt leider auch oft so überzeugend, dass Menschen, die ihn haben, starken Einfluss auf Entscheidungen in Unternehmen haben, ebenso wie Menschen, denen ein „charismatischer", subtiler Zorn innezuwohnen scheint. Beide dominieren oft, aber Forschungen haben gezeigt, dass es zwischen diesen charismatischen Persönlichkeiten und guten Entscheidungen keinerlei direkten Zusammenhang gibt). Auf diese Art lernen wir schon als Kinder, so manche Emotion zu unterdrücken, was sich wiederum im Körper manifestiert.[5] Und später, beim Assessment Center zum Beispiel, wird der angehenden Führungskraft möglicherweise noch nahegelegt, „mal ein bisschen mehr Emotion zu zeigen, zu inspirieren, mitzureißen". Je mehr wir aber versuchen, unsere Emotionen willentlich zu lenken, desto mehr verspannen wir uns und verlieren noch mehr den Zugang zu ihnen. Wenn wir wieder Zugang zu unseren Gefühlen und unserem Körper wollen, geht das nur über „Loslassen" bei gleichzeitiger Präsenz. Paradox? Mindfulness vereint beides. Wenn wir wieder Zugang zu unseren Gefühlen und unserem Körper wollen, dann brauchen wir einen echten Kontakt zu uns selbst, um diese Regungen in uns spüren zu können. Und wir brauchen die Fähigkeit, diese Regungen zu erlauben, ohne zu versuchen, sie zu ändern. Auf diese Weise sorgen wir nicht nur dafür, unsere Emotionen zuzulassen. So paradox es scheint: Sie erlaubt uns gleichzeitig auch, uns von ihnen nicht überwältigen zu lassen.

Übung: Beobachten, wie Emotionen, Atem, Körper und Gedanken sich gegenseitig beeinflussen.

Bitte setzen Sie sich und nehmen Sie sich für diese Übung mindestens zehn Minuten. Seien Sie wie gewohnt in der geistigen Haltung des Spiegels. Es gilt nicht, irgendetwas zu verändern, sondern nur, nicht urteilend zu beobachten.

Beginnen Sie damit, Ihren Atem wahrzunehmen. Erweitern Sie dann Ihre Achtsamkeit, um den Körper einzubeziehen. Nehmen Sie einfach nur zur Kenntnis, was Sie vorfinden. Wärme oder Kälte, Spannung oder Entspannung, Regungen; nehmen Sie zur Kenntnis, welche Körperbereiche Sie leichter oder weniger leicht spüren können. Jetzt schauen Sie achtsam, wie Ihre derzeitige Gefühlslage ist: eher „positiv" (angenehm) oder eher „negativ" (unangenehm)? Eher freudig, oder ist es eher eine andere Emotion? Und woran erkennen Sie die Emotionen? Was geschieht im Körper, wenn Sie diese Emotion fühlen? Welche Gedanken denken Sie gerade?

Vielleicht merken Sie jetzt bereits, wie sich die Emotionen verlagern, verändern. Wie verändern sie sich? Eher „positiver", eher „negativer"? Hin zu welcher neuen konkreten Emotion? Bei dieser Übung geht es nicht um das Urteilen oder „Etikettieren" der Emotionen, sondern um achtsame Wahrnehmung subtiler Veränderungen auf den verschiedenen Ebenen. Versuchen Sie, zu erkennen, wie sich Körperempfinden, Emotion und Gedanken gegenseitig beeinflussen bzw. miteinander kombinieren. In unterschiedlichen Gefühlslagen atmen Sie unterschiedlich, halten Sie Ihre Stirn, Ihren Unterkiefer unterschiedlich, und Sie denken unterschiedliche Gedanken.

Diese Methode ist anspruchsvoll. Bevor Sie entscheiden, dass sie zu schwierig für Sie ist, sollten Sie sie mehrere Male ausprobieren. Sie erreichen damit, dass Sie langsam mehr und mehr Sensitivität für subtile Veränderungen entwickeln und diese dadurch schneller bemerken können. Was Sie bemerken, kann Sie einerseits dazu veranlassen zu handeln (wenn Ihnen etwa ein Bedürfnis bewusst wird), oder Sie schaffen Distanz zwischen der Instanz in Ihnen, die achtsam beobachtet einerseits, und den kommenden und gehenden Emotionen andererseits. Denn Mindfulness der Emotionen heißt auch, Verantwortung für sie zu übernehmen. Durch Übernahme von Verantwortung verändern sich Gefühle. In seinem Buch „Die sieben Wege zur Effektivität" beschreibt Stephen Covey eine Situation, in der sich Fahrgäste in einer U-Bahn darüber aufregen, als ein Mann mit mehreren Kindern einsteigt, sich hinsetzt, ohne sich um die Kinder zu kümmern, und die Kinder die anderen Fahrgäste stören. Als Covey ihn schließlich anspricht, eröffnet ihm der Mann, dass sie gerade aus dem Krankenhaus kommen, wo seine Frau soeben gestorben ist. In so einem Extremfall wird uns sofort bewusst, wie unangemessen die Gefühle sind, die wir durch unsere Mutmaßung anderen Menschen gegenüber generieren. Auf subtilere Art geschieht das aber tagein, tagaus. Wenn wir Verantwortung für unsere Gefühle übernehmen, ist es im Grunde mit ihnen nicht anders als mit den Gedanken: Sie kommen und gehen, besuchen uns, ziehen vorüber.

Übung: Offene Mindfulness-Meditation

Bei dieser Variante fokussieren Sie Ihre Aufmerksamkeit nicht mehr auf einen bestimmten Aspekt Ihres Innenlebens oder der Umwelt. Sie lassen den Spiegel sozusagen in alle Richtungen reflektieren. Bemerken Sie im Spiegel Ihrer Mindfulness gerade etwas im Körper, dann ist das O.K. Bemerken Sie einen Gedanken, auch O.K. Was immer Sie bemerken, nehmen Sie es zur Kenntnis und lassen Sie es dann weiter ziehen. Wie immer geht es darum, so aufmerksam zu sein, dass Sie merken, wenn die Gedanken wandern und Sie sich darin engagieren. Anschließend kommen Sie zurück zum Zustand des puren Spiegel-Seins. Zu Beginn fällt diese Variante vielen Menschen schwer – es ist einfacher, mit dem Fokus auf etwas Bestimmtes zu üben. Probieren Sie es immer wieder mal aus, auch etwa zum Ende einer Meditationssitzung hin in den letzten paar Minuten.

Aktive Meditation

Diese Form von Meditation bezeichnet Methoden, die aus einem ersten Teil bestehen, in dem wir uns zunächst durch eine körperliche Aktivität auf die eigentliche Meditation vorbereiten. Solche Methoden gibt es unter anderem im Bereich des Sufismus, bei Gurdjieff und bei Osho. Bei den Sufis geht es in Methoden wie ritualisierten Tänzen oder Whirling (d.h., sich in eine Richtung um die eigene Achse drehen) darum, über die Bewegung zu einem Punkt zu kommen, an dem wir absolute Stille (die Sufis sprechen sogar davon, dass wir eine Art Tod erleben müssen, um unser Innerstes wirklich erleben zu können) erfahren.[6] Auf diese Art soll eine profunde Erfahrung von Meditation erzeugt werden. Gurdjieff (1866 – 1949) beabsichtigte, durch komplexe strukturierte Bewegungen und Tanzformationen („Gurdjieff Sacred Dances"), die mit dem linearen Verstand kaum machbar waren, Erfahrungen des „vierten Weges" (auf der Ebene des Körpers, des Geistes und der Emotionen gleichzeitig) zu erzeugen, die neue Energiequellen und Zustände profunder Mindfulness erschließen sollten.[7] Der revolutionäre und kontroverse moderne Mystiker Osho entwickelte unter anderem die „Osho Dynamische Meditation", die über eine Stunde geht und in fünf Phasen aufgeteilt ist: Chaotisches, tiefes Atmen mit dem Fokus auf dem Ausatmen, danach eine Phase „bewusster Katharsis" mit dem Zweck, alle aufgestauten Emotionen „hinauszuwerfen", gefolgt von Springen auf der Stelle mit dem Zweck, an den Rand der körperlichen Erschöpfung zu gelangen. Auf den Ruf „Stopp" friert man anschließend in der Position ein, in der man sich gerade findet und ist 15 Minuten lang regungslos. Abschließend wird die Meditation mit einem Tanz zelebriert. Oshos Einsicht ist, dass der moderne Mensch so viel Ruhelosigkeit in sich trägt, dass er nicht imstande ist, sich einfach hinzusetzen und zu meditieren. Er hat die aktiven Meditationstechniken speziell für diesen modernen Menschen entwickelt, um durch die Kombination von Bewegung und Stille tiefe Mindfulness zu ermöglichen. Eine Studie aus den USA hat ergeben, dass dreiwöchiges regelmäßiges Praktizieren der Osho Dynamischen Meditation positive Wirkung auf Depression, Beklemmung, Schlafprobleme, Ärger (selbst als Charaktermerkmal) sowie Stress und Burnout hatte.[8]

Ein weiteres Beispiel für aktive Techniken ist die sogenannte „Osho Kundalini Meditation".

Übung: „Osho Kundalini Meditation"

Zu dieser Meditation gehört eine bestimmte Musik („Osho Kundalini Meditation"), die speziell komponiert wurde, um den Meditationsprozess zu unterstützen. Diese Meditation ist eine Stunde lang und besteht aus vier Phasen: Erste Phase: 15 Minuten. Seien Sie locker und lassen Sie Ihren Körper sich schütteln. Ihre Augen können offen oder geschlossen sein. Zweite Phase: 15 Minuten. Tanzen Sie, so wie Sie sich gerade fühlen, und lassen Sie den Körper sich bewegen, wie er will. Dritte Phase: 15 Minuten. Schließen Sie die Augen und seien Sie still, entweder im Sitzen oder im Stehen; beobachten Sie, was innen und außen geschieht. Vierte Phase: 15 Minuten. Lassen Sie die Augen geschlossen, legen Sie sich hin und seien Sie still.

Der Nutzen der „Osho Kundalini Meditation" für das psychische Wohlbefinden, emotionale Selbstregulation, die Alltagsbewältigung u.v.m. ist in einer deutschen Studie von D. Pfeifer im Jahr 2013 nachgewiesen worden.

Übung: Tanzmeditation
(einfache „aktive" Meditation, die Sie ohne besondere Kenntnisse selbst improvisieren können)

Für die meisten Menschen ist es unangenehm, auch nur für einige wenige Minuten ruhig entspannt zu sitzen und nichts zu tun. Aber nach einer körperlichen Betätigung ist das Ruhen zumindest für kurze Zeit eher angenehm. Auch die Qualität der Meditation wird durch vorhergegangene körperliche Anstrengung für viele Menschen entspannter und „tiefer".

Wie könnte nun „achtsames Tanzen" aussehen? Zunächst tanzen Sie ganz für sich selbst. Sie können damit beginnen, stehend die Augen zu schließen und erst Ihren Atem und dann Ihren Körper zu fühlen. Stehen Sie locker, vielleicht mit etwas gebeugten Knien. Wenn Gedanken oder andere „Störungen" Sie ablenken, seien Sie ganz Spiegel und kommen Sie zurück zum Moment und zu Ihrem Körper. Horchen Sie in Ihren Körper hinein: Wie will er sich bewegen? Wenn sich nur die Hände, der Kopf oder nur der Oberkörper bewegen wollen, erlauben Sie dies. Folgen Sie den Impulsen des Körpers, sich zu bewegen. Wenn in Ihrem Kopf Gedanken wie „Was ist das für eine blöde Bewegung? Hoffentlich guckt kein Mensch hin" erscheinen, lassen Sie diese Gedanken im Spiegel kommen und gehen. Genießen Sie einfach den Moment, den Ausdruck des Körpers und die Musik (es geht auch ohne!). Sie tanzen nicht für jemanden, sondern für sich selbst. Tanzen Sie am besten mindestens eine Viertelstunde und seien Sie dabei ganz der Tanz. Die Musik ist dabei egal, am besten sollte sie dazu geeignet sein, dass der Körper sich frei im Tanz ausdrücken kann. Mechanische Bewegungen sind nicht so hilfreich. Wenn Sie merken, dass die Gedanken beim Tanz wandern oder Sie die Musik gar nicht mehr hören, bringen Sie wie immer den Fokus der Aufmerksamkeit sanft zurück zu dem, was Sie tun. Wenn Sie anschließend noch Zeit haben, sitzen Sie einige Minuten in Mindfulness.

Eine Variation der Tanzmeditation, die Sie selbst kreativ gestalten können, eignet sich auch wunderbar, um Kindern Mindfulness näher zu bringen. Tanz ist eine schöne Alternative für Eltern, Zeit mit ihren Kindern zu verbringen.

Übung: Gibberish

Gibberish (zu Deutsch etwa: „Wortsalat") ist ein Wort, das angeblich auf den antiken Mystiker Jabbar zurückgeht, der keine spezielle Sprache gesprochen haben soll. Man spricht beim Gibberish ausdrucksvoll „eine Sprache, die man nicht beherrscht". Am besten drückt man auch non-verbal alles aus, was „einem auf der Seele liegt", was im Kopf herumschwirrt, um durch das Gibberish all das, was man im sozialen Kontext vielleicht nicht sagt, loswerden zu können. Gibberish ist also eine kathartische Technik. Wenn es das Umfeld zulässt, schreien Sie ruhig rum, fuchteln mit den Armen usw. Nach der Katharsis ist es leichter, ruhig zu sein und „Spiegel zu sein".

Beginnen Sie also mit ein paar Minuten (zwei Minuten können schon sehr effektiv sein) Gibberish, setzen Sie sich vielleicht ein Signal für die Zeit, und wenn Sie das Signal hören, hören Sie urplötzlich mit dem Gibberish auf und beginnen unmittelbar mit der Meditation (z. B. Beobachten des Atems, des Körpers, der Gedanken etc.). Sitzen Sie, solange Sie Zeit zum Meditieren haben.

Für eine Video-Demonstration von Gibberish tippen Sie bitte die folgende Adresse in Ihren Browser: www.workinginthezone.com/de/buch

Meditation für Eltern und Kinder

Hier stellen wir einige Möglichkeiten dar, wie Eltern ihren Kindern Mindfulness nahebringen können. Die Tanzmeditation ist eine davon.

Highlight des Tages: Dies ist die Lieblingsmethode der Co-Autorin, mit ihren beiden Töchtern zu meditieren: *„Ich habe meinen Kindern vor zwei Jahren Mindfulness vorgestellt. Unser ‚achtsamer Moment' des Tages ist vor dem Abendessen. Das war anfangs eine mittlere Herausforderung, weil meine Kinder zu der Tageszeit müde und hungrig sind. Aber jetzt ist das Teil unserer täglichen Routine – auch wenn wir Besuch haben – und nicht mehr aus dem Leben wegzudenken: Wir decken den Tisch, zünden eine Kerze an und halten uns an den Händen. Einer von uns spricht über den besten Moment seines Tages, was bei schlechter oder hungriger Stimmung auch schon mal ‚ich mochte alles' oder ‚weiß nicht' sein kann. Aber wenn ich über meine eigenen Highlights gesprochen habe, steigt die Aufregung bei den Kindern und sie beginnen, über ihre angenehmen Erfahrungen zu sprechen. Im Anschluss an den kurzen Austausch schließen wir dann unsere Augen und entscheiden einen Gegenstand unserer Mindfulness. Dies können Geräusche draußen, unsere Körperempfindungen, unser Atem oder die Empfindung in den Händen, die sich berühren, sein. Im Nu haben die Kinder das Essen vergessen und sind im gegenwärtigen Moment. Es war zwar nicht immer leicht, meine Kinder dafür zu begeistern, aber jetzt gehört es zum Leben, und niemand will es mehr missen. Manchmal erzählen die Kinder mir schon tagsüber immer wieder, über welchen ‚besten Moment des Tages' sie am Abend sprechen werden."*

„Eine weitere kleine Übung für Kinder zum Lernen von Mindfulness ist die sogenannte ‚Schmeck-Übung': Das Kind schließt seine Augen und öffnet seinen Mund. Sie führen etwas zu Essen in seinen Mund, und das Kind muss raten, was es ist."

Auch in der spontanen Anwendung im täglichen Geschehen, um die es im folgenden Kapitel geht, erschließen sich Eltern Gelegenheiten für Mindfulness mit sich selbst und ihren Kindern: Ob es der Umgang mit den eigenen Sorgen ist, die man sich um seine Kinder macht, oder die Fähigkeit, den Impuls sich zu ärgern oder laut zu werden, achtsam zu beobachten, oder der Umgang mit einem Streit zwischen Geschwistern, Kinder sind eine vielfältige Gelegenheit zum Meditieren![9]

Ursula Leitzmann ist als Dozentin an einer Universität und in der Erwachsenenbildung tätig. Als Freiberuflerin hat sie ständig wechselnde Herausforderungen. So wurde sie eines Tages gebeten, als Teil einer Schulung eine praktische Einführung in das Thema Mindfulness zu übernehmen. Sie fand das so interessant, dass sie zu meditieren begann, um Erfahrung auf diesem Gebiet zu sammeln. Heute sagt sie: *„Mindfulness hilft mir, bei der Arbeit mehr auf meine Körperhaltung und Stimme zu achten, was meine Anspannung vermindert. Ich merke, wenn ich mich unnötig anstrenge. Manchmal erwische ich mich dabei, wenn ich unachtsam bin. Dann werde ich mir sofort wieder meiner Alternativen bewusst. So habe ich zum Beispiel weniger eskalierende Gespräche. Ich meditiere heute zwanzig Minuten jeden Tag und beobachte, je nachdem wo ich mich während der Meditation aufhalte, dabei meistens meinen Atem oder die Geräusche um mich herum, oder ich mache einen Bodyscan."*

Raj Bissessur wurde in Mauritius geboren und lebt heute in Toulouse in Südwestfrankreich, wo er in einem weltweit agierenden Industrieunternehmen Veränderungsprozesse begleitet. Mauritius ist eine multireligiöse Gesellschaft. Dort hatte Raj schon als Vierzehnjähriger die Gelegenheit, Meditation zu lernen: *„Allerdings waren meine Vorstellungen damals mit Hoffnung auf irgendwelche Wunder verbunden, dass ich losfliegen und alle Sorgen verlieren würde. Ich habe es als rational denkender Mensch irgendwann wieder gelassen und bin später in einer stressigen Phase meines Lebens wieder darauf zurückgekommen. Damals war meine Frau schwanger, wir zogen gerade aus Großbritannien nach Frankreich um, ich schrieb meine Doktorarbeit, ich hatte Schwierigkeiten zu schlafen. Ich lernte dann einen sehr pragmatischen Ansatz zu Mindfulness aus dem vietnamesischen Zen-Buddhismus kennen. Meine Ärzte wollten mir Antidepressiva und Schlafmittel verschreiben. Meine Frau war zum Glück dagegen. Dann fand ich kurze Zeit später ein säkulares Kursangebot, in dem der wissenschaftliche Ansatz in Kombination mit den buddhistischen Techniken hervorgehoben wurde. Das sprach mich an, die Beweise aus der Wissenschaft überzeugten mich. Ich hatte das Gefühl, wieder auf die Erde zu kommen. Heute meditiere ich unterschiedlich lang, zwischen zwanzig und dreißig Minuten am Tag, manchmal auch nicht. Ich empfehle Menschen, die Mindfulness für sich ausprobieren wollen, mit wenig Zeit anzufangen, ihre eigene Ungeduld während der Übung achtsam zu beobachten und am besten dort zu üben, wo man ein paar Minuten ganz im Kontakt mit sich, seinem Atem und seinem Körper sein kann. Dafür nütze ich auch Pausen im Büro. Zwingen Sie sich nicht zum Meditieren, vermeiden Sie unrealistische Ziele wie tägliche einstündige Meditationspraxis, reflektieren Sie, wie es Ihnen hilft, und dann bauen Sie Ihre regelmäßige Übung langsam auf, bis Sie, wenn möglich, 30 Minuten am Tag üben."*

In Kürze

Jetzt, da die Prinzipien und die grundlegenden Techniken bekannt sind, geht es vor allem darum, die Qualität tiefer in das Leben zu integrieren. Das geschieht natürlich durch anhaltende Übung, und es gibt zusätzlich Experimente und Tipps, die nützlich sind, um hier „strukturiert" vorzugehen. Dazu unterscheiden wir zwischen der Meditation, in der Sie regelmäßig, am besten über längere Zeit mit derselben Technik, systematisch „üben" können einerseits und der Anwendung bzw. Umsetzung von Mindfulness als Qualität im Alltag andererseits.

Wir empfehlen, sich unter den diversen Meditationstechniken eine auszusuchen, die leicht fällt, und diese dann regelmäßig zu praktizieren, wenn auch nur für kurze Zeit. Regelmäßigkeit ist entscheidend für den Erfolg.

Mindfulness ist eine sehr einfache Methode, aber sehr herausfordernd. Grund ist zum einen die für regelmäßige Meditationspraxis benötigte Disziplin, zum anderen der „langweilige" Prozess der Meditation, den Atem oder Körper einfach nur zu beobachten. Es ist aber dennoch leichter, mit der Aufmerksamkeit auf dem Körper zu beginnen als die Emotionen oder den Geist urteilsfrei zu beobachten.

Ein typischer methodischer Aufbau der Meditations-Übungspraxis beginnt mit körperorientierten Methoden, führt dann weiter mit dem Beobachten der Gedanken, dann der Emotionen und schließlich dem generellen „Spiegel-Sein" in der „offenen" Meditation.

Aktive Meditationen unterstützen Mindfulness über einen der eigentlichen Meditation vorangehenden aktiven oder kathartischen Teil, der helfen soll, tiefe Meditationserfahrungen zu haben.

Wir empfehlen den Eltern unter Ihnen, sich Möglichkeiten zu überlegen, gemeinsam mit Ihren Kindern zu meditieren und dies im Alltag zu fördern.

Teil II. 4: Mindfulness im Alltag: Die „informale" Übung

Ein alter Fischer ruderte sein Boot auf dem Gelben Fluss flussaufwärts. Es war anstrengend, und er war erschöpft von der Arbeit in den frühen Morgenstunden. Auf einmal stieß ein anderes Boot mit einem kräftigen Ruck an sein Boot. Der Fischer wurde sofort ärgerlich und wollte gleich den anderen Bootsmann schelten. Er setzte dazu an, drehte sich um und sah, dass das Boot leer war. Sein Ärger war sofort verflogen.[1]

In diesem Kapitel erarbeiten wir mit Ihnen gemeinsam Gelegenheiten, in denen Sie Mindfulness als Qualität ohne besonderen Zeitaufwand in Ihren Alltag übertragen können. Aus der Tradition des Zen[2] gibt es für diese Qualität eine Phrase: „Im Zen gehen, im Zen sitzen." Damit ist gemeint, das, was man tut, ganz und gar zu tun: Wenn ich esse, bin ich ganz beim Essen dabei. Beim Jogging bin ich ganz und gar beim Jogging, und wenn ich einen Sonnenuntergang sehe, nehme ich ganz und gar den Sonnenuntergang wahr. Wenn ich einem Menschen in dieser Haltung begegne, begegne ich ihm aufs Neue, auch wenn ich ihn schon kenne. Ich lasse die Geschichten aus der Vergangenheit außen vor. Dies wird uns nicht auf Anhieb jedes Mal gelingen, aber warum nicht einen ersten Schritt in diese Richtung wagen? Denn für uns ist Mindfulness eine Qualität, eine Lebenseinstellung, und geht deshalb über das „formale" Sitzen und Meditieren hinaus. Wenn Sie jetzt innerlich eine Stimme hören, die sagt, unser Vorschlag wäre im heutigen Zeitalter völlig unrealistisch, dann bedenken Sie bitte, dass es diese Einstellung ist, die uns davon abhält, achtsam zu sein, und dass diese Einstellung auch dafür sorgen kann, dass wir unsere Leistungsfähigkeit verlieren. Wir denken, dass es weniger darum geht, was realistisch ist, als darum, wie wichtig Ihnen etwas ist. Damit wollen wir nicht sagen, dass es einfach wäre, Mindfulness im Alltag zu leben. Im Gegenteil, es ist höchst anspruchsvoll.

Das „formale" Meditieren hat dabei natürlich seinen unumstrittenen Stellenwert. Stellen Sie sich vor, Sie gehen zum ersten Mal zum Fitnesstraining. Sie entscheiden sich für die Hanteln. Es ist einige Jährchen her, seit Sie — wenn überhaupt — das letzte Mal trainiert haben. Jemand vom Haus erklärt Ihnen die Geräte. Können Sie nach dieser Einführung unter allen erdenklichen Umständen jederzeit 50 kg in jeder Hand stemmen? Natürlich nicht. So ähnlich verhält es sich auch mit Mindfulness, wenn es uns um die Anwendung im täglichen Leben geht. Mindfulness ist in diesem Sinne weniger wie ein Werkzeug, das

Sie verlässlich zur Hand nehmen können, wenn Sie es brauchen — zum Beispiel wenn die Emotionen überkochen, Sie innerlich wie ein gedankliches Irrenhaus sind oder so abgeschlafft, dass Sie sich nicht mehr auf das Vorbereiten der Präsentation konzentrieren können. Wenn Sie versuchen, Mindfulness als Werkzeug zu sehen, dann scheitern Sie, weil Sie 50 kg stemmen wollen, ohne trainiert zu haben, und erleben wahrscheinlich dadurch eine große Entmutigung! Sehen Sie Mindfulness lieber als eine Art Fitnessniveau, das Sie in den Alltag mitbringen. Sind Sie sehr fit, können Sie auch mal zwischendurch ein Schwergewicht meistern; sind Sie es nicht, müssen Sie erst mal noch eine Weile trainieren. Die Fitness erreichen Sie vor allem durch die regelmäßige Meditation. Durch sie bilden sich die emotionale Intelligenz, die positiven Emotionen, die Empathie, die Flexibilität in Ihrem Verhalten automatisch kumulativ aus. Wenn Sie dann in einer brenzligen Situation sind, brauchen Sie nicht lange zu überlegen: „Welches Werkzeug brauche ich denn jetzt?" Die „Mindfulness-Fitness" verleiht Ihnen die Souveränität und Sie haben die Wahl im Verhalten: Impulsen folgen oder alternative Handlung ausführen?

Aus diesem Grund empfehlen wir, die Mindfulness-Fitness zunächst in kleinen Schritten anzuwenden. Nehmen wir an, Sie möchten Ihre Kondition verbessern und beginnen zu laufen. Lassen Sie uns dann zunächst 20 Minuten am Stück laufen, bevor Sie Schritt für Schritt die Distanz verlängern, um vielleicht irgendwann fit für einen Marathon zu sein. Bringen Sie also zunächst Ihre Mindfulness in die alltägliche Routine ein: Duschen Sie und seien Sie einfach nur da. Klar, wir alle haben die besten Ideen unter der Dusche! Aber denken Sie daran, dass Mindfulness unsere Kreativität, Offenheit und Innovation verbessert — Ihre Ideen werden nach der achtsamen Dusche noch besser, versprochen![3] Je mehr Sie üben, umso leichter fällt Ihnen die Umsetzung in immer komplexeren Situationen, und eines Tages werden Sie auch in emotional überkochenden Situationen achtsam sein können. Doch dies von vornherein zu verlangen wäre naiv. Zu hoffen, dass Sie keinen Stress mehr haben, sobald Sie anfangen zu meditieren, ist eine unrealistische Erwartung, die Sie nur frustriert. Die Praxis vertieft sich im Laufe der Zeit, aber wir haben noch keinen Schalter entdeckt, mit dem man uns zu „stressfreien" Menschen machen könnte — sofern man das überhaupt wollte. Ein Ansatz in diesem Sinne wäre: Wenn Sie meditiert haben, bringen Sie die Qualität von Mindfulness in ihre allernächste Aktivität hinein. Das wäre schon mal ein Fortschritt, aber ohne dass Sie von sich verlangen, gleich rund um die Uhr achtsam zu sein.

Momente der Achtsamkeit im Alltag: „Downtime" als Chance

Wir alle kennen Situationen, in denen wir warten oder nicht aktiv sein können. Wie oft greifen wir in diesen Situationen zum Smartphone oder machen uns anderweitig verrückt und regen uns dann auf? Wir haben es ja schon erläutert: Sie verringern systematisch Ihre Leistungsfähigkeit, weil Sie immer wieder dazu beitragen, dass die präfrontale Ressourcen auf ein Minimum erschöpft sind. Warum nicht insbesondere solche Situationen, in denen Ihnen eine Art „Downtime" entsteht, in denen Sie also nicht produktiv sein können, nutzen, um a) Mindfulness zu praktizieren, b) Ihre präfrontalen Ressourcen gleichzeitig wieder hochzufahren und c) sich dabei gleichzeitig etwas Gutes tun, anstatt sich selbst zu nerven? Denken Sie auch nochmals an die Liste der Situationen aus Teil II.1, die sich aus unserer Sicht gut für Mindfulness eignen.

> **Übung: Welche „Downtime"-Situationen ergeben sich typischerweise in Ihrem Alltag?**
>
> Legen Sie, nachdem Sie den Text in dieser Box gelesen haben, nochmals das Buch beiseite und nehmen Sie sich ein leeres Blatt Papier. Gehen Sie einmal chronologisch durch Ihren typischen Tag, beginnend mit dem Moment, in dem Sie aufwachen bis zu dem Moment, in dem Sie wieder schlafen gehen. Schreiben Sie alle diejenigen Situationen auf, in denen Sie nicht produktiv sein können: wartend, in öffentlichen Verkehrsmitteln sitzend, auf dem Fußweg zur Kantine etc. Denken Sie bitte daran: Hier geht es nicht darum, irgendwelche Dinge, die Sie tun, zu bewerten. Sie dürfen also gern weiter fernsehen, wenn Sie wollen, und weiter Computerspiele spielen. Es geht uns wirklich nur um die Zeit, die „tot" ist.
>
> Schreiben Sie auf, bis Ihnen nichts mehr einfällt. Machen Sie dann mal eine Schätzung, wie viel Zeit das in Summe ist. Wir gehen davon aus, dass es Minimum 20 Minuten sind, für die meisten Menschen aber eher etwa eine Stunde.

Putzen Sie sich doch mal achtsam die Zähne. Viele von uns erledigen solche Routinetätigkeiten auf die Schnelle, ungeduldig, und bringen sich dadurch in einen negativen emotionalen Zustand. Warum nicht ganz und gar dabei sein? Wie oft am Tag warten Sie auf jemanden? Am

Telefon in der Schleife, an der roten Ampel im Verkehr; im Büro des Chefs, der zu spät ist; auf den Aufzug; auf den Computer, der hoch- oder runterfährt; auf den verspäteten Flieger oder Zug; in der Schlange im Supermarkt oder an der Tankstelle. Und all diese Situationen tendieren dazu, uns ungeduldig und nervös zu machen, verbunden mit negativen Emotionen. Oft versucht man dann noch zu multitasken: schnell noch ein Anruf, ein Blick auf die Mails, ein Text hier und da — was den inneren Zustand nur verschlechtert. Oder glauben Sie jetzt immer noch, dass Sie Ihre Produktivität verbessern, indem Sie während einer langatmigen Telefonkonferenz Ihre E-Mails beantworten? Daher: Nutzen Sie, so oft Sie daran denken, die Gelegenheit dieser „Downtime" Situationen (Situationen, in denen Sie nichts Produktives leisten können) dazu, Ihre Mindfulness zu trainieren und sich dadurch unmittelbar und sofort in einen positiveren Zustand mit mehr Zugang zu Ihrem Leistungsvermögen zu bringen. Man könnte sagen: Jedes Mal, wenn es uns gelingt, einen Moment achtsam zu sein, in dem wir sonst ungeduldig werden oder uns (unnötig) aufregen würden, wird das Boot im Sinne der Geschichte zu Beginn dieses Kapitels plötzlich leer!

Wir haben diese Übung in dem Versprechen, mindestens 20 Minuten in jedem Alltag zu finden, mit tausenden beschäftigten Führungskräften gemacht und nicht eine gefunden, die plausibel erklären konnte, warum sie nicht mindestens 20 Minuten am Tag für diese „Momente der Achtsamkeit" hat.

Denken Sie daran: Die regelmäßige Meditation ist lediglich ein Training, um die Qualität Mindfulness im Alltag zu fördern. Sie ist Mittel zum Zweck. Das Schließen der Augen ist sozusagen, humorvoll gesagt, „für Anfänger." Letztlich ist der Anspruch, willkürlich (sprich: nach Belieben) in jeder Situation die Qualität Mindfulness abrufen zu können. Wir empfehlen durchaus, sich dabei Eselsbrücken zu bauen. Von Bildschirmschonern, die sagen „Atme", zu Post-it-Notizen an der Bürotür bis hin zu Apps, die in unregelmäßigen Abständen einen sanften Klingelton von sich geben. Lassen Sie sich ruhig etwas einfallen, um sich beim „Erinnern" unterstützen zu lassen. Das alte Muster, sich in den Gedanken zu verlieren, scheint manchmal übermächtig! Da kann man sich schon mal etwas unter die Arme greifen lassen.

Sie können neben „Erinnerungen" auch Momente der Mindfulness künstlich generieren, indem Sie Automatismen unterbrechen, sich zum Beispiel mit der schwachen Hand die Zähne putzen, die Uhr am ungewohnten Handgelenk tragen usw. Oder Sie setzen sich in einem

Setting, in dem es feste Sitzplätze gibt, auf den Stuhl eines Anderen und warten ab, was passiert.

Wenn Sie dieser Ansatz anspricht und Sie Dinge gern ausprobieren, hier noch ein spezielles Experiment für Sie: Jedes Mal, wenn Sie merken, das sich in Ihnen der Impuls einer Handlung bildet, sagen Sie innerlich „Stopp!" und frieren kurz – für ein paar Sekunden, maximal zwei Minuten – komplett ein, am besten körperlich. Wenn Sie es schaffen, wirklich Ihrer Spontaneität zu folgen und diese „Stopps" nicht planen, dann kann plötzlich ein Erlebnis intensiver Mindfulness geschehen.

Übung: Achtsam Reisen

Wir Autoren reisen viel. Eines meiner Lieblingsrituale ist es, zu meditieren, sobald das Flugzeug vom Gate ablegt, und zwar bis der Kapitän die Anschnallzeichen ausmacht. Sobald sie für den Landeanflug wieder angehen, geht die Meditation wieder los, bis der Flieger am Gate andockt. Ein interessantes Experiment, zu dem wir Sie einladen, ist es, einmal auszuprobieren, ob Sie sich nach einem Powernap (15 Minuten Schlaf, z.B. in der Mittagspause oder im Flieger) oder nach 15 Minuten Meditation erholter fühlen.

Eine besonders interessante Technik für Reisende mit der Bahn, Straßenbahn, U-Bahn oder Bus ist folgende: Lassen Sie Ihren Körper frei mit der Bewegung des Vehikels, in dem Sie reisen, schwanken, schaukeln, was auch immer. Leisten Sie keinerlei Widerstand. Und spüren Sie dabei im Zentrum Ihres Körpers einen stillen Punkt, um den herum die Bewegung geschieht. Seien Sie wie immer ein Spiegel all dessen, was passiert. Es kann sein, dass Sie auf diese Weise weitaus entspannter reisen.

Übung: Achtsam Gehen

Wenn Sie von einem Ort zum anderen gehen und sind nicht in irgendwelche anderen Aktivitäten wie etwa ein Gespräch verwickelt, dann beobachten Sie den Gehvorgang. Nehmen Sie ganz achtsam wahr, wie Sie ein Bein vor das andere setzen, wie der vordere

Fuß mit der Ferse aufsetzt und langsam abrollt, wie der hintere Fuß abhebt. Nehmen Sie den Vorgang mit der Qualität des Spiegel-Seins wahr. Wahrscheinlich fällt Ihnen das leichter, wenn Sie etwas langsamer gehen. Wenn Sie glauben, Sie hätten dazu keine Zeit, fragen Sie sich ruhig ganz ehrlich, was die Konsequenz daraus ist, dass Sie etwas langsamer gehen und dafür ein paar Minuten achtsam sind; und was die Konsequenz daraus ist, dass Sie in Ihrem Alltag keine Zeit für Mindfulness investieren und von einem Termin zum anderen hetzen. Beobachten Sie achtsam, wie Ihre innere Unruhe Sie antreibt und wie Ihr äußeres Hetzen sich auf Ihre Gedanken und Gefühle sowie auf Ihr Stressniveau auswirkt. Entscheiden Sie dann, ob es sich lohnt, manchmal etwas achtsamer zu gehen. Tun Sie dies, so oft Sie können.

Übung: Achtsam Essen

Wenn Sie ein Stück Achtsamkeit als Qualität in Ihre Essgewohnheiten einbringen, kann das positive Nebenwirkungen für Sie haben: Hetzen Sie durchs Essen? Während Sie kauen, wartet Ihre Hand schon mit der nächsten Ladung Essen an Ihrem Mund? Haben Sie die Gewohnheit, Ihren Teller leerzuessen? Nehmen Sie generell das an, was Ihnen angeboten wird? An Buffets bedienen Sie sich, bis Sie „nicht mehr können"? All diese Gewohnheiten sind nicht nur schädlich für die Gewichtskontrolle. Sie schaden auch dem gesamten Metabolismus des Körpers. Wenn der Körper zu viel zu essen bekommt, müht er sich ab, verliert Energie und wird erschöpft. Wenn wir achtsam essen, kann es sein, dass wir etwas langsamer essen, oder dass wir uns mehr bewusst sind, was unser Körper gerade will oder braucht. Das hat eine andere Qualität, als dem Impuls, dem Verlangen nach einem lecker aussehenden Dessert zu folgen, indem man automatisch danach greift. Wir hören so wahrscheinlich viel früher auf den Körper, wenn er signalisiert, dass wir genug gegessen haben, und essen (und trinken) dadurch weniger, und durch das langsamere und bewusstere Essen genießen wir möglicherweise mehr und sind entspannter. Dafür müssen Sie nicht jede Interaktion mit Anderen ausblenden. Sprechen sie ruhig mit Ihren Tischnachbarn. Aber richten Sie zwischendrin immer wieder den Fokus der Aufmerksamkeit achtsam auf das Essen.

Mit Anderen präsent sein

Sobald eine Interaktion ins Spiel kommt, haben Sie ein konstantes „Ablenkungspotential". Wenn Sie jetzt noch achtsam sein wollen, laufen Sie Gefahr, „sich aus der Interaktion auszuklinken", weil Sie so mit sich selbst beschäftigt sind, dass Sie für den Gesprächspartner „keinen Platz in der Tasse" mehr haben (Erinnern Sie sich an die Geschichte des Gelehrten auf Seite 105?).

Der erste Vorschlag, den wir Ihnen machen möchten, ist, dass Sie Anderen zunächst mit möglichst leerer Tasse begegnen. Das wird nicht immer möglich sein. Aber wenn Sie gehetzt und noch vom letzten Meeting genervt zu einem weiteren Gesprächstermin gehen, werden Sie entsprechend weniger wahrnehmen und Ihre präfrontalen Ressourcen werden schon so schwach sein, dass die Wahrscheinlichkeit, sich von Impulsen überrumpeln zu lassen, recht hoch ist. Selbst wenn Sie sich vor der Begegnung nur kurz daran erinnern, achtsam zu sein und einmal kurz den Blick nach innen auf Atem, Emotion und Gedanken richten, können Sie das schon dramatisch ändern: Ihr Schritt wird vielleicht etwas langsamer, Sie gehen auf Distanz zu den Emotionen, die Gedanken über den „Idioten" aus dem letzten Meeting ziehen vorüber. Jetzt sind Sie schon eher in der Lage, der anderen Person zu begegnen. Holger Rohde: *„Ein schönes Motto dazu ist für mich ‚wenn Du zu spät bist, geh noch einmal um den Block'. Es braucht schon allein Mindfulness, um das Motto zu verstehen. Ich finde es eine ausgezeichnete Übung, dieses Motto in den entscheidenden Momenten, wenn es nämlich wirklich zählt, im Bewusstsein zu haben."*

Zuhören mit Platz in der Tasse: Wenden Sie nun einfach die Aufmerksamkeit von innen nach außen zu Ihrem Gesprächspartner und bleiben achtsam. Nehmen Sie ihn zur Kenntnis, ohne Urteil (bzw. seien Sie sich Ihrer Urteile bewusst). Wenn Sie jetzt zuhören, fokussieren Sie mehr auf die Präsenz mit der Person anstatt auf die Analyse der Worte. Unser normaler Zuhören-Modus ist der Realität immer einen Schritt voraus. Wie in der Geschichte des leeren Boots haben wir schon entschieden, dass jemand uns etwas angetan hat, bevor wir überhaupt sehen können, ob jemand im Boot sitzt. Oder wir haben entschieden, dass der neue Gesprächspartner sympathisch ist und treffen unwillkürlich die Annahme, dass wir ganz viele Gemeinsamkeiten mit ihm haben. Dann sind wir meistens nicht mehr achtsam dafür, mit frischem Blick die Person wahrzunehmen. Nicht, dass uns das bewusst wäre. Schauen Sie sich einmal während eines wenig herausfordernden Gesprächs selbst zu, wie Sie eigene Bilder im Kopf generieren, während Ihr Partner spricht; wie Sie ungeduldig beim Zuhören werden und unterbrechen wollen; wie Sie aufgeregt werden und begeistert einschreiten wollen, wenn Sie das Gefühl haben, dass Sie sich mit dem Gesprächspartner über etwas Wichtiges einig sind; wie Sie innere Dialoge darüber führen, ob Sie nun etwas sagen sollen oder nicht, ob das überhaupt Sinn macht usw.

Dazu hatten wir in Teil I.4 eine sehr anschauliche Übung vorgeschlagen: Wir baten Sie, sich selbst immer dann ein Signal zu geben, wenn Sie nicht völlig präsent mit einer Person waren, die Ihnen etwas von sich erzählte. Aus dem Ergebnis wissen wir, dass wir uns beim Zuhören genauso ablenken lassen wie beim Atmen. Die Ablenkung ist nur beim Gespräch umso subtiler, da wir intuitiv meinen, wir „könnten uns in die andere Person hineinversetzen", dies aber nur mittels unserer eigenen Erfahrungen tun — genau genommen „versetzen wir uns gewissermaßen in uns selbst hinein". Das ist nicht schlimm. Ein Problem haben wir eigentlich nur dann, wenn wir denken, wir könnten 100 Prozent präsent sein und hätten den Überblick über all das, was gesagt wurde. Mindfulness ist insofern ein gnadenloser Realitätscheck. Dabei werden wir uns einer Menge Täuschungen bewusst, die uns unsere Intuition weismacht. Viele Meditierende sprechen daher davon, dass sie immer mehr das Gefühl haben, „nicht wissend" unterwegs zu sein. Anfangs schmerzt diese Einsicht, da wir intuitiv lieber die Kontrolle über Dinge hätten und „wissend" unterwegs wären. Auch hier ist eine Prise Humor über die Illusionen unseres „Ego", wie der Philosoph Thomas Metzinger es im Einklang mit östlichen Traditionen nennt, empfehlenswert!

Übung: Achtsam kommunizieren

Wenn Sie in der Interaktion selbst aktiv werden, verlagern Sie die Aufmerksamkeit. Beobachten Sie mal, wie der Atem beim Sprechen die Stimme trägt. „Wie kann ich mich dann noch konzentrieren?", fragen Sie vielleicht. Mindfulness des Atems während einer Aktivität ist kein Multitasking (oder besser gesagt: eine gute Form von Multitasking).[4] Deshalb können Sie in allen Situationen, die nicht 100 Prozent Aufmerksamkeit brauchen, achtsam sein. In unserer Erfahrung wird der Sachinhalt der Kommunikation noch bewusster, verlangsamt sich die Stimme etwas — oft wird sie auch tiefer und „präsenter" —, und Sie entspannen sich.

Erlauben Sie sich auch gern mal, Ihre Gesprächspartner einzuladen, ein wenig an Ihrer Mindfulness teilzuhaben, und wenn es auch nur eine Beobachtung ist, die Sie teilen. Vielleicht haben Sie nicht urteilend bemerkt, dass das Thema gewechselt wurde. Vielleicht möchten Sie fragen, ob die Gruppe wirklich noch auf der Sachebene diskutiert oder ob bereits Annahmen und Glaubenssätze implizit im Raum stehen. Bringen Sie Ihre Aufmerksamkeit zur Wirkung der Interaktionen. Wie reagieren die Beteiligten auf das, was Sie und andere kommunizieren?

Bezogen auf unsere Ausgangsfrage am Anfang dieses Abschnitts bedeutet das: Wir klinken uns durch Mindfulness nicht aus der Interaktion aus, sondern wir „klinken uns erst richtig ein"!

Raj Bissessur nimmt so viele Gelegenheiten wie möglich wahr, um „Momente der Achtsamkeit" zu kultivieren. Er sagt: *„In Toulouse Auto zu fahren ist oft sehr stressig. Manchmal will ich regelrecht in die Luft gehen! An Tagen, wenn ich achtsam beim Autofahren sein kann, beruhige ich mich emotional, ich fahre automatisch etwas langsamer, halte auch mehr Abstand. Ich habe auch gute Erfahrungen damit gemacht, achtsam zu essen. Es macht mir meine Essgewohnheiten bewusst, und man isst nicht so viel, was gut für den Körper und das Gewicht ist. Mindfulness ist sehr spannend: je tiefer ich in das Thema gehe, desto mehr Interessantes entdecke ich!"*

„Arbeit als Meditation"

Dies war das Motto eines Programms, an dem ich vor vielen Jahren teilnahm. So sehen es auch die Benediktiner und die Zen-Buddhisten.[5] Alles, was im Alltag geschieht, sollte mit derselben Achtsamkeit getan werden wie das Sitzen. Zugegeben: Zen-Mönche aus dem Klischee haben es da beim Reis sortieren und Tee kochen leichter als mancher von uns im Büro. Und dennoch sind die Prinzipien die gleichen. Es gibt kein Naturgesetz, das sagt, irgendeine Aktivität könne nicht achtsam getan werden. Es geht vielmehr um das „Wie" des Tuns, nicht um das „Was".

Mit Emotionen achtsam umgehen

Sie fahren mit dem Auto zur Arbeit und es ist für Sie wie ein Kampf. Vielleicht sind Sie durch die Stadt unterwegs oder vielleicht eher in einer ländlichen Gegend.

Jeder Spurwechsel, jeder Kreisverkehr ist Stress. Oder vielleicht jedes Warten an einer Ampel. Die Fahrt dauert 45 Minuten. Oft gibt es Stau. Beim Parken des Wagens sind Sie so richtig angespannt. Sie gehen ins Büro. Dort treffen Sie den ersten Mitarbeiter. Er hat vielleicht schon die erste unerwartete Aufgabe mit Ihnen zu besprechen, dabei ist Ihr Tag schon durchgeplant.

Welche Gefühlslage hat sich schon so früh am Tag entwickelt, und wie wird sie Ihren Tag wohl weiter beeinflussen? Bitte seien Sie sich an diesem Punkt bewusst, dass es uns nicht darum geht, etwas gegen die Emotionen zu sagen oder zu tun. Die Emotionen haben einen klar erklärbaren Sinn, und es ist deshalb umso wichtiger, eine achtsame Sensitivität für sie zu entwickeln.

Einer meiner französischen Seminarteilnehmer erzählt die Geschichte seines Experiments mit „achtsamem Autofahren." Für ihn bedeutete dies zunächst mal, beim Start auf seinen Atem zu achten und vielleicht sich bewusst zu sein, wie groß der Abstand zum Wagen vor ihm war, oder einfach sich bewusst zu sein, wie der Fuß das eine oder andere Pedal berührt. Daraufhin merkte er schon, dass er gelassener war. Er hatte immer die vielen Kreisverkehre auf seinem Arbeitsweg gehasst. Aggressive Fahrer kämpften um Vorfahrt, und er war immer gestresst im Büro angekommen. Dann wurde ihm plötzlich bewusst, dass ihn die aggressiveren Fahrer gar nicht mehr so sehr störten, er sie lieber mal vorließ und in Ruhe in den Kreisverkehr fuhr. Und anschließend reagierten viele Fahrer überraschend, gewährten unserem Teilnehmer plötzlich Vorrang! Auf einmal schien alles viel freundlicher im Verkehr, und unser Teilnehmer begann, in einem deutlich besseren emotionalen Zustand und mit mehr Energie ausgestattet im Büro anzukommen. Innerhalb einer Woche erhielt er von seinen Mitarbeitern dazu erstauntes Feedback.

Was unsere eigenen emotionalen Zustände angeht, haben wir im Allgemeinen mehr Gestaltungsspielraum und Einfluss, als wir denken. Schon William James postulierte den sogenannten Feedback-Effekt: Emotionen entstehen nicht nur dann, wenn etwas Äußeres geschieht, das eine Emotion „verursacht", sondern auch dann, wenn wir selbst etwas tun, das in uns eine Emotion auslöst. Der Psychologe Fritz Strack und seine Kollegen haben in ihrem berühmten „Bleistift-Experiment" gezeigt, dass Menschen, die einen Bleistift zwischen den Zähnen hatten und dadurch die Mimik eines Lächelns verursachten, mehr Humor und Spaß hatten als Menschen, die den Bleistift zwischen den Lippen hatten und dadurch eine traurige Mimik auslösten.

*Ein Zen-Schüler bat seinen Meister, ihn von seinem Zorn zu befreien. „Komm her und zeig mir Deinen Zorn", sagte der Meister. „Aber Meister", erwiderte der Schüler, „im Moment bin ich doch gar nicht zornig." „Wie kannst Du sagen, es sei **Dein** Zorn, wenn Du ihn gar nicht hast?", entgegnete der Meister.*[6]

Mindfulness birgt die faszinierendsten Paradoxa in sich: Es bringt uns mit unseren Gefühlen in Kontakt (im Sinne, dass wir präsent sind und mitbekommen, was los ist), aber es bringt auch gleichzeitig immer Distanz: die Distanz des Spiegels, die des Beobachters auf dem Hügel (der beobachtet, wie „unten im Tal" seine eigenen Gedanken und Gefühle sowie die Umwelt unverändert „verrückt spielen"). Diese Distanz lockert unsere „Identifikation" mit unseren Emotionen, was wiederum dazu führt, dass diese uns weniger im Griff haben. Das ist insbesondere bei sogenannten „negativen" (lassen Sie uns sagen: „unangenehmen") Emotionen wertvoll. Aber auch für sogenannte „positive" (sprich: „angenehme") Emotionen kann es sehr nützlich sein. Es ist erwiesen, dass wir leichter zustimmen, wenn sich ein positives Gefühl mit einem Vorschlag oder einer Argumentation (oder einem Preisvorschlag) ergibt. Wir bezahlen in einem Einkaufszentrum (oder bei einem Lieferanten) mehr, wenn wir besonders gut drauf sind. Wir stimmen aber auch einem Vorschlag schneller zu, wenn die Atmosphäre im Team oder die Atmosphäre in diesem speziellen Gespräch extrem positiv ist.[7] Das kann nützlich und effizient sein. Aus diesem Grund werden aber auch schon mal Entscheidungen vorschnell getroffen, worunter die Qualität der Entscheidungen leiden kann.[8] Ganz zu schweigen davon, wozu wir alles bereit sind, wenn uns jemand ein extrem schmeichelndes Feedback gibt! Studien haben gezeigt, dass sich Menschen, die Mindfulness praktizieren, nicht so schnell von positiven Emotionen „verführen" lassen. Erinnern Sie sich noch an die Geschichte mit den Marshmallows im Zusammenhang mit emotionaler Selbstregulation (S. 66)? Wer dem zweiten Marshmallow widerstehen konnte, war später unabhängiger von den eigenen Impulsen.

Es gibt einige teils ungewöhnliche Mindfulness-Techniken, die die Distanzierung zu Emotionen unterstützen. Selbstverständlich können Sie die klassische Mindfulness-Technik auch nutzen, um anstatt des Atems Ihre Emotionen und Gefühle zu beobachten. Allerdings ist es für uns in aller Regel sehr herausfordernd, sich einfach hinzusetzen und unsere Emotionen zu beobachten. Wir beschreiben deshalb hier zwei Techniken, deren Anwendung vielversprechend ist, wenn die Emotion gerade beginnt, sich aufzubauen.

> **Übung: Dreimal bewusst wahrnehmen**
>
> Wenn uns Emotionen überwältigen, identifizieren wir uns mit Ihnen. In der Beschreibung hören wir dann Ich-Botschaften: Ich habe mich geärgert, ich war frustriert – wie in der Geschichte des Zen-Schülers mit seinem Ärger. Sobald Sie die ersten Anzeichen der emotionalen Wallung feststellen, benennen Sie die Emotion möglichst akkurat dreimal innerlich, indem Sie etwa sagen: „Zorn... Zorn... Zorn." Sagen Sie bitte nicht: „Ich bin zornig." Damit würden Sie sich wieder damit identifizieren und die Distanz verringern. Sie brauchen die Emotion nicht laut zu benennen. Wir wollen Sie ja nicht in allzu peinliche Situationen bringen! Hören Sie einfach nur eine innere Stimme in sich, die der Emotion möglichst den Namen gibt, der sie genau bezeichnet: Ist es jetzt Zorn oder Ekel?

Unsere Erfahrung ist, dass die Emotion durch die Distanz geschwächt wird und vorüberzieht, wenn man diese Technik anwendet. Wenn Sie dann merken, dass Sie wieder gesprächsbereit sind, können Sie das Gespräch fortsetzen. Ansonsten ist die Erfahrung, dass selten jemand etwas dagegen sagen wird, wenn Sie sich eine Vertagung eines hitzig gewordenen Gesprächs mit dem Grund erbeten, dass Sie gerade nicht in der Lage sind, in Ruhe zu diskutieren.

Sie sagen, Sie können in solchen Situationen nicht einfach eine Pause machen, um nach innen dreimal das Gefühl zu benennen? Dann empfehlen wir Ihnen, sich die Konsequenzen der beiden Szenarien auszumalen: Ja, es könnte sein, dass es etwas peinlich wirkt, wenn Sie sagen: „Ich brauche mal gerade eine Minute für mich" oder „Können wir das Gespräch vertagen? Ich bin nicht in der Lage, es in diesem Moment zu führen." Aber überlegen Sie sich die Alternative!

Das Phänomen des Benennens von Emotionen nennt man in der Wissenschaft „Affect Labelling". Es wurde übrigens ursprünglich bei Kleinkindern erforscht. Man stellte fest, dass Kinder sich leichter von der Überwältigung einer Emotion befreien können, wenn sie ihren Emotionen einen Namen geben können.

Bitte nehmen Sie zur Kenntnis, dass es sich im Fall des achtsamen Umgangs mit Emotionen nicht um Unterdrückung handelt! Unterdrückung wäre der Fall, wenn im Kampf zwischen Bottom-up-Impuls (also der Emotion) und Top-down-Hemmung der Präfrontalkortex ziemlich erschöpft gewinnen würde (siehe auch Teil I.1 und I.3). In einer Studie fand man heraus, dass emotionale Unterdrückung unsere Leistungsfähigkeit so schwächt, dass Versuchsteilnehmer in anschließenden kognitiven Tests dramatisch schlechter abschnitten. Wenn Sie aber nach dem Unterdrücken der Emotionen kurz meditierten, war Ihre Leistung so gut, als hätten Sie die Emotionen gar nicht erst unterdrückt. Selbst ein paar Minuten Meditation können bereits so eine erstaunliche Wirkung haben! Mindfulness nimmt Emotionen zur Kenntnis, kämpft aber nicht mit ihnen. Wenn Sie eine innerliche Haltung haben, mit der Emotion zu kämpfen, können Sie nicht gleichzeitig Spiegel sein.

> **Übung: Körperliche Veränderungen beschreiben, die aufwallende Emotionen ankündigen**
>
> Auch dies ist eine herausfordernde Möglichkeit, achtsam mit Emotionen zu sein. Emotionen sind Impulse, die unwillkürlich auftreten, das heißt, wir haben keine willkürliche Kontrolle über diese Impulse. Da das emotionale Hirn „schneller" als der Präfrontalkortex ist, hat letzterer mit seinem Hemmungsversuch meist keine Chance. Das sind dann die Abende, an denen wir reflektieren und denken: „Wie konnte ich bloß…" oder „Ich wollte doch nicht mehr…". Wir erleben dann eine vehemente Ressourcenerschöpfung, die durch Mindfulness unmittelbar und sofort revidiert werden kann. Wenn Sie eine Gefühlswallung erleben, beobachten Sie zunächst möglichst genau, was das körperliche Muster ist, das mit dem Gefühl einhergeht. Insbesondere hat jedes Gefühl ein deutlich unterscheidbares Atemmuster. Wie atmen Sie, wenn sich das Gefühl anbahnt? Wo spannt sich gegebenenfalls der Körper an? Welche Haltung nimmt Ihr Körper ein? Wie verändert sich das Gesicht? Die Stirn? Der Mund? Die Kopf- und Nackenhaltung? Wo wird es Ihnen warm im Körper, wo kalt? Was machen die Hände, die Füße? Je detaillierter Sie die Einzelheiten des Musters beschreiben können, desto leichter fällt es Ihnen später, es im Moment des Geschehens wieder zu erkennen.

Je früher die Wiedererkennung stattfindet, desto leichter kann es Ihnen fallen, Distanz aufzunehmen und achtsam zu sein. Denken Sie nochmals dran: Sie versuchen nicht, etwas zu verändern, Sie sind nur achtsam wie ein Spiegel! Sie wollen die Emotionen oder Impulse nicht verändern, Sie reagieren nur nicht auf sie. Durch diese Distanz dürfte die Emotion an Kraft verlieren, wodurch Sie wieder stärker in Ihre Kraft kommen. Sie erleben sich dann nicht mehr als Opfer Ihres Gefühls. Das wiederum gibt Ihnen Flexibilität im Denken und Handeln. Wenn Sie das jetzt sofort einmal üben möchten, denken Sie am besten an jemanden, der Ihnen aus Ihrer Sicht Unrecht getan hat, Sie sich aber nicht wehren konnten oder wollten, vielleicht weil die Person mächtiger als Sie war. Denken Sie daran, was Sie der Person sagen würden, wenn Sie eine Chance hätten. Steigern Sie sich ein bisschen in die Situation herein und beobachten Sie, wie sich Ihr Puls, Ihr Atem, Ihr Körper und Ihre Emotionen verändern. An diesem Beispiel können Sie erleben, wie Ihre Erinnerung an eine vergangene Situation starke Gefühle in Ihnen auslösen kann, obwohl die Situation längst vorbei ist. Unterschiedlichen Menschen fällt dieses „Wieder-Erleben" leichter, wenn sie entweder bei der Erinnerung an die Situation oder Person sofort auf die eigene Emotion fokussieren, oder indem sie zunächst mal die Situation im inneren Auge im Detail „rekonstruieren" – die emotionale Stimmung der Beteiligten, die Gesten usw. Wenn Sie dabei ein „Spiegel" Ihrer Emotionen waren, haben Sie wahrscheinlich erlebt, wie sich die Gefühle bald wieder beruhigt hatten. Vielleicht hat sich sogar Ihre Haltung gegenüber der Person verändert, die Sie damals so verletzt hatte. Wir alle haben irgendwelche unerwünschten emotionalen Impulse, die sich in typischen Situationen immer wieder melden: in einem frustrierenden Meeting, wenn wir von jemandem kritisiert werden, in Konfliktsituationen, bei langweiligen Tätigkeiten oder wenn wir die Kontrolle über Dinge verlieren (z. B. im Verkehrsstau). Diese Impulse eignen sich wunderbar für diese Technik.

So wie eingangs die meisten Menschen die Erfahrung haben, dass sie nach den ersten Meditationssitzungen viel mehr Gedanken im Kopf haben als vorher, erleben sie geradezu Schichten an Gefühlen, deren sie sich zum großen Teil nie bewusst waren, wenn sie einmal längere Zeit aufmerksam auf die Emotionen achten. Bitte fühlen Sie sich jetzt einmal in folgende Situation gut ein: *Sie sind Teamleiter und heute überraschend in den Steuerungskreis eingeladen worden, zu dem normalerweise nur Ihr Chef geht. Die Nachricht kam über einen Kollegen, den Ihr Chef auf dem Weg in seine Besprechung bat, es Ihnen auszurichten. Die Botschaft war schlicht: Statusbericht abliefern. In den letzten Wochen hatte es bei Ihnen im Bereich kräftig gekriselt. Aus Ihrer Sicht haben Sie sich bis zur Aufopferung in das Krisenmanagement gehängt, auch gute Ideen eingebracht, aber vom Ergebnis her sieht es immer noch nicht gut aus. Sie gehen eine Stunde später zu dem Meeting hin in dem Gefühl, dass einiges für Sie auf dem Spiel steht. Im Vorfeld gibt es auch schon Getuschel zum Thema. Sie machen schließlich Ihre Präsentation und werden verrissen. Ihr Chef ist still und schützt Sie mit keinem Wort. Sie fühlen sich an den Pranger gestellt. Schließlich verlassen Sie das Meeting. Auf dem Weg zum Mittagessen 30 Minuten später treffen Sie einen Kollegen, mit dem Sie eine gute Beziehung haben. Sie gehen auf ihn zu und wollen ihn ansprechen. Dieser sagt jedoch nur „bin auf dem Sprung" und geht weiter. Wie geht es Ihnen jetzt emotional?*

Und jetzt Szenenwechsel: *Der Kontext ist identisch, Sie sind aber im Steuerungskreis in den höchsten Tönen für Ihren Einsatz gelobt worden, Ihr Chef verkündete dort öffentlich, dass Sie Schlimmstes verhindert haben, Ihnen wird ein Karrieresprung in Aussicht gestellt, und Sie verlassen das Meeting auf Wolke sieben. Auf dem Weg zum Mittagessen 30 Minuten später treffen Sie einen Kollegen, mit dem Sie eine gute Beziehung haben. Sie gehen auf ihn zu und wollen ihn ansprechen. Dieser sagt jedoch nur „bin auf dem Sprung" und geht weiter. Wie geht es Ihnen jetzt emotional?*

Sie sehen, dass ein emotionaler Zustand sich unmittelbar auf die Interpretation von Ereignissen auswirkt. Das heißt auch: Unsere Emotionen erzeugen bestimmte Gedanken. Negative Emotionen erzeugen negative Gedanken, positive Emotionen positive Gedanken. Diese Interpretation hat natürlich wieder Auswirkungen auf unsere Emotionen. Wenn ich interpretiere „Oh, der hat mit Sicherheit von dem Debakel gehört und will nichts mit mir zu tun haben", dann wirkt sich das anders auf meine Gefühlswelt aus als die Interpretation „Na, er hat halt gerade keine Zeit, ich schnappe ihn mir später." Mit anderen Worten: Gedanken wiederum erzeugen Emotionen: Negative Gedanken erzeugen negative Emotionen und positive Gedanken positive Emotionen. Gedanken und Emotionen sind untrennbar miteinander verbunden. Sie sind gewissermaßen wie Hollywood-Studios: Sie konstruieren sehr kreativ tagein, tagaus ihre emotionalen und gedanklichen Welten, von denen das Wenigste mit der sogenannten „objektiven Realität" irgendetwas zu tun hat. Der überwältigende Anteil an Gedanken – und bei den meisten Menschen auch an Gefühlen – ist allerdings negativ. Und das nicht nur völlig unnötig, sondern mit einer Kettenreaktion an Negativität verbunden. Denn negative Gedanken gehen meist mit starken Emotionen einher, und wir wissen aus Teil I dieses Buchs, dass besonders emotionale Gedanken leichter im Gedächtnis haften bleiben. Wenn wir den Körper noch mit einbinden, dann weiß man heute, dass diese Effekte bis auf die Ebene der Gene gehen! Bei Negativität und Stress werden etwa gesundheitsfördernde Gene abgeschaltet. Deshalb wirkt sich Mindfulness bis auf die Ebene der Gene aus.

Damit wollen wir nicht sagen, dass Sie mit guten Gefühlen aus einem Debakel gehen sollen. Vielmehr geht es uns um zwei Themen: Wenn wir Verantwortung dafür übernehmen, dass unsere Gefühlslage – die oft im Hintergrund schwelt und uns oft nicht wirklich bewusst ist – unsere Interpretation und Einschätzung von Menschen und Situationen vehement beeinflusst, und dadurch zum Beispiel unsere Gesundheit und die Qualität unserer Entscheidungen mit allen Konsequenzen beeinträchtigen kann, dann ist es zunächst sinnvoll, generell mehr Aufmerksamkeit für unsere Gefühlslage zu haben. Wenn wir uns dann zusätzlich dessen gewahr werden, dass unsere Gefühlslage zum großen Teil von unseren Interpretationen der Dinge abhängt, die wir aber beeinflussen können, dann haben wir mit Mindfulness ein Werkzeug in der Hand, das wir jederzeit nutzen können, um den Kreislauf zwischen negativer Gefühlslage und negativer Bewertung von Situationen und Menschen unterbrechen zu können. Und anschließend brauchen wir uns – na klar, leichter gesagt als getan – nur noch daran erinnern, achtsam zu sein. Und das, wie wir ja inzwischen wissen, geschieht mit der Übung. Also bitte haben Sie dafür noch ein bisschen Geduld mit sich selbst.

Jutta Häuser: *„Mal angenommen mir kommt ein Panikgedanke, zum Beispiel der, dass nach dem plötzlichen Tod meines Vaters meiner Mutter nun auch etwas passiert, dann komme ich heute über das sofortige bewusste Spüren meines Atems schnell wieder zur Ruhe. Ich bin wieder in der Gegenwart, ich weiß, es ist nicht Realität, sondern nur ein Gedanke. Das ist für mich ein entscheidender Nutzen von der Trennung zwischen Reiz und Reaktion. Die Panik verschwindet, nicht der Gedanke an sich, aber mit dem kann ich dann wiederum umgehen".*

Dr. Holger Rohde: *„Es hört sich banal an, aber der Unterschied, ob ich auf dem Weg zur Arbeit im Stau sitze und mich aufrege oder ob ich den Stau als Chance nutze, mich auf den Atem zu konzentrieren, ist immens."*

Den Schmerz unangenehmer Gefühle ertragen oder versuchen, sich dagegen zu wehren?

An dieser Stelle wird es nun wirklich anspruchsvoll. Niemand verlangt, dass wir keine unangenehmen Gefühle haben sollen. In der Tat haben ja negative Gefühle eine wichtige Funktion, nämlich uns zum Handeln zu veranlassen, wenn etwa Gefahr droht. Nun droht aber heutzutage nur noch selten wirklich Gefahr, und wir folgen in den seltensten Fällen wirklich auch den Impulsen unangenehmer Gefühle, wie es die komplexe Beziehungsstruktur heutiger sozialer Gebilde auch verlangt. Viel eher sind unsere Reaktionen auf unangenehme Gefühle innere Dialoge über Unrecht („Ich war nicht Schuld, xy war Schuld"), Widerstände („Muss es denn jetzt schon wieder regnen?", „Ausgerechnet zur Ferienzeit wieder diese Riesenbaustellen auf der Autobahn!", „Die sechste Veränderungsstrategie in fünf Jahren – haben die da oben eigentlich noch irgendwas anderes zu tun!?!"), Kampf (Wir halten bei körperlichen Schmerzen den Atem an, ärgern uns über körperliche Schmerzen, wollen die Entscheidung des Chef-Chefs nicht akzeptieren) oder einfach nur irrationaler Ärger oder Frust über Dinge wie den Computer, der nicht so will, wie ich will. In China gibt es ein Sprichwort, das sinngemäß sagt: „Wenn ich Verstopfung habe, ist die Toilette Schuld." Es ist, als wollte ein Teil von uns einfach nicht gelassen mit Dingen umgehen, die nicht unseren Erwartungen entsprechen und die wir zu allem Überfluss nicht einmal gestalten können. Aber von keiner dieser Strategien haben wir persönlich irgendetwas! Wir verlieren nur Energie, steigern uns in negative Gefühlslagen hinein, die uns hinterher weiter zu negativen Bewertungen bringen. Wir fühlen uns außerdem wie ein Opfer, da wir uns ja immer wieder sagen, dass unser Leiden irgendwelchen nicht beeinflussbaren Dingen geschuldet ist.

Eine sehr wirksame Mindfulness-Technik ist daher, negative Gefühlslagen wie ein Spiegel zu beobachten und dabei insbesondere auf den Unterschied zwischen zwei verschiedenen Perspektiven und deren Wirkung bezüglich Bewertung von Situationen und unserem Verhalten in der Situation zu achten:

- Die eine Perspektive ist, in der Lage zu sein, das Unangenehme mit all seinem Schmerz urteilsfrei auf der Bildfläche unseres Spiegels so, wie es gerade ist zu ertragen, gegebenenfalls inklusive Leiden; genauso, wie wir zu Anfang gelernt haben, alle Gedanken zu ertragen, unabhängig davon, ob sie uns angenehm oder unangenehm sind.

- Die andere Perspektive ist, sich wie oben beschrieben angesichts der Anwesenheit von negativen Emotionen innerlich (und gegebenenfalls nach außen) zu wehren, beschweren, kämpfen; so, als glaubten wir, dass wir durch unseren Kampf mit unserer eigenen Wirklichkeit irgendetwas daran ändern könnten.

Wenn es Ihnen mal gelingt – und uns allen ist es schon mal gelungen, deshalb haben wir auch alle die Fähigkeit dazu –, das erstere Szenario bewusst gelebt zu haben, dann müssen wir zugeben, dass kein

Grund existiert, sich über Negatives zu beschweren: nicht über unsere eigenen negativen Gefühle und auch nicht über Dinge, die in der Welt geschehen oder Personen, die wir nicht mögen. Das heißt nicht, dass wir nicht handeln sollten. Im Gegenteil: Verantwortung übernehmen und das eigene Spielfeld wählen und beeinflussen ist unsere Empfehlung. Aber das letztere und das erstere sind zwei verschiedene Dinge!

Raj Bissessur über seine Erfahrung damit, die Achtsamkeit im Alltag auf emotionale Impulse zu lenken: *„Das ist mir sehr gut gelungen. Allein die Beobachtung tendiert dazu, meine ungeduldige Natur zu beruhigen, ohne dass ich etwas ändern muss. Das ist besonders nützlich in Besprechungen. Ich kann sehen, wie ich vorschnelle Urteile fälle. Das erlaubt mir, einen Schritt zurückzugehen, den Überblick zu behalten. Ich hatte kürzlich eine Fortbildung zum Thema Verhandlungen. Der Fokus lag ganz auf dem Zuhören. Sich seiner eigenen Ungeduld bewusst zu sein, zu beobachten, das alles war höchst vorteilhaft für diesen Lernprozess. Das werde ich auf jeden Fall in mein Leben integrieren".*

Ansätze, die ganz auf Meditation verzichten oder deren „formale" Praxis grundverschieden ist

Wir präsentieren in diesem Buch einen Ansatz, dem die formale Übung (sprich: regelmäßige Übung anhand von Techniken) der Meditation inhärent angehört. Grund ist, dass wir sowohl aus der eigenen Erfahrung als auch aus der wissenschaftlichen Forschung heraus die regelmäßige Praxis der Meditation als die leichteste und wirkungsvollste Art verstehen, Mindfulness zu verstärken. Es gibt auch Ansätze, die ganz darauf verzichten oder von der regelmäßigen Übung von Mindfulness ein anderes Verständnis haben. Der Vollständigkeit halber weisen wir hier auf einige dieser Ansätze hin.

In der Therapie: ACT (Acceptance and Commitment Therapy) ist eine Form der Psychotherapie. Sie arbeitet mit der Akzeptanz der Probleme und Symptome des Klienten, die der Haltung von Mindfulness gleicht, aber ohne auf formale Mindfulness-Methoden zurückzugreifen. Ein Kernstück dieser Therapie besteht darin, dass der Klient seine eigenen Gedanken, Bilder und Erfahrungen weder zurückweist noch sich daran klammert, sondern sie urteilsfrei und achtsam wahrnimmt. Allein damit verzeichnen die Therapeuten große Erfolge in der Behandlung von mentalen Krankheiten.

In der psychologischen Forschung: Ellen Langer, die bereits erwähnte Psychologin, ist unter anderem durch ihre Forschung mit alten Menschen berühmt geworden. In einem Experiment zeigte sie, dass Menschen in Altersheimen, die Verantwortung für einfache Dinge wie die Pflege von Pflanzen und die Wahl des Fernsehprogramms übernehmen, länger und gesünder leben; in einem anderen verbrachte sie mit einer Gruppe alter Menschen eine Woche in einem abgeschiedenen Haus, in dem alles – von der Musik, über die Möbel bis hin zur Kleidung und den Nachrichten – aus einer dreißig Jahre zurückliegenden Zeit war. Das Experiment hatte so eine einschlagende Wirkung, dass bei einigen Teilnehmern nach dieser Woche der körperliche Alterungsprozess partiell umgekehrt wurde, wie etwa an Fingerknochen oder der Sitzgröße messbar war. Und dies allein aus der Tatsache heraus, dass sie sich jünger erlebten (sind wir sprichwörtlich so jung, wie wir uns fühlen?). Ellen Langer schlägt vor, einfach im Alltag darauf zu achten, offen für neue Informationen im Moment zu sein. Eine ihrer Methoden, dies zu unterstützen, ist eine Vielzahl von Experimenten, die uns darauf hinweisen, wie „mindless" (also nicht achtsam) wir uns von unseren unbewussten Vorannahmen (zum Beispiel über das Altern) leiten lassen, und dadurch Kreativität und Flexibilität steigern (bis hin zur Vermeidung unnötiger Gebrechlichkeit im Alter).

In Religion und Mystik: Im Zen (Buddhismus) sitzt man während der Meditation nicht mit geschlossen Augen und fokussiert auf einen Aspekt des Innenlebens oder der Umwelt, sondern man sitzt mit offenen Augen vor einer weißen Wand und tut nichts. Das Ziel ist auch hier, nicht urteilend im gegenwärtigen Moment präsent zu sein. „Zen" ist die japanische und jüngste (ca. 12. Jahrhundert) Form des „Chan", das in China von indischen buddhistischen Mönchen im 6. Jh. eingeführt und wesentlich vom Taoismus beeinflusst wurde. Chan ist wiederum sprachlich vom indischen „Dhyana" (was so viel wie Meditation bedeutet) abgeleitet. In den verschiedenen Richtungen des Zen bzw. Chan sind zusätzlich diverse Techniken verwendet worden, mit denen der Meditierende plötzlich aus dem Muster des Denkens herausgerissen und eine intensive „wache" Erfahrung des Moments haben soll. Dazu gehören sogenannte Haikus (kurze Gedichte, die den Moment reflektieren), Ansätze wie die Verwendung eines „Zen-Stocks" (mit dem der Meister dem Meditierenden leicht auf den Kopf klopft). Es sind aber auch radikalere Maßnahmen überliefert, bei denen der Meister den Schüler schlägt, ihm absurde schwierige Aufgaben überträgt oder ihn aus dem Kloster verbannt, alles mit dem Ziel des „Erwachens" („Enlightenment").

George Gurdjieff: Dieser kontroverse griechisch-armenische Mystiker verwandte Methoden, die darauf angelegt waren, den Menschen in eine Situation zu bringen, in der er aus Erschöpfung des Körpers oder Geistes in einen qualitativ neuen Zustand kommt und dadurch eine Bewusstseinserweiterung bzw. ein „Erwachen" aus dem „Tagträumen" (wie er den menschlichen Alltagszustand bezeichnete) erlebt. Aus Gurdjieffs Sicht ist der Mensch tief in diesen „Tagträumen" verloren und lebt seine Potentiale nicht. Von Trinkeskapaden bis zu Marathons, körperlich fordernder Arbeit bis zu lebensgefährlichen Aufträgen war es sein Ansatz, seine Schüler bewusst an den Rand der Ressourcenerschöpfung zu bringen, um dieses Erwachen auf unorthodoxe Art zu provozieren. Zu seinen Methoden gehörten auch die unter „aktiver Meditation" genannten „Gurdjieff Sacred Dances".

J. Krishnamurti: Dieser 1986 verstorbene Inder war Anfang des 20. Jahrhundert von den Theosophen als „Weltlehrer" auserkoren, lehnte den Titel aber kategorisch ab. Später wurde er dadurch bekannt, dass er das Erlangen von Mindfulness als Lebensqualität durch formale Meditation ablehnte und das Leben von Mindfulness über ein tiefes Verständnis jenseits des Denkens propagierte.

Oft wird unachtsamer Weise angenommen, dass man Mindfulness an bestimmten Verhaltensformen festmachen kann oder dass Verhaltensregeln oder angemessene Erwartungen in irgendeiner Form Mindfulness „messen" könnten. Für uns wäre das die Haltung des jüngeren Mönchs in der Geschichte zu Beginn des vorigen Kapitels. Der ältere Mönch ist in seiner Mindfulness so zu Hause, dass er sich durch Verhaltensregeln nicht davon abhalten lässt, etwas Nützliches zu tun. Denn es geht ja für die Mönche nicht darum, eine Frau nicht zu berühren, sondern darum, sich von einer Frau nicht von ihrem „Weg" abbringen zu lassen. Warum sollte also ein Meditierender nicht Wein trinken oder in die Disco gehen oder schmutzige Witze erzählen? Es geht nicht um Verhalten, sondern um die innere Haltung. Und wenn die stimmt, ist der Mensch reif genug, ohne Verhaltensregeln achtsam durchs Leben zu kommen.

In Kürze

Komplementär zur regelmäßigen Meditation empfehlen wir Ihnen, so oft wie Sie daran denken, im Alltag achtsam zu sein. Dabei geht es darum, sich unabhängig von einer formalen Technik „daran zu erinnern", achtsam zu sein. Wichtig ist, Mindfulness zunächst in die weniger herausfordernden Lebenssituationen zu bringen, denn dort ist es leichter. Später kann man es sukzessive in den komplexeren Alltag integrieren. Wichtig ist auch, die Erwartungen realistisch zu halten. Die Lebensqualität wird sich schon deutlich erhöhen, wenn wir einige achtsame Momente an jedem Tag haben. Immer achtsam zu sein wäre sehr unwahrscheinlich.

Emotionen sind nicht ein Verhalten. Sie sind auch nicht eine Art Kausalkette dessen, was unsere Emotionen ausgelöst zu haben scheint – weder der Konflikt noch der Verkehrsstau noch das Wetter. Emotionen sind Impulse in uns, die sich besonders durch körperliche Anzeichen beschreiben lassen. Es liegt in unserer Kraft, die Emotionen zu verändern und insbesondere, nicht auf den Impuls unangenehmer oder gegebenenfalls auch angenehmer Emotion hin zu handeln. Denn wir „konstruieren" unsere Emotionen, sogar teils auf Basis irgendwelcher Annahmen, die wir in unserem Kopf treffen. Nichts ändert sich an der äußeren Situation außer unserer Annahme. Gleichzeitig haben Emotionen ihren Wert, und es ist wichtig, die subtilen Botschaften der Gefühle im Körper wahrzunehmen, um auf Bedürfnisse reagieren zu können. Es geht uns hier nie darum, eine Emotion „loszuwerden". Emotionen gehören zum Leben, und unser Ansatz ist lebensbejahend.

Mindfulness können wir nicht an irgendeinem bestimmten Verhalten erkennen. Mindfulness ist vielmehr eine innere Haltung.

Teil II. 5: Zehn Herausforderungen von innen, auf die Sie sich einstellen wollen

Nehmen wir an, Sie haben das Gefühl, dass Sie so langsam zehn oder 15 Minuten sitzen können und ruhig werden. Die Meditation ist inzwischen ein Teil Ihrer täglichen Routine, und Sie beobachten jeden Morgen den Atem, bevor Sie sich auf den Weg zur Arbeit machen. Im Auto denken Sie: „Heute hat der Tag wirklich ganz gut angefangen." Sie sind einigermaßen erfrischt aufgewacht und sehen dem Tag recht entspannt und positiv entgegen. Auf dem Weg ist der Verkehr zwar nervig, aber Sie lassen sich noch nicht zu sehr aus der Ruhe bringen. Sie ignorieren sogar die E-Mails an den Ampeln und die ersten Anrufe. Sie kommen im Büro an und hören, dass Sie dringend gebraucht werden, weil der Kollege aus der anderen Abteilung auf Anweisung der Bereichsleitung kurzfristig den Hauptkunden in Indien besuchen musste – Sie schlucken einmal kurz und wenden sich dann der Sache zu; denn es wird erwartet, dass Sie in 40 Minuten seine Präsentation zum Status der Produktentwicklung halten, und Sie hatten sich dazu ganz auf den Kollegen verlassen. Sie sind fokussiert und die Präsentation läuft einigermaßen, doch dann kommen im Meeting die ersten „Geschosse" in Ihre Richtung geflogen. Sie atmen nochmals durch und bleiben einigermaßen cool – da kommt ein Gedanke hoch und der innere Dialog beginnt: „Das ist doch sowieso Deine Art, nicht Kontra zu geben; bist Du jetzt achtsam oder gibst Du nur wieder klein bei?" Einen Moment sind Sie abgelenkt. Sie schlagen sich aber ganz wacker und ziehen anschließend los, um sich um Ihren eigenen Kram zu kümmern, der jetzt natürlich hinterher hinkt. Sie suchen den Mitarbeiter aus Ihrem Team, der Sie heute Morgen bei der Regelrunde in der Produktion vertreten hat, finden ihn aber nicht. Da kommt eine Hiobsbotschaft aus der Produktionsabteilung: Ihr Mann hätte ein Versprechen gemacht, das unrealistisch ist und das Sie in Teufels Küche bringen würde. Sie werden langsam genervt. Sie fangen an zu schimpfen und zu hetzen, und in Ihrem Kopf verdichtet sich das Gedankenwirrwarr. Später, kurz nach 15:00 Uhr, stellt Ihnen jemand eine dumme Frage und Sie reagieren im typischen alten Muster, was immer das ist: Ungeduld, Ironie, Ärger…

Wie würden Sie den Tag einschätzen? Bewerten Sie ihn als erfolgreichen Schritt in Ihrer Mindfulness-Praxis oder eher nicht? Für uns fällt das Urteil unter den Umständen eindeutig aus: Wenn Sie einmal an diesem Tag einem Impuls nicht gefolgt sind, der normalerweise Ihr Verhalten diktieren würde, war es ein Erfolg! Jeder „Trainingsschritt" führt Sie ein Stück weiter in Richtung Unabhängigkeit von Ihren inneren Impulsen und Automatismen und dadurch einen Schritt in Richtung bessere Lebensqualität.

Wenn Sie so „diszipliniert" waren, den Praxisteil des Buchs für sich erfahrbar zu machen, dann ist jetzt eine gute Zeit, Sie auf eine Reihe typischer Herausforderungen aufmerksam zu machen, die Ihnen im Laufe Ihrer Mindfulness-Praxis begegnen können. Einige dieser Phänomene fordern Sie heraus, indem sie Sie dazu bringen können, Ihre Mindfulness-Praxis aufzugeben; andere verleiten Sie möglicherweise dazu, die Fortschritte, die Sie beim Meditieren gemacht haben, wieder zunichte zu machen; und weitere entstehen durch die Eigenart unseres cleveren Denkapparats, indem er durch die Hintertür selbst Mindfulness zu dominieren schafft! Alle diese Herausforderungen kommen von innen, und auf alle können Sie einwirken. Je mehr Sie alleine üben, desto wichtiger ist diese Information für Sie, damit Sie nicht denken: „Oh Gott, ich bin der Einzige auf der Welt, dem so was passiert!" (was übrigens auch eine Herausforderung ist – allein dieser Gedanke hat schon Menschen dazu gebracht, die Meditation aufzugeben). Manche der Herausforderungen treten während der Meditation auf, andere vorher oder nachher. Wir möchten Sie auf diese Herausforderungen aufmerksam machen, damit Sie sich darauf einstellen können. Wenn Sie wissen, dass es normal ist, was Ihnen da begegnet, können Sie Ihre Motivation leichter aufrecht erhalten und vielleicht vermeiden, sich selbst geringzuschätzen oder gar Ihre Mindfulness-Praxis ganz aufzugeben.

Unsere Empfehlung an Sie: Behalten Sie die akzeptierende, wertschätzende Haltung sich selbst gegenüber in all diesen Situationen bei und machen Sie all diese interessanten Phänomene zum Gegenstand Ihrer Mindfulness, dass heißt, wenn Sie sie erleben, bleiben Sie in der Spiegelhaltung. Sie lernen sich selbst näher kennen – ist doch toll, oder? In dieser Haltung können Sie mit den Herausforderungen intelligent umgehen, und einzig darum geht es uns. In dem Beispiel am Anfang dieses Kapitels wären Sie dann in der Lage, zu sehen, dass Sie einen kleinen Schritt in Ihrer Entwicklung vollzogen haben, anstatt vielleicht von sich zu erwarten, dass Sie den ganzen Tag lang „perfekt" achtsam sein sollten.

Herausforderung 1: Wie messe ich den Fortschritt?

Sie wären im genannten Beispiel in der angenehmen Situation, ein Gefühl für Ihren Fortschritt zu haben: Sie sind sich ja darüber bewusst, in einer bestimmten Situation nicht Ihrem Impuls gefolgt zu sein, weil Sie achtsam waren. Unsere Erfahrung ist es, dass Fortschritte besonders in den ersten Monaten der Meditationspraxis besonders leicht erlebbar sind. Anschließend wird es schwieriger, den Fortschritt immer zu bemerken. Und was heißt überhaupt Fortschritt? Fortschritt könnte heißen, dass die an Ihr Experiment mit Mindfulness gestellten Erwartungen im Laufe der Zeit erfüllt werden. Die Erwartungen sind aber auch gleichzeitig das Problem. Darauf haben wir Sie zu Beginn des praktischen Teils schon mal aufmerksam gemacht. Denn Ihre Erwartungen sind grundsätzlich auf Basis Ihrer Erfahrungen begründet, und mit Mindfulness haben Sie noch keine Erfahrung. Daraus resultiert, dass Ihre Erwartungen unerfüllbar sein müssen, und unerfüllte Erwartungen führen oft zu Enttäuschungen, die Sie demotivieren können. Eine der typischsten Erwartungen ist, dass sich mit „erfolgreicher" Meditation alles ändern muss.

Kürzlich sagte ein Kollege zu mir: *„Wie kannst Du sagen, dass Mindfulness für Dich funktioniert? Ich habe Dich doch auch schon mal gestresst gesehen!"*. Jutta Häuser (ihres Zeichens Borussia Dortmund-Fan) dazu: *„Selbst ein Marco Reus schießt in einem Spiel schon mal daneben – disqualifiziert es ihn deshalb als Spitzensportler?"*. Und wenn das Danebenschießen in der Reus-Liga schon dazugehört, dann brauchen Sie und ich uns nicht unter Perfektionszwang zu setzen, oder? Das wäre das sichere Mittel zum Scheitern, denn diesen Anspruch werden Sie nie, schon gar nicht in den ersten Wochen, erfüllen. Sie betreten mit Mindfulness Neuland, und Ihre Erwartungen – oder die Anderer – werden sich nicht erfüllen. Machen Sie deshalb Ihre Erwartungen besser zum Gegenstand Ihrer Mindfulness!

Neuland betreten heißt, mit dem Nichtwissen leben zu müssen. Beobachten Sie bei sich, welche Gedanken und Emotionen dies in Ihnen auslöst. Emotional fällt es uns Menschen schwer, mit Nichtwissen umzugehen. Das emotionale Gehirn drängt uns dazu, uns ein prognostizierbares Umfeld zu suchen, um unser Überleben zu sichern. Osho sagte einmal: *„Wenn der Mensch sich zwischen dem Schmerz des Bekannten und der Angst vor dem Unbekannten entscheiden muss, gewinnt fast immer der Schmerz des Bekannten."*[1] Die Nichtmessbarkeit des Fortschritts von Mindfulness kann zu einer großen Herausforderung werden. Die mit dem Nichtwissen verbundene negative Emotion kann dazu führen, daran zu zweifeln, ob Mindfulness „etwas bringt". Wir empfehlen Ihnen, der Methode zu vertrauen und weiterzumachen. In diesem „achtsamen" Vertrauen selbst liegt aus unserer Sicht ein großer Fortschritt. Denn Mindfulness verleiht uns die Fähigkeit, die Akzeptanz des Nichtwissens, des Unkontrollierbaren aushalten zu können. Ich habe bei mir selbst beobachtet, dass sich Zukunftsängste sofort auflösen, wenn ich über Mindfulness aus der Zukunftsphantasie (und selbst der Gedanke an den sicheren eigenen Tod ist hier und heute eine Phantasie) in das Hier und Jetzt zurückkomme.

Aus dieser Haltung heraus beobachten Sie dann bitte neugierig, wie Sie sich entwickeln: Gibt es irgendwelche Veränderungen in Ihrem körperlichen oder seelischen Wohlbefinden? In der Art, wie Sie mit sich selbst und Anderen umgehen? In Ihrer emotionalen Grundstimmung? Lassen Sie sich durch den tatsächlich beobachteten Fortschritt gerne auch wieder motivieren, weiterzumachen. Nur leiten Sie bitte keine neuen Erwartungen für zukünftige Entwicklungen daraus ab!

Jutta Häuser: *„Die wichtigste Empfehlung von mir ist, dran zu bleiben, gerade wenn es unangenehm wird. Der Widerstand ist Teil des Prozesses, sich genau im Spiegel anzuschauen. Das ist schon so etwas wie ein Befreiungsprozess, uns von automatischen Reaktionen zu befreien".*

Herausforderung 2: Umgang mit hartnäckigen alten Impulsen

Auch eine große Herausforderung ist es, wenn ich mich so erlebe, als machte ich Rückschritte anstatt Fortschritte. Auch hier hilft zunächst das Management meiner eigenen Erwartungen. Doch das Thema der wahrgenommenen Rückschritte ist umfangreicher: die ersten „Rückschritte" sehen wir aus unserer selbstkritischen Brille oft schon nach den ersten Meditationsübungen, wenn wir das Gefühl haben, als hätten wir nun mehr Gedanken im Kopf als vor der Meditation! Durch den gewohnheitsmäßigen Fokus des „emotionalen" Hirns auf das Negative sehen wir einen „Rückfall" in alte Muster (sei es Ungeduld, das Multitasking, der Rückzug aus Konflikten usw.) eher als den kleinen Fortschritt (sei es ein bisschen aufmerksamer zuzuhören, ein bisschen mehr auf die Bedürfnisse des Körpers hören oder ein bisschen mehr der Versuchung des Smartphones zu widerstehen) im Lösen von alten Mustern. Wir können die Fortschritte in Mindfulness zwar nicht erzwingen, haben aber ein großes Talent darin, uns selbst beim Fortschritt im Weg zu stehen. Deshalb ist der Fokus auf sogenannte „Rückschritte" eine große Herausforderung: Sobald wir „Rückschritte" identifizieren, tendieren wir zur Selbstkritik. Dieses kritische Nachdenken über die eigenen Fehler bescheren uns allerdings nur unangenehme Gefühle und die Aktivierung des BIS-Systems (vgl. S. 43). Dadurch werden wir wiederum empfänglicher für mehr kritische innere Dialoge, und durch die Amygdala-Aktivierung tendieren wir dazu, noch mehr unseren Impulsen zu folgen und alte Muster zu reaktivieren. Wenn die Amygdala aktiviert wird, erfahren wir ein Gefühl der Unsicherheit. Daraufhin tendieren wir meist dazu, auf die Suche nach Sicherheit zu gehen, und finden diese in Verhaltensmustern, die uns vertraut sind. In Summe: Eine kritisch denkende Strategie ist in einem solchen Fall kontraproduktiv.

Aber was dann tun, wenn Sie mal wieder im alten Muster unterwegs waren? Vielleicht hatten Sie sich vorgenommen, mehr zu meditieren und Sie haben es nicht getan, waren vielleicht „zu unruhig"; oder Sie wollten Momente der Mindfulness praktizieren und haben es den ganzen Tag lang vergessen; oder in der Besprechung mit dem „schwierigen" Mitarbeiter oder mit Ihren Kindern ist Ihnen wieder etwas „rausgerutscht", das Sie nicht mehr sagen wollten. Letztlich haben Sie von der Haltung her zwei Alternativen: Sie kritisieren sich selbst oder Sie feiern sich selbst, weil Sie so achtsam sind, sich darüber bewusst zu sein, dass Sie nicht achtsam waren — sozusagen „Mindfulness von Mindlessness"! Mit welcher Alternative glauben Sie, dass Sie Ihre Herausforderung am besten meistern?

Herausforderung 3: „Ich habe keine Zeit" oder „Mein Umfeld lässt das nicht zu"

Wirklich? Wir fordern Menschen gern zum Thema „Wie viel Zeit habe ich?" heraus: Sie verbringen Ihre Zeit wirklich auf so bewusste und kreative Art, dass Ihnen nichts einfällt, das Sie durch zehn Minuten Mindfulness am Tag ersetzen könnten? Falls Ja, vergessen Sie Mindfulness. Falls Nein, streichen Sie die wertloseste Aktivität zuerst von der Liste und ersetzen sie durch Meditation. Wir haben allerdings auch gesehen, dass junge Paare mit zwei kleinen Babys von vier und 19 Monaten es wirklich nicht leicht haben, Zeit für regelmäßige Meditation einzurichten. Wir würden Ihnen in dem Fall empfehlen, möglichst viele Gelegenheiten im Alltag für Mindfulness zu nutzen. Den meisten Menschen würden wir allerdings empfehlen, nochmals zu überlegen: Haben Sie keine Zeit, oder ist Ihnen Mindfulness nicht wichtig genug? Vielleicht ist es das Fernsehen oder irgendwelche Menschen, die Ihnen nicht wirklich guttun, oder vielleicht zwanzig Minuten weniger im Internet, die Platz für Mindfulness machen könnten? Und nehmen Sie es leicht mit sich selbst: Wenn Sie 30 Minuten von der Liste streichen, nehmen Sie 15 davon für Mindfulness, nehmen Sie die anderen 15 für etwas anderes Schönes.

Wenn Sie glauben, dass Ihr Umfeld für eine regelmäßige Meditation nicht geeignet ist (und Sie nicht zwei Babys haben), empfehlen wir Ihnen, zunächst mal Ihre eigenen Bewertungen und Erwartungen zu prüfen: Welche Umstände hätten Sie gern, um achtsam sein zu können? Wäre es möglich, mal unter den gegebenen Umständen mit Mindfulness zu experimentieren? Können Sie gegebenenfalls Geräusche als Gegenstand Ihrer Mindfulness mit einbeziehen, anstatt sie als Störungen zu sehen? Wir Autoren meditieren auch gern mal in unseren Büros. Wenn wir wirklich alles zum Gegenstand unserer Mindfulness machen, dann gibt es eigentlich keinen Ort, der völlig ungeeignet ist. Und ja: Anfangs machen Sie es sich sicher leichter, wenn Sie wenigstens nicht auf „Störungen" reagieren müssen.

Herausforderung 4: „Das kriege ich nie hin", „Ich bin zu unruhig dafür" oder auch „Es reicht jetzt"

Die Gedankenproduziermaschine Kopf ist schon was Faszinierendes! Sie lässt sich zwischendrin immer wieder etwas Neues einfallen, um sich selbst zu überlisten! Es ist fast, als könnte der Geist es nicht aushalten, beruhigt zu werden. Sobald wir anfangen, auf Distanz zu gehen und „Spiegel" zu sein, kommt er durch die Hintertür, um weiter zu dominieren. Er pflanzt uns allerlei glaubhafte Rechtfertigungen und Rationalisierungen ein: „Jetzt hast Du eine Weile so regelmäßig geübt, jetzt übertreibe es nicht und gönn' Dir mal eine Pause!", „Du bist doch sowieso zu blöd, das kriegst Du nie hin!", „Die sagen zwar, dass jeder das kann, aber ich habe bestimmt kein Talent dafür!", „Die sagen zwar, das geht nicht ohne Meditation, aber ich versuche es doch mal!", „Striktes Regelwerk ist nichts für mich, ich mache das auf meine Art!", „Das macht mich kirre, ich kann es nicht aushalten!", „Das mit der regelmäßigen Meditation geht ja einigermaßen, aber das Umsetzen in den Alltag? Habe ich einmal probiert. Unmöglich!" usw. Auf die Gefahr hin, dass Sie sich langsam langweilen, haben wir mal wieder eine Empfehlung: Machen Sie diese Stimmen zum Teil Ihrer Meditation — seien Sie ihnen ein Spiegel! Dass die Stimmen das Problem sind, ist ein Missverständnis. Es ist nie die Unruhe, die das Problem ist. Es ist auch nie die Fülle der Gedanken. Und auch nicht die impulsiven Emotionen oder Ungeduld. Denken Sie dran: Das Ziel ist nicht, weniger Gedanken oder bestimmte Gefühle zu haben. Die Frage ist, wie Sie Ihre Beziehung zur eigenen Ungeduld, zu den Emotionen und Gedanken gestalten. Wehren Sie sich gegen sie, dann geben Sie ihnen Kraft! In der Sprache der Hirnforscher: *„Energy flows where attention goes."*[2] Die beste Strategie, um angesichts dieser Phänomene in die eigene Kraft zu kommen, ist eine distanzierte Beobachterposition, also „Spiegel" zu sein. Dann dürfen auch die größten inneren Unruhen durchaus sein. Sie sind auch keine Störungen. Vielmehr können wir die sogenannten Störungen „utilisieren": Wie den Zen-Stock nehmen wir dann die Störungen als Anlass, uns daran erinnern zu lassen, achtsam zu sein!

Herausforderung 5: Das Problem mit dem Alleinsein

Eine Studie aus dem Jahr 2014 zeigt, dass Menschen sich lieber selbst leichte Stromschläge verabreichen, als 15 Minuten absolut nichts zu tun — Männer noch wesentlich mehr als Frauen.[3] Wohin ist der moderne Mensch gekommen? Und warum ist das Alleinsein für so viele Menschen ein Problem? Wir sehen uns nicht imstande, diese Frage hier mit irgendeiner Form von Autorität zu beantworten. Wir lassen sie deshalb stehen und empfehlen Ihnen, in der Anwendung von Mindfulness wachsam für das Thema zu sein.

Übung: Alleinsein

Denken Sie einmal darüber nach, was Sie tun, wenn Sie allein sind. Wie oft sind Sie überhaupt wirklich ganz allein? Wie beschäftigen Sie sich? Wie oft sind Sie allein und tun wirklich gar nichts (d. h. kein Radio, keinen Fernseher, keine Zeitung)? Fühlen Sie sich wohl oder unwohl, wenn Sie allein sind?

Wenn Sie merken, dass das Alleinsein für Sie unangenehm ist, sehen Sie das nicht als „Problem" an, denn es geht vielen Menschen so. Der Ansatz von Mindfulness ist pure Akzeptanz. Nichts, was wir vorfinden, müssen wir verurteilen oder ändern. Machen Sie Ihre Erkenntnisse zum Gegenstand Ihrer Mindfulness, nicht mit dem Ziel, sie zu verändern, sondern allein, um Klarheit zu schaffen — die Klarheit des Spiegels. In der Klarheit und Akzeptanz liegt eine gewisse Magie, die manchmal auch eine therapeutische Wirkung hat.

Herausforderung 6: „Störende" Impulse während der Meditation

Haben Sie auch die Erfahrung, dass Sie sich auf einmal Dingen bewusst werden, die Ihnen völlig verborgen waren, bis Sie sich zur Meditation hingesetzt haben: Auf einmal juckt es da; plötzlich haben Sie einen Hustenreiz; und der Rücken schmerzt auf einmal oben und unten; ganz zu schweigen von den tollen Ideen, die Sie plötzlich haben oder dem wichtigen Anruf, den Sie fast vergessen hätten? Dies alles mit zum Gegenstand Ihrer Mindfulness zu machen, ist anspruchsvoll. Wie sollen Sie es hinkriegen, die Idee im Kopf festzuhalten und gleichzeitig weiter zu meditieren? Wie weiter meditieren und gleichzeitig husten?

Die Kunst, *nicht* den Impulsen zu folgen, sich *nicht* zu kratzen wenn es juckt, nicht hin und herzurücken, zu niesen, zu husten etc. ist angewandte Mindfulness. Wir empfehlen Ihnen als Experiment, nur ein einziges Mal beim nächsten typischen Impuls nichts zu tun und zu warten, was passiert. Das Jucken geht vorbei, selbst das Husten zieht meistens vorbei, und zwar leichter, wenn Sie entspannt bleiben und innerlich auf Distanz sind. Wenn Sie sich dagegen engagieren, nervös werden, das Husten zu unterdrücken versuchen, dann wird der Impuls nur stärker. Tun Sie das nur ein einziges Mal auch mit den tollen Ideen. Wenn Sie aber mal in einer Situation sind, in der Sie von Mücken geplagt werden oder es bei der tollen Idee um Leben und Tod geht, dann folgen Sie achtsam Ihrem Impuls und vertreiben die Mücken oder schreiben die Idee auf. Tun Sie das aber dann mit der gleichen Qualität von Mindfulness, mit der Sie vorher gesessen haben.

Studien haben erwiesen, dass Mindfulness so gut wie manches Schmerzmedikament wirkt. Dabei geht es nicht darum, zu behaupten, Mindfulness lindere den „objektiven" Herd der Schmerzen. Vielmehr verändert es die Beziehung des Menschen zu seinem Schmerz. Meist ist der erste Impuls bei Schmerzen, sich dagegen zu wehren. Dadurch geben wir dem Schmerz aber viel Aufmerksamkeit und er verstärkt sich oft. Wenn wir es schaffen, den Schmerz im Spiegel unserer Mindfulness zur Kenntnis zu nehmen und anschließend unseren Fokus der Aufmerksamkeit zu verlagern, sind wir in der Lage, den Schmerz sein zu lassen — ohne zu kämpfen — und dennoch die Aufmerksamkeit zu lenken. Diese Fähigkeit kann man etwa über die Methode des Body Scan gut trainieren. Je regelmäßiger Sie meditieren, desto erfolgreicher sind Sie wahrscheinlich damit.

Meine Frau Fong Chen Chiu hat langfristige Erfahrung mit teilweise chronischen Schmerzen. Über ihre Erfahrung mit Mindfulness und Schmerzen sagt sie: *„Schmerzen führen regelmäßig dazu, dass ich mich verspanne. Dadurch wird der Schmerz nur noch schlimmer. Die Meditation erlaubt mir, zu sehen, wo im Körper der Schmerz ist, wo die Spannung ist, und diese im Lauf der Meditation loszulassen. Ich habe manchmal schmerzende Geschwüre im Mund. Wenn ich meditiere, merke ich einen verstärkten Speichelfluss, und das Schmerzempfinden wird langsam weniger intensiv. Aber je mehr ich versuche, die Schmerzen loszuwerden – mit der Intention meditiere, den Schmerz loszuwerden –, desto weniger funktioniert das. Wenn ich aber einfach meditiere, dann geht es."*

Herausforderung 7: Die innere Haltung zu angenehmen und unangenehmen Erfahrungen

Im Laufe der Zeit machen die meisten Meditierenden während der Meditation irgendwann mal ungewöhnliche Erfahrungen. Manche dieser Erfahrungen sind eher angenehm: Die Zeit scheint sich zu verlangsamen; die Sinne scheinen eine völlig neue Qualität zu bekommen; das Erleben des Moments bekommt eine nie erlebte Intensität; die Grenzen des eigenen Körpers scheinen sich auszuweiten, mit der Umwelt zu verschmelzen; man scheint „außerhalb des eigenen Körpers" zu sein. Andere sind eher unangenehm: ein Gefühl überwältigender „Leere" oder Sinnlosigkeit; emotional überwältigende Erinnerungen „kommen hoch". Solche Erfahrungen geschehen meist nicht gleich in den ersten Tagen und dann oft auch nur im Prozess einer längeren Sitzung, wenn man zum Beispiel eine längere Zeit körperlich völlig ruhig war. Doch schon der unangenehme Effekt des Alleinseins und Nicht-Tuns kann sehr herausfordernd sein. Deshalb gibt es immer wieder Menschen, die sich so überwältigt fühlen und so mit den Erfahrungen identifizieren, dass sie aufhören zu meditieren, entweder aus Angst vor weiteren unangenehmen Erfahrungen, oder weil sie denken, sie hätten einen besonderen Bewusstseinszustand erreicht. Unsere Herangehensweise in diesem Fall ist sehr pragmatisch, aber auch herausfordernd: Lassen Sie sich von Erfahrungen jeglicher Art nicht beirren. Für uns ist jede Erfahrung, egal welcher Art, eine weitere Chance, die Erfahrung im Spiegel zu reflektieren.

Wenn wir in diesem Buch manchmal den Begriff „Anfänger" benutzen, bezieht sich das rein auf die zeitliche Abfolge: Sie meditieren zum ersten Mal. Den „Grad" oder das „Maß" Ihrer Mindfulness kann aber niemand (auch kein sogenannter „Meister") beurteilen, und die Entwicklung Ihrer Mindfulness verläuft auch nicht linear. So wie es sein kann, dass Sie in sehr kurzer Zeit großartige Fortschritte in Mindfulness machen, ist es ebenso möglich, dass Sie nach vielen Jahren Meditation immer wieder mal Situationen erleben, in denen Sie zu unruhig, emotional oder müde für Meditation sind oder ein einziges Wirrwarr von Tagträumen haben! Nur eines ist klar. Raj Bissessur bringt es auf den Punkt: „Es ist, als hättest Du die Büchse der Pandora geöffnet. Du kannst nie wieder zurück. Selbst wenn ich es manchmal vergesse, sobald ich sitze und die Augen zumache, ist es sofort wieder da – es gibt nichts zu erreichen."

Herausforderung 8: Doch wieder auf das Denken zurückzugreifen

Lassen Sie uns nochmals eine zentrale Erkenntnis wiederholen: Mindfulness hat nichts mit Denkleistung zu tun. *Dr. Holger Rohde hatte durch Mindfulness eine Einsicht über negative Bilder, die sich in seinem Kopf entwickelten. Sein Weg zur Arbeit führt ihn nicht nur durch den Elbtunnel, sondern durch eine langfristige Baustelle, die Staus am Fließband produziert. Im Stopp-and-Go-Verkehr wird es außerdem oft auch gefährlich. Dr. Rohde beobachtete bei sich negative Annahmen über andere Fahrer wie „Er schert sicher gleich gefährlich aus". Als er sich dessen bewusst wurde, experimentierte er mit dem Unterschied zwischen Mindfulness und einer Denkleistung wie „Es wird schon alles o. k. werden",* mit der wir aktiv positive Bilder generieren können. Beide Vorgehensweisen sind nützlich, wenn es darum geht, uns von negativen Mustern zu befreien. Der Unterschied besteht darin, dass beim Umdenken ein altes durch ein neues Denkmuster ersetzt wird, was eine sprachliche und kognitive Vorgehensweise ist; wogegen Mindfulness als nicht sprachliche, nicht kognitive Kapazität uns von der Dominanz aller Automatismen schlechthin befreien will. „Befreiung" ist auch nicht im Sinne von „keine Impulse mehr haben" zu verstehen, sondern im Sinne von „so achtsam zu sein, dass man seine Impulse wahrnimmt und die Flexibilität hat, auf ihrer Basis zu handeln oder auch nicht". Die Forschung hat gezeigt, dass Mindfulness mehr Chancen bietet, uns in der Befreiung von Automatismen zu unterstützen, da die Denkleistung im Allgemeinen gegen die Automatismen verliert, die sowohl schneller als auch stärker als das bewusste Denken sind. Gleichzeitig verschlingen sie die begrenzten Ressourcen des Präfrontalkortex. Osho hat für „Reife Intelligenz" eine schöne Definition: *„Aus dem Nicht-Wissen zu kommen, unvoreingenommen, nicht aus der Vergangenheit, das ist Reife. Reife ist ein tiefes Vertrauen in Dein eigenes Bewusst-*

sein. Der Geist ist unreif, wenn er nicht bereit ist, zu lernen. Wenn ich das Wort ‚Reife' benutze, meine ich nicht, dass Du reifer wirst, wenn Du mehr Erfahrung hast. Wissen macht Dich weniger aufnahmebereit, weil Du immer wieder das denkst, was Du schon weißt. Ich nenne einen Geist ‚reif', der sich die Fähigkeit, überrascht zu werden, erhalten hat." Und der berühmte Entwicklungspsychologe Jean Piaget soll einmal gesagt haben: *„Intelligenz ist das, was wir brauchen, wenn wir nicht wissen, was wir tun sollen."*

Herausforderung 9: Die Tendenz zum Multitasking

Multitasking ist eine hochwirksame Strategie, unsere präfrontalen Ressourcen systematisch zu erschöpfen! Multitasking zu begrenzen ist andererseits eine der wirksamsten Strategien, um Mindfulness als Lebensqualität zu unterstützen. Das Unterlassen von Multitasking geschieht teils auch „automatisch" als Konsequenz von Mindfulness im Alltag. Andererseits ist der Impuls zu multitasken auch schon mal so stark, dass er ein Hindernis für Mindfulness im Alltag sein kann. Deshalb widmen wir uns dem Thema hier ausführlich.

Was ist mit Multitasking überhaupt gemeint? Um das für sich selber erfahrbar zu machen, nehmen Sie sich am besten einen Übungspartner und machen das folgende Experiment.

> **Übung: Die Grenzen des Kurzzeitgedächtnisses erkunden**
>
> Ein Übungspartner gibt dem anderen — improvisiert und spontan — jetzt eine Reihe von sechs Zahlen vor, am besten ohne sichtbare Ordnung, zum Beispiel: 4, 7, 2, 9, 6, 8. Der Andere versucht sich die Zahlen zu merken. Jetzt steigern Sie in der Übung die Anzahl der wiederum spontan neu ausgegebenen Ziffern langsam um jeweils eine, bis das Kurzzeit- oder Arbeitsgedächtnis des Partners aufgibt. Die meisten Menschen kommen bei sechs Zahlen noch gut mit und können sich die Reihenfolge ein paar Sekunden lang gut merken, bis die nächste Ablenkung kommt. Bei sieben Zahlen geht das oft auch noch gut, bei acht fängt das menschliche Arbeitsgedächtnis an, überfordert zu werden, bei neun oder zehn haben fast alle Menschen die Zahlenfolge schon vergessen, bevor sie zu Ende ist.

Das Arbeitsgedächtnis, das oft auch Kurzzeitgedächtnis genannt wird, kann sich sieben bis acht „Chunks"[4] (am besten als „Informationseinheit" zu verstehen), wie es in der Fachsprache genannt wird, merken. „23" kann auch ein Chunk sein, weshalb sich Menschen eine Telefonnummer leichter merken können, wenn Sie „dreihundertsiebzehn – vierundzwanzig – achtundsiebzig" anstatt „drei – eins – sieben – zwei – vier – sieben – acht" denken.

Sobald eine Ablenkung geschieht, die es „wert" scheint, unsere Aufmerksamkeit darauf zu lenken (meist unwillkürlich), müssen wir im Arbeitsgedächtnis von einem Inhalt zum anderen wechseln. (Und liebe Herren, die Damen haben ein Arbeitsgedächtnis, das genau so strukturiert ist wie Ihres – so viel zum Mythos, dass Frauen Multitasking können!) Multitasking hieße, gleichzeitig zweimal die Information im Arbeitsgedächtnis halten zu können. Dies ist „hirntechnisch" aber einfach nicht möglich. Wir müssen stattdessen beim Versuch des Multitasking hin- und herspringen. Vielleicht können viele Frauen das besser als Männer, wodurch es dann so scheint, als könnten sie mehrere Dinge auf einmal tun. Das Problem für beide aber ist, dass wir bei diesem Versuch in beiden Aufgaben schlechter abschneiden, als es der Fall wäre, wenn wir uns nur einer einzelnen Aufgabe widmen würden. Dabei leidet die Leistungsfähigkeit nur ganz leicht, wenn wir eine der beiden Aufgaben automatisch erledigen können (wie z. B. Auto fahren) und für die andere die bewussten Ressourcen des Präfrontalkortex brauchen (uns eine neue Telefonnummer merken). Sie leidet aber dramatisch, wenn wir plötzlich beim Fahren eine Gefahrensituation meistern müssen und uns dabei die Zahlen merken wollen. Deshalb ist der Fahrer plötzlich taub für das Thema des Beifahrers, wenn er auf einer einspurigen Landstraße einen langen LKW überholt. Sie sehen schon: Das Problem ist nicht die fehlende Freisprechanlage. Das Problem sind die begrenzten Ressourcen der Informationsverarbeitung im Arbeitsgedächtnis. Diverse Studien haben herausgefunden, dass unsere Leistung durch Freisprechen beim Autofahren genauso steil oder noch steiler abfällt als bei 0,8 Promille Alkohol. Die Reaktionszeit durch Telefonieren fiel teils um eine halbe Sekunde! Beim Texten fiel die Leistung erwartungsgemäß noch steiler ab.

Die US-amerikanische Forscherin Linda Stone bezeichnet den Versuch, zwei Dinge, für die wir jeweils präfrontalen Ressourcen brauchen, gleichzeitig zu tun als „kontinuierliche partielle Aufmerksamkeit" (*continuous partial attention*). Um den Unterschied im Leistungsabfall in diesem Zustand sofort erfahrbar zu machen, schreiben Sie bitte etwas, während Sie etwas anderes laut sprechen.

Regelmäßiges Multitasking bzw. der Versuch verschwendet Zeit, schadet dem Arbeitsgedächtnis, verringert die Fähigkeit zu priorisieren und ist nachhaltig schädlich für die Fähigkeit, auf eine Sache zu fokussieren. Selbst unsere Fähigkeit zum Multitasking leidet! Dazu kommt, dass chronische Multitasker nicht in der Lage sind, sich über ihre wachsenden Defizite bewusst zu sein, ja, sie halten sich sogar für besonders produktiv! Wenn Sie jetzt noch in Betracht ziehen, dass der gewohnheitsmäßige Griff zum Smartphone das Belohnungssystem aktiviert und dadurch eine Art Sucht entsteht, dann verstehen Sie, warum wir das Thema hier so ausführlich darstellen. Bisher ist lediglich Mindfulness als einzige langfristig erfolgreiche Strategie bekannt, die Fähigkeit des Fokussierens nachhaltig wieder aufzubauen.

Es gibt einige Kombinationen, die der Stanford-Professor Clifford Nass „integratives Multitasking" nennt. Dies ist eine „gesunde" Form des Multitasking, durch die die Denkleistung steigt. Dazu gehört etwa der Fokus auf die Reaktionen einer Person, mit der man gerade spricht, der Fokus auf den eigenen Atem, wenn man jemandem zuhört, oder das Vorstellen des Gesichts einer Person, während man ihr schreibt. Auch das Nutzen mehrerer Medien zur Recherche eines Themas ist in diesem Sinne integrativ, nicht aber das Checken Ihrer Tweets während des Schreibens eines Artikels.

Ungesunde Formen des Multitasking sind:

- Beim Fahrradfahren zu chatten.

- Beim Autofahren zu telefonieren (auch über Freisprechanlage).

- Während einer Besprechung ständig zu schauen, wer angerufen hat (auch wenn der Blackberry auf lautlos gestellt ist).

- Während des Kochens den Fernseher laufen zu lassen.

- Genau genommen auch das Radio anzuhaben, während Sie Auto fahren und sich dabei mit dem Beifahrer unterhalten, oder sich im Haus oder Büro aufhalten (es sei denn, Sie hören dann nur Radio). Und wenn Sie das Radio ganz leise stellen, generieren Sie noch etwas extra Stress im Hirn! Denn leise menschliche Stimmen im Hintergrund sorgen für eine Amygdala-Aktivierung, da unser emotionales Gehirn seine Aufmerksamkeit — unbewusst — darauf ausrichtet, zu verstehen, was dort gesprochen wird.

Und wenn wir es nun wirklich genau nehmen wollen mit dem Thema — und wir sind ja hier beim Thema, die Fähigkeit trainieren zu wollen, bei der aktuell relevanten Sache zu sein, nämlich dem, was jetzt und hier geschieht: Im Grunde ist jedes Gedankenwandern, das geschieht, während wir gleichzeitig noch etwas anderes tun, Multitasking, sei es nun ein Gespräch oder eine Einzelarbeit am Computer oder das Autofahren. Haben Sie es schon mal erlebt, dass Sie vielleicht auf einer längeren Fahrt allein im Auto richtig gut in Gedanken versunken waren und dann etwas Gefährliches passiert ist? War Ihre Leistung in dem Moment genauso schnell, souverän und übersichtlich, als wären Sie hellwach bei der Sache gewesen?

Ungesunde Formen der kontinuierlichen partiellen Aufmerksamkeit sind:

- Während eines Meetings E-Mails zu bearbeiten.

- Beim E-Mail schreiben angesprochen zu werden und zu sagen: „Leg' los, ich hör' schon zu".

- Während einer PowerPoint-Präsentation dem Vortragenden zuzuhören und gleichzeitig den Text auf seiner Folie lesen zu wollen.

Empfehlungen zum Thema Mindfulness und Multitasking:

Natürlich raten wir Ihnen als Erstes dazu, sich über Ihre Tendenz zum Multitasking bewusst — achtsam — zu sein. Darüber hinaus können Sie sich durch einige Angewohnheiten selbst unterstützen, Ihre eigenen Ressourcen zu schonen und mehr von Ihrem Besten zu geben: Im Teil II. 3. haben wir es „In Zen sitzen, in Zen gehen" genannt: Tun Sie in dem Ausmaß, in dem Sie selbst darüber die Kontrolle haben, das, was Sie gerade tun, und nicht noch andere Dinge gleichzeitig.

> **Übung: Multitasking-Tendenzen in Diskussionen und Meetings**
>
> Beobachten Sie, wie das Klima und die Disziplin auf Ihre Gefühlslage und Ihre Gedanken Einfluss nehmen. Haben Sie den Impuls, etwas zu sagen? Ist es anstrengend, sich zurückzuhalten? Ist es anstrengend, eine Möglichkeit zu finden, Ihren Beitrag zu leisten? Ärgern

Sie sich über die Disziplinlosigkeit? Beobachten Sie, wie diszipliniert und undisziplinierte Meetings unterschiedlich auf die kollektive Gefühlslage wirken? Wirkt sich die Gefühlslage wiederum auf Disziplin aus? Möglicherweise werden Sie ungeduldiger und aggressiver, wenn sich die Gefühlslage verschlechtert, wodurch die Disziplin noch mehr leidet? Wie wirkt sich all das auf die Produktivität des Meetings aus? Wie erschöpft sind Sie nach disziplinierten bzw. undisziplinierten Meetings? In einem Meeting sein, zuzuhören und gleichzeitig mit den eigenen Gedanken beschäftigt zu sein, ist genau genommen Multitasking. Wir können nicht gleichzeitig nachdenken und zuhören. Was müssten Sie tun, damit Sie nichts verpassen und gleichzeitig Ihren Beitrag leisten können? (z. B. jeder nimmt sich zwei Minuten, um seine Sicht aufzuschreiben, und liest sie anschließend vor)

Weitere Empfehlungen:

- Halten Sie sich für Arbeit, bei der Sie fokussiert bzw. konzentriert sein wollen (z. B. E-Mails bearbeiten) realistische Zeiträume (20 bis 90 Minuten) frei, in denen Sie nichts Anderes machen.

- Wenn Sie abgelenkt werden, nehmen Sie das achtsam zur Kenntnis, kommen Sie dann zu Ihrer Aufgabe zurück.

- Nach einem Multitasking beobachten Sie eine Minute lang Ihren Atem.

- Vermeiden Sie telefonieren und – noch gravierender – im Auto, auf dem Fahrrad und beim Gehen mit dem Smartphone zu chatten.

- Wenn Sie fernsehen, schauen Sie nicht gleichzeitig auf Ihr Smartphone.

- Wenn Sie aufwachen, machen Sie im Verlauf Ihrer Morgenroutine eins nach dem anderen.

- Vereinbaren Sie mit sich selbst eine feste Zeit für E-Mails und Internet und vermeiden Sie beides in der übrigen Zeit.

- Beobachten Sie achtsam, wenn Sie den Impuls zu multitasken haben, besonders mit elektronischen Geräten.

- Schalten Sie so oft wie möglich aus dem Modus des „Default Mode Network" in den „Direct Experience Mode" — auch etwa beim Jogging oder im Fitness Center.
- Beobachten Sie achtsam den Unterschied zwischen destruktivem und integrativem Multitasking.
- Beobachten Sie generell die Gefühlslage, die mit Multitasking einhergeht.
- Schalten Sie das Radio ab, wenn Sie nicht wirklich Radio hören.

Herausforderung 10: Die Haltung gegenüber „nicht Eingeweihten"

Mindfulness ist eine simple Sache, für die es keiner „Einweihung" bedarf. Sie erscheint aber von außen manchmal sehr privat und geradezu mysteriös. Wenn Sie einmal den Nutzen erfahren haben, gehen Sie bitte nicht missionieren. Denken Sie mal aus der Sicht Ihres Gesprächspartners: Wie wird er sich fühlen, wenn Sie ihm sagen, er würde ganz toll profitieren, wenn er Mindfulness macht — er denkt, irgendwas wäre nicht in Ordnung mit ihm, und Sie (ja Sie!) sind schon viel weiter und sehen auch noch sein Problem glasklar! Und dann auch noch so was wie dasitzen und den Atem beobachten? Da haben wir schon das perfekte Rezept für Widerstand. Wenn Sie Leute wirklich inspirieren möchten, dann lassen Sie sich anmerken, wie gut Sie drauf sind, lassen Sie die Leute dann fragen, was mit Ihnen los ist, und sagen Sie daraufhin: „Ich habe etwas für mich entdeckt, aber es ist nichts für jeden, und Dich interessiert es bestimmt auch nicht." Und warten Sie dann auf weitere Fragen. Anders ist es bei Ihren Liebsten und Nächsten: Nehmen Sie Leute aus Ihrem nächsten Umfeld mit, indem Sie Ihre neuen Einsichten und Veränderungen kommunizieren. Sonst könnte es Ihnen wie einem unserer Trainingsteilnehmer gehen, der sich bei uns beschwerte, als er Ärger mit seiner Frau bekam, weil sie ihn nicht mehr wiedererkannte. Wenn Sie Ihre Erfahrungen kommunizieren, tun Sie das auf eine Art, die Ihre Liebsten verstehen! Sprechen Sie in Ich-Botschaften: Mehr von „was mir guttut" als „was Dir guttun würde".

In Kürze

Je tiefer wir in das Thema Mindfulness auf der Erfahrungsebene gehen, desto wahrscheinlicher ist es, dass wir vielen dieser Herausforderungen begegnen. Da sie neu für uns sind, ist es nützlich, sie zu verstehen, sich über sie keine Sorgen zu machen, zu wissen, auf welche Art wir ihnen am besten begegnen oder sie einfach achtsam zu beobachten. Hierzu braucht es die Erfahrungsebene, sonst bringt das Lesen wenig Mehrwert.

Klare Erwartungen an den Fortschritt Ihrer Meditation stellen eine Herausforderung dar, denn sie tendieren dazu, sich selbst zu kritisieren: einerseits, wenn der Fortschritt schwer messbar ist oder nicht schnell genug voranzuschreiten scheint; andererseits, wenn Rückschritte zu passieren scheinen. Gehen Sie hier immer wieder in die Spiegel-Haltung und seien Sie achtsam für tatsächliche Fortschritte.

Zeit für Mindfulness schaffen Sie sich am besten, indem Sie sich einmal von Dingen auf Ihrer Agenda verabschieden, die Ihnen nicht guttun oder die Zeitverschwendung sind. Wenn Sie wirklich keine Zeit für Meditation haben, verlagern Sie die Übung in den Alltag.

Automatismus ist per se eine Herausforderung. „Leider" (sonst hätte das mühsame Training irgendwann ein Ende!) wird Mindfulness nie ein Automatismus, denn Mindfulness ist immer ein bewusster, willentlicher Akt. Es fällt aber mit der Zeit leichter, achtsam zu sein. Die Kunst besteht darin, eine Mindfulness unserer automatischen Impulse zu entwickeln.

Nichts zu tun ist für die meisten Menschen sehr schwer auszuhalten, weil es uns mit uns selbst konfrontiert. Der moderne Mensch ist so auf Action getrimmt, dass er unruhig wird, wenn er sich selbst allein gegenüber steht. Die Kunst besteht darin, die unangenehmen Gefühle zum Gegenstand der Mindfulness zu machen. Ähnlich verhält es sich mit der Fähigkeit, angesichts großen Unrechts oder anderer Verletzung von tief verwurzelten Werten durch Andere achtsam zu bleiben. Dies ist allerdings ein sehr hoher Anspruch.

„Störende" Impulse wie Jucken und Husten während der Meditation „wie ein Spiegel zu reflektieren" und nicht auf sie zu reagieren ist anspruchsvoll, aber empfehlenswert.

Wenn wir während der Meditation unangenehme oder angenehme Erfahrungen haben, ist die Empfehlung, achtsam zu bleiben, das heißt, die Erfahrungen „im Spiegel" zu betrachten und weder das eine abzuwehren noch sich an das andere zu klammern.

Die gleiche Empfehlung gilt, wenn der Geist „durch die Hintertür" eintritt und Mindfulness durch Denkstrategien ersetzen möchte.

Multitasking als Antwort auf unerfüllbare Erwartungen von allen Seiten beeinträchtigt sofort die Leistungsfähigkeit und zerstört nachhaltig die Fähigkeit, sich auf eine Sache zu fokussieren. Mindfulness ist der beste Weg aus der Multitasking-Gewohnheit. Regelmäßig das Multitasking möglichst zu unterbinden ist eine wirksame Unterstützung für Ihre Mindfulness-Praxis.

Teilen Sie Ihre Erfahrungen mit Ihren Nächsten und Liebsten, damit Sie sich nicht von ihnen entfremden. Bei allen anderen Menschen gehen Sie bitte nicht „missionieren". Teilen Sie Ihre Erfahrungen mit, ohne Menschen Empfehlungen für ihre eigene Weiterentwicklung zu geben.

Teil II. 6: Mindfulness in Organisationen – bei der Arbeit

Als der Sohn eines Meisterdiebes sah, dass sein Vater alt wurde und bald nicht mehr aktiv sein können würde, bat er ihn, ihn in die Kunst einzuweisen, damit er das Familiengeschäft weiterführen könnte, wenn der Vater im Ruhestand sein wird. Der Vater stimmte zu, und in der Nacht brachen sie in ein großes Haus ein. Der Vater bat den Sohn, die Kleider aus einer großen Truhe zu stehlen. Sobald der Sohn in der Truhe war, machte der Vater diese zu, verschloss Sie, rief laut „Dieb, Dieb" und verschwand. Der Sohn war verärgert, schockiert und nervös, wie er aus dieser Situation entkommen könnte. Dann hatte er eine Idee. Er machte laut ein Geräusch wie eine Katze. Die Dienerschaft des Hauses versammelte sich bei der Truhe und ein Dienstmädchen wurde mit einer Kerze geschickt, nachzusehen. Sobald die Truhe geöffnet war, blies er die Kerze aus, rannte durch die erstaunte Menge hinaus. Auf dem Weg sah er einen Brunnen. Er nahm einen großen Stein, warf ihn in den Brunnen und wartete im Schatten der Dunkelheit. Die Verfolger versuchten, den Dieb im Brunnen ertrinken zu sehen, und gingen zurück. Als der Sohn nach Hause kam, wollte er sich gerade bei seinem Vater beschweren, als dieser sagte: „Erspare mir die Details. Du bist hier. Du hast die Kunst gelernt."[1]

Das ist Empowerment! Das ist Intelligenz im Sinne von „Kreativer ‚Response' auf das Jetzt"! Das ist Eigenverantwortung – dies alles ist nicht immer bequem, aber der frischgebackene Dieb hat jetzt schon ein Erfahrungsspektrum und eine Zuversicht, die manch wohlbehüteter, „situativ geführter" Mitarbeiter nach einem Jahr noch nicht hätte. „Mindful High Performance" („eine achtsame Hochleistungskultur") ist kein Weichspülansatz, wie es viele intuitiv im Einklang mit den Mythen aus Teil II.2 erwarten würden. Eher würden vielleicht Mottos wie „Tough Empathy" (zu Deutsch etwa „gnadenlose Empathie") oder „Wertschätzend zur Person, gnadenlos transparent und fordernd in der Sache" passen.

Ein „achtsames Unternehmen"? Was ist das?

Achtsam arbeiten oder sogar „Arbeit als Meditation" hatten wir schon. Aber wie könnte eine „achtsame Organisation", ein „achtsames Unternehmen" wohl im Einzelnen aussehen? Um das zu illustrieren, gehen wir in zwei Schritten vor: Wir konzentrieren uns zunächst auf einige beispielhafte Situationen, die anschaulich machen, wie Mindfulness sich positiv im Unternehmen auswirken kann. Anschließend schauen wir uns an, wie eine „achtsame Unternehmenskultur" im Alltag aussehen könnte.

Vorher aber noch ein paar grundsätzliche Dinge: Der Begriff „Arbeit" hat in der deutschen Kultur (und so viel wir wissen in fast allen anderen Kulturen ebenso) ein schwer behaftetes Image. Die Alltagssprache trennt zwischen Leben und Arbeit (Lebst Du, um zu arbeiten oder arbeitest Du, um zu leben?), aber auch die Psychologie spricht von „Work-Life-Balance". Ist Arbeit nicht Teil des Lebens? Wenn wir die Arbeit gleich eingangs schon aus unserem Leben verbannen, wie sollen wir es dann schaffen, im „Rest des Lebens" glücklich zu werden? Und welche Einstellung haben wir zur Arbeit, wenn Sie „nicht Teil des Lebens" ist? Schnell sind wir von hier aus bei Metaphern wie dem „Kampf des Lebens", bei „Schlachtplänen" (Strategien), „sich ins Gefecht stürzen" (zur Arbeit gehen) oder gar dem „Haifischbecken" (Kollegenkreis). Wen wundert es dann noch, wenn am Montagvormittag die Frage „Wie geht's?" anders beantwortet wird als am Freitagnachmittag. Dabei machen wir uns auch etwas vor, denn von der „Flow"-Forschung über die Verhaltensökonomie zur Psychologie wurde erforscht, dass wir erfüllter sind, wenn wir auf Dinge fokussieren, als wenn wir in der „Hängematte liegen und die Seele baumeln lassen", auch wenn es sich intuitiv anders anfühlt.

Zu Mindfulness bei der Arbeit und in Organisationen gehört eine achtsame Haltung der Arbeit gegenüber. Wie schnell assoziieren wir automatisch die Bewertung „positiv" mit Aktivitäten, die wir mit Stolz verbinden (z. B.: Wir dürfen unsere Arbeit vor einem wichtigen Gremium darstellen; Wir sind gefragt, ein wichtiges Problem zu lösen; Andere fragen uns um Rat, weil wir die Experten sind) oder die wir zum „Hobby" erklärt haben? Wie schnell assoziieren wir automatisch „negativ", wenn es um Routineaktivitäten wie Berichtswesen oder Reisekostenabrechnungen, um „Langweiliges" (leider oft gemeinsame Besprechungen) oder um Dinge geht, um die man nicht herumkommt wie Putzen oder Geschirrspülen? Es wäre spannend, im Spiegel von Mindfulness einmal zu beobachten, wann wir positive Gefühle mit einer Tätigkeit assoziieren und wann negative; und bei welcher dieser Tätigkeiten wir mehr im Default Mode Network (‚Ich habe keine Lust auf meine Arbeit' oder ‚noch einige Stunden bis Feierabend') unterwegs sind; und was passiert, wenn wir nicht versuchen, die Arbeit, die wir mit negativen Gefühlen assoziieren, zu vermeiden und negativ zu beurteilen, sondern uns mit dem gleichen Engagement fokussiert in diese Tätigkeiten begeben wie in die positiv besetzten. Wir Autoren sagen: Sie können engagiert und präsent in jeder Tätigkeit sein. Denken Sie daran: Wir tendieren dazu, unglücklich zu sein, wenn unser Default Mode Network (DMN) aktiv ist, und glücklich, wenn wir „ganz bei" der Tätigkeit sind (siehe dazu auch die schon erwähnte Studie über „A wandering mind is an unhappy mind"). Intuitiv tendieren Menschen zu denken: Wir mögen die Aktivität nicht, woraufhin wir auch nicht ganz bei der Sache sind, was uns dann umso weniger genießen lässt. Aber denken Sie auch an folgende Möglichkeit: Weil bei der Tätigkeit Ihre Gedanken wandern, sind Sie unglücklich. Diese Emotion wiederum assoziieren Sie durch die Erfahrung mit der Tätigkeit, und Sie sehen ihr daraufhin das nächste Mal ungern entgegen. Wie wären Sie zu der Tätigkeit wohl eingestellt, wenn Sie Ihr DMN abstellen würden? Die Idee, dass wir uns selbst dazu entscheiden können, voll und ganz engagiert (und dementsprechend „glücklich") in jeder beliebigen Aktivität zu sein, widerspricht der „Flow"-Forschung von Mihály Csíkszentmihályi[2], denn diese besagt, dass wir uns nur in solchen Aktivitäten besonders fokussieren und engagieren können, in denen ein gesundes Verhältnis zwischen Kompetenz und Herausforderung besteht. Allerdings bezieht diese Forschung Mindfulness nicht mit ein.

Lassen Sie uns zu diesem Thema ein Experiment machen.

Übung: Emotionale Bewertung von Arbeit und anderen Tätigkeiten

Um für sich ein Gefühl dafür zu entwickeln, welche unwillkürlichen (Bottom-up-)Bewertungen Sie mit bestimmten Tätigkeiten und Situationen assoziieren, machen Sie bitte die folgende Übung: In der folgenden Tabelle listen Sie analog zu den Beispielen in den ersten vier Zeilen typische Alltagsaktivitäten in der linken Spalte; schreiben Sie dann in die mittlere Spalte „positiv" oder „negativ" oder eine spezifische Emotion, die Sie mit der Aktivität assoziieren; anschließend bewerten Sie mit einer Zahl in der rechten Spalte, wie stark Ihr DMN während dieser Aktivität aktiv ist. Nutzen Sie dafür am besten eine Skala von 1 bis 5 (5 = voll aktiv; 1 = minimale Aktivität). Wenn Sie in diesem Moment nicht einschätzen können, wie aktiv Ihr DMN in einer bestimmten Situation ist, beobachten Sie dies bei nächster Gelegenheit und tragen den Wert nach. Anschließend bringen Sie, wann immer Sie können, Mindfulness in diese Situationen bzw. Tätigkeiten und beobachten, ob Sie in der Lage sein können, eine negative Bewertung zuzulassen (also nicht dagegen zu kämpfen), sich aber in Ihrer inneren Haltung nicht danach zu richten. Ihre Haltung gegenüber der negativen Bewertung wäre so etwas wie: „Es ist o.k., dass es Dich gibt und ich zwinge Dich auch nicht, fortzugehen oder Dich zu verändern; und gleichzeitig lasse ich mich von Dir nicht davon abhalten, achtsam, engagiert und präsent bei meiner Tätigkeit zu sein."

Werten Sie anschließend aus, ob Sie wie in den Beispielen unten eine Tendenz erkennen, dass Ihr DMN bei angenehmen Tätigkeiten eher weniger aktiv, bei unangenehmen eher aktiver ist. Und vergleichen Sie, ob sich Ihre Bewertung der Tätigkeit ändert, nachdem Sie sie wie hier beschrieben achtsam ausgeübt haben. Falls ja, wäre das ein Indiz dafür, dass wir durch Mindfulness einen inneren Einfluss darauf haben, welche Arbeit bzw. Aktivität wir mögen!

Tätigkeit/Situation	Emotionale Bewertung	DMN aktiv?
Z.B. fachliche Problemlösung	Positiv	2
Z.B. Wöchentliches Meeting	Negativ	5
Z.B. Geschirr spülen	Negativ	5
Z.B. Hobby oder Sport	Positiv	1

Mindfulness von Stärken und „Schwächen": Wer meditiert, lernt sich selbst kennen. Er wird nach und nach klarer und spezifischer benennen können, was er gut kann und was nicht. In einer „achtsamen Organisation" hilft zur Entwicklung und zum Einsatz von Menschen auf Basis der Nutzung von Potentialen (dem größten Hebel von Leistungsfähigkeit) die Kenntnis, dass der Mensch kein Universalgenie ist, also nicht für alles talentiert sein kann. Gleichzeitig wird es eine „achtsame Organisation" unterlassen, von „Talenten" nur dann zu sprechen, wenn es sich um für die schnelle Karrierelaufbahn speziell auserwählte Menschen handelt. Denn nicht nur sie „sind" (genau gesagt: haben) Talente, sondern alle Menschen.[3] Wenn die Talente und Stärken von Menschen einmal bekannt sind, geht es nur noch darum, zu ermitteln, welche Kompetenzen eine Aufgabe erfordert und welche Kompetenzen der Kandidat hat. Mit Schwächen wird möglicherweise so umgegangen: Jeder Mitarbeiter hat eine Kenntnis seiner Schwächen. Er wird zudem seine Mitarbeiter und Kollegen darauf hinweisen, wo er schwach ist, damit keine unrealistischen Erwartungen an ihn gestellt werden. Unser Vorschlag dazu wäre, zwischen fehlenden Fertigkeiten (die trainiert werden können) und nicht vorhandenen Potentialen (die nicht entwickelt werden können) zu unterscheiden. Dazu dürfte ein Unternehmen die „Schwächen" von Mitarbeitern aber nicht pauschal als „Entwicklungsfelder" darstellen, denn das wiederum hieße, jeder Mitarbeiter müsste Potentiale entwickeln können, die er nicht hat. Leider konzentrieren sich Unternehmen noch heute häufiger auf die Schächen der Mitarbeiter statt auf deren Stärken. Dies demotiviert Mitarbeiter, die sich verbessern wollen, aber dafür nicht die wirksamsten Hebel (ihre Talente) zur Verfügung bekommen.

In einem Klima von Mindfulness werden Menschen mit ihren individuellen Potentialen gesehen. Mindfulness wird im Zentrum der Arbeit von Potentialentwicklung stehen, nicht nur zur Kenntnis der eigenen Potentiale selbst, sondern auch bei der Beseitigung von Entwicklungshemmnissen, die wir Autoren gern als „Muster" oder „Impulse" bezeichnen. Diese „Störungen" lenken unser Verhalten bottom-up gern so, dass sie unser Potential blockieren bzw. es sich nicht entfalten kann. Solch ein Muster ist bei Führungskräften zum Beispiel, eine bestimmte Idee davon zu haben, wie ein idealer Mitarbeiter zu sein hat. Eine besonders achtsame Führungskraft wäre offen dafür, besonders viele Unterschiedlichkeiten im Team zu haben und so auch für kreative Reibung sorgen. Letztere würde für besonders vielseitige Perspektiven und so für intelligente Entscheidungen genutzt werden können.

Übung: Achtsame Reflexion von Stärken und Schwächen

„Achtsam" hieße in diesem Fall, dass Ihre Grundhaltung sich selbst gegenüber urteilsfrei ist. Wir haben in den seltensten Fällen erlebt, dass Menschen auf Anhieb auch nur fünf persönliche Talente und Stärken benennen können. Wenn Ihnen auf Anhieb nicht mehr als fünf bis zehn Stärken einfallen, dann schauen Sie achtsam in diversen Lebenssituationen, was Sie überdurchschnittlich gut machen, was Ihnen besonders leicht fällt, wo andere Sie um Rat fragen usw. Erinnern Sie sich an Situationen, in denen Sie besonders wirksam gehandelt haben und fragen Sie sich, welche persönlichen Stärken Sie in diesen Situationen genutzt haben könnten. Schreiben Sie Ihre Stärken für sich auf.

Fragen Sie sich nun, welche „Schwächen" Sie haben und in welchen Situationen besser jemand anders das Steuer in der Hand haben sollte, damit Ihre Schwächen nicht im Weg stehen. Wenn Sie sich etwa in Konflikten normalerweise zurückziehen, dann sollte vielleicht ein Konflikt, in dem das Team auf Konfrontation gehen muss, jemand anders führen. Beobachten Sie Ihre Gefühle dabei, wenn Sie Ihre Schwächen reflektieren. Schämen Sie sich dafür? Wird eine kritische innere Stimme laut, die Sie darauf aufmerksam macht, was für eine „Pfeife" Sie sind? Oder ist es Ihnen so peinlich, dass Sie lieber darüber hinwegsehen und der Stimme „Jeder hat doch Schwächen, was soll ich da groß drüber nachdenken" folgen? Was immer es ist, begegnen Sie Ihren Emotionen und inneren Stimmen mit der gleichen „Ja-Haltung", wie wir es gern nennen, so wie Sie in der vorangegangenen Übung den Emotionen begegnet sind.

Abschließend nennen Sie für jede Schwäche eine Situation, in der die genannte Schwäche als Kompetenz oder Stärke gelten würde, und für jede Stärke eine Situation, in der die Stärke möglicherweise ungünstig wirken (also auch als Schwäche bezeichnet werden) könnte. Aus unserer Sicht sind Stärken und Schwächen kontextabhängig. Dies erweitert unser Verständnis von Kompetenzen. Wir empfehlen Ihnen, sich bewusst darüber zu sein, in welchen Kontexten Sie welche Kompetenz nutzen könnten.

In dieser Übung verbinden Sie eine achtsame Haltung mit Denkleistungen. Die Übung ist ein gutes Beispiel, wie sich im Alltag Selbstreflexion im Sinne einer Denkleistung und Mindfulness gegenseitig ergänzen können.

Grundsätzlich ein hoher Anspruch

Auf einer grundsätzlicheren Ebene ist Mindfulness in Organisationen hochanspruchsvoll. Mindfulness ist Akzeptanz im Sinne der Einordnung von Dingen, die gestaltet werden können oder nicht. Wenn ich in der Position des Unternehmers bin, werde ich durch das Treffen vieler Entscheidungen Dinge, Prozesse etc. gestalten können, aber auch mit den Konsequenzen der Entscheidungen leben müssen. Wenn diese Konsequenzen unangenehm sind, ist es oft bequemer, andere dafür zu beschuldigen, dass sie meine Entscheidung nicht richtig umgesetzt haben. Ebenso ist es oft leichter für die Mitarbeiter, denen eine Entscheidung nicht passt, sich darüber zu beschweren, dass die Unternehmensführung nichts vom Geschäft, von der Technik oder dem Fach versteht. Wenn ein Chef seinen Mitarbeiter nach dem jährlichen „Entwicklungsgespräch" in ein Coaching oder Training schickt, tut er das nicht auch manchmal deshalb, weil er hofft, dass sich der Mitarbeiter so verändert, dass er „sich besser führen lässt"? Wenn wir Menschen begegnen – und in Unternehmen begegnen wir im Allgemeinen Menschen, die wir uns nicht aussuchen können –, dann ist es anspruchsvoll, diese Menschen nicht kontrollieren oder verändern zu wollen. Man kann es als demütigend erleben, in einer Haltung zu leben, andere Menschen in ihrer Andersartigkeit zu akzeptieren. Aus irgendwelchen Gründen (vielleicht einfach nur, weil wir lieber Recht haben als nicht wissend zuzuhören?) ziehen wir es vor, uns über Andere zu beschweren, gegen sie zu kämpfen, uns mit Dritten gegen sie zu verbünden, nur weil sie unsere Erwartungen nicht erfüllen, weil sie nicht zu unserem Default Mode Netzwerk passen – dabei können sie doch nichts dafür, dass sie unsere Erwartungen nicht erfüllen: Sie kennen diese Erwartungen in den meisten Fällen nicht einmal! Wenn wir uns aber für den Kampf entscheiden, ist er einer gegen Windmühlen – zum Glück, denn möchten Sie die Verantwortung dafür tragen, andere Menschen verändern zu können? Wir Autoren sagen: Wir sind zu sehr mit uns selbst beschäftigt, als dass wir so eine Last auch noch tragen wollten! Auf der Ebene der Menschenführung hieße das: Erkennen Sie das Potential der Menschen, fördern Sie ihre Entwicklung, und wenn Ihnen das Potential oder die Geschwindigkeit der Entwicklung nicht passt, dann suchen Sie sich andere Mitarbeiter, die besser zu Ihnen passen und Ihnen ein bestimmtes Gefühl von Sicherheit geben. Das ist für alle Beteiligten die bessere Variante, sogar — auch wenn das hart klingt — für die, die gehen müssen. In einer „achtsamen Organisation" wird respektiert, dass das übergeordnete Ziel immer das Unternehmensziel ist, und dass es im Sinne aller Beteiligten ist, dafür Leute einzusetzen, die geeignet sind, ihren Beitrag zu leisten. Im Anschluss geht es dann darum, ihre Leistungsfähigkeit zu nützen und zu erhalten (also sie nicht auszubeuten, da dies niemandem nützt). Ebenso wird der einzelne Mitarbeiter verantwortungsvoll sein Spielfeld wählen. Wenn er im Sinne seiner eigenen Vorstellungen mitgestalten kann, ist das für alle bereichernd. Wenn er es nicht kann und er wirklich im Unternehmen leidet, wird er so mutig sein und sich ein neues Spielfeld suchen.

Nun denken Sie bitte nochmals daran, dass es uns mit diesem Ansatz nicht darum geht, dass Sie Ihr Verhalten ändern sollen. Das Verhalten wird immer von Impulsen, Emotionen oder Gedanken angetrieben, die dem Verhalten vorangehen. Wenn Sie diese Worte in irgendeiner Form ansprechen und Sie sich in eine Richtung hin entwickeln möchten, dann empfehlen wir Ihnen, Ihre eigenen Impulse im Verhalten, in den Emotionen und in Ihren Gedanken, Vorurteilen und Überzeugungen achtsam im Spiegel zu betrachten und nicht zu versuchen, Sie zu verändern. Wir sind fest davon überzeugt: Wenn Sie dies tun, wird das Verhalten — wie immer sich das auch gestalten mag —, das sich aus dieser Mindfulness ergibt, für Sie das absolut richtige sein.

Christine war Mitglied der Geschäftsführung, die über die Dauer eines Jahres entschieden hatte, ihren langjährigen Abteilungsleiter Johannes zu entlassen. Sie hatten den Eindruck, Johannes wäre nicht in der Lage „aufzublühen". Christine sah dem Gespräch mit ihm nervös entgegen. Sie waren über Jahre befreundet. Johannes war drei Jahre lang ihr Assistent gewesen. Es würde ihr nicht leicht fallen, die Nachricht zu überbringen. Sie nahm sich für das Gespräch Zeit. Die Entscheidung war nicht mehr verhandelbar. Sie erklärte die Gründe. Sie gab Johannes Raum für seine Reaktion, Enttäuschung, Emotionen. Sie hörte ihm zu. Sie verstand seine Reaktionen. Zwei Jahre später trafen sich Christine und Johannes auf einer Konferenz. Johannes ging auf sie zu, umarmte sie und dankte ihr für den „Rauswurf". Er hatte woanders wieder zu seiner Kraft gefunden und sah die Entscheidung im Nachhinein als goldrichtig ein.

Johannes und Christine kommen aus einer „achtsamen Organisation". Sie muss in der Lage gewesen sein, die Entscheidung überaus wertschätzend kommuniziert zu haben. Er muss eine extreme Reife gehabt haben, um die Entscheidung so einzuordnen. Die Geschichte hat sich wirklich so zugetragen, nur die Namen wurden verändert.

> **Übung: Konsequenzen besonders achtsamer Handlungen**
>
> Bitte denken Sie an eine Situation am Arbeitsplatz zurück, in der Sie besonders achtsam gehandelt haben, das heißt, in der Sie in einer Haltung von Mindfulness waren, also urteilsfrei und präsent. Beschreiben Sie für sich, möglichst im Detail, Ihr Verhalten. Versuchen Sie zu reflektieren, wie dieses besonders achtsame Verhalten sich von typischem Verhalten in anderen Situationen unterschied. Reflektieren Sie dann die Konsequenzen Ihres Verhaltens: welche Wirkung hatte Ihr Verhalten auf andere Beteiligte? Welches Verhalten hat Ihr Verhalten eventuell bei ihnen ausgelöst? Und was können Sie möglicherweise aus dieser Situation für die Zukunft lernen?

Bisher haben wir hauptsächlich über innere Haltung gesprochen. Wie sich das Verhalten in einer „achtsamen Organisation" entwickelt, können wir nicht verbindlich sagen. Dass es uns hier nicht um Verhaltensrichtlinien geht, haben wir mehrfach erklärt. Um Dinge aber doch anschaulich zu machen, finden Sie im weiteren Verlauf dieses Kapitels Verhaltensbeispiele. Und sie können nur das sein: Beispiele. Das Wunderbare an Mindfulness ist: Es verstärkt die Fähigkeit, den Raum zwischen dem Impuls und der automatischen Reaktion achtsam zu nutzen, um sich bewusst für eine Handlung zu entscheiden. Welche Handlung das ist, überlassen wir Ihrer Weisheit.

Jürgen weiß um das Problem mit E-Mails. Er sieht ihre Nützlichkeit, hat aber die Ansicht, dass sie vor allem für emotionale Themen und für Diskussionen nicht das richtige Tool sind. Günther erledigt gern das meiste per E-Mail, da er die Leute so immer erreicht. Von der eben eingetroffenen E-Mail von Günther fühlte sich Jürgen angegriffen, erniedrigt. Er fand den Ton zynisch. Sein Puls ging hoch, der Tunnelblick verdichtete sich, alles andere wurde unwichtig, sein Impuls war, zornig sofort zurückzuschießen. In einem Moment der Achtsamkeit benannte er dreimal die Emotion und sah, dass durch die Eskalation per E-Mail kein Fortschritt in der Sache zu erreichen war und kein Zeitdruck bestand. Er beschloss, gar nicht zu antworten, bis er vier Tage später mit Günther ein Gespräch unter vier Augen hätte.

Die englische Sprache unterscheidet zwischen den Begriffen „response" und „reaction". Normalerweise bedeuten sie dasselbe: Reaktion. Osho schlägt vor, dass „reaction" für Impuls — gesteuerte Reaktion — und „response" im Sinne von „Antworten" eine achtsame Antwort auf die jeweilige Situation ist. In der Geschichte fand Jürgen über den Raum zwischen Impuls und Reaktion den Weg von „reaction" zu „response".

„Achtsame Organisationen" in konkreten Situationen

E-Mail: Haben Sie schon mal jemanden dabei beobachtet, wenn er seine E-Mails bearbeitet?

> **Übung: Achtsame E-Mail**
>
> Machen Sie doch einmal folgendes Experiment: Beobachten Sie zwei Minuten lang Ihren Atem und sitzen Sie dabei im Bürostuhl bei laufendem Computer aufrecht. Danach beginnen Sie sofort, Ihre E-Mails zu bearbeiten. Wenn jemand Sie dabei beobachten und eine Rückmeldung geben kann oder Sie vor laufender Videokamera arbeiten, bestens! Ansonsten sind Sie darauf angewiesen, sich scharf selbst zu beobachten. Schauen Sie jetzt mal, wie sich Ihre körperliche Haltung verändert. Wahrscheinlich haben Sie sich vornüber gebeugt, die Stirn gerunzelt, den Kopf weit vor und der Magen ist eingefallen. Was macht Ihr Atem? Wenn Sie wie die meisten Menschen sind, haben Sie „E-Mail-Apnoe", das heißt, Ihnen stockt beim e-mailen wortwörtlich der Atem. Die Firma Spire in den USA hat ein kleines Gerät auf den Markt gebracht, mit dem Sie messen können, wie Sie atmen. Sie erhalten ein Feedback dazu, in welchem Zustand Sie sind, was durch den Atemrhythmus sehr akkurat feststellbar ist. Die meisten unserer Coachees erkennen erst durch Feedback oder durch dieses Gerät an, dass sich Ihr Atem dramatisch ändert, wenn sie am Computer sitzen. Wenn Sie sich einmal dessen gewahr sind, wie Ihr Zustand beim Bearbeiten von E-Mails ist, dann beginnen Sie in kleinen Schritten, ein kleines Fenster der Achtsamkeit beim Atmen oder bei der Körperhaltung zu haben, während Sie es tun.

Sie alle haben wahrscheinlich schon mal den Rat erhalten, E-Mails, die in Ihnen starke Emotionen auslösen, nicht gleich zu beantworten, sondern 24 Stunden zu warten. Dies ist ein nützlicher Ansatz, der aber Ressourcen verschwendet, weil Sie Ihre Arbeit unterbrechen bzw. verschieben müssen. Sie unterbrechen „vom präfrontalen Kortex aus" die „Reaction" auf die E-Mail, zu der Ihr emotionaler Impuls Sie bringen wollte. Eine „Response" im Sinne von Mindfulness wäre, im Moment des Impulses so achtsam zu sein, dass wir die Emotion achtsam wahrnehmen, vorbeiziehen lassen und anschließend sachorientiert unsere E-Mails bearbeiten können. Dies erreichen wir auch dadurch, dass Mindfulness uns von vornherein in einen ausgeglichenen Zustand gebracht hat.

Meetings: Vor vielen Jahren begegnete mir einmal dieser Spruch: „Wenn es ein Wort gäbe, in dem man zusammenfassen könnte, warum die Evolution der Menschheit gescheitert ist, dann wäre dieses Wort: Meetings!" Im Sinne unseres Themas könnte man das fast befürworten. Die Kombination von vielen Leuten, langen Meetings, kaum Pausen zwischen den Meetings und einer gleichzeitigen Flut von Kommunikation durch E-Mail und Smartphones ist ein Rezept für Domination durch das Default Mode Network und Erschöpfung des Präfrontalkortex. Wir kennen eine Reihe von Organisationen, in denen die Meetings für die Mehrheit zum größten Teil aus Zeit bestehen, die sie als unproduktiv oder schlimmer als verschwendete Zeit für sich ansehen.

Die meisten größeren Organisationskulturen, in denen es Meetings gibt, schätzen den Mehrwert ihrer Meetings deshalb als neutral bis negativ ein. Man geht nicht gern zu den Meetings, hat zu viele, sie dauern zu lang, der Einzelne hat nur einen geringen Beitrag, und die aktiven Beiträge der Beteiligten sind katastrophal − vom „Tod durch PowerPoint" bis „Bullshit-Bingo". Was machen Sie während solcher Meetings? Fragen Sie sich einmal, falls relevant, warum Sie nichts für eine bessere Meeting-Kultur unternehmen. Schauen Sie nur als Spiegel, wie immer. Wenn Sie dort sitzen, schauen Sie auf Ihre emotionale Grundstimmung. Auf Ihre Gedanken. Und wie beides sich gegenseitig beeinflusst. Holen Sie Ihren Laptop hervor und bearbeiten demonstrativ Ihre E-Mails? Oder auf dem Smartphone, damit es nicht so offensichtlich ist? Kritzeln Sie ärgerlich rum? Führen Sie Seitengespräche oder gehen Sie mit dem Telefon raus? Oder sitzen Sie brav da, und der Strom − nein Wasserfall − des Default Mode Network macht Sie innerlich kirre? Oder nutzen Sie den Moment vielleicht dafür, wie ein Spiegel Ihren Atem zu beobachten und zuzuhören? Denn vorausgesetzt, Sie können nicht mehr für eine bessere Meeting-Kultur tun, wäre das unter den Umständen die beste Lösung: Sie schonen die eigenen

Ressourcen, sorgen für eine bessere Stimmungslage und sind gegebenenfalls dann, wenn Sie gebraucht werden, auch wirklich da, anstatt peinlich in die Runde zu schauen, wenn man Sie anspricht. Natürlich meditieren Sie in Meetings nicht mit geschlossenen Augen. Wir gehen hier ja die Umsetzung im Alltag an. Niemand muss wissen, ob Sie gerade Spiegel Ihres Atems sind, einen Mini-Bodyscan machen oder ganz aufmerksam und urteilsfrei die Körpersprache der Kollegen im Meeting beobachten. Oder warum nicht gleich achtsam die Beiträge der Kollegen mitverfolgen, ohne sich darüber zu ärgern oder zu langweilen? Raj Bissessur sagt dazu: *„Meine Tendenz frustriert zu werden – z. B. in unproduktiven Meetings – hat sich dramatisch reduziert."*

Wir wollen uns natürlich nicht damit begnügen, Langeweile mit Mindfulness zu vertreiben. Wie würde ein achtsames Meeting wohl aussehen? Zu Beginn würden zunächst vielleicht die Smartphones eingesammelt. Jeremy Hunter beschreibt in dem Buch „Working with Mindfulness" von Mirabai Bush den CIO eines Unternehmens mit Milliarden-Dollar-Umsatz, der von seinem Team verlangte, zu Beginn ihrer Meetings die Smartphones in einer Box einzusammeln: *„Beim ersten Meeting waren die Teilnehmer irritiert und zappelig – er sagte, es sei wie in einer Entzugsklinik, mit dieser brummenden und summenden Schachtel in der Ecke."* Vielleicht wäre ja sogar Platz für eine oder zwei Minuten Mindfulness. Die Teilnehmer wären sich bewusst, ob sie einander wirklich zuhören oder nicht. Wenn sie merkten, dass sie ins Tagträumen geraten, würden Sie ihren Fokus zum Meeting zurückbringen. Es gäbe eine gesunde Feedback-Kultur. Die Teilnehmer übernähmen Verantwortung für Ihre Emotionen. Dadurch würden Emotionen von der Sachebene getrennt. Wenn sich die Beteiligten widersprächen, bräuchten sie nicht ihren Ärger aufeinander zu projizieren. Menschen, die achtsam sind, wissen, dass sie sich nicht darauf verlassen können, verbal komplexe Dinge zu vereinbaren und dann zu hoffen, dass jeder diese Dinge im Nachhinein identisch interpretiert. Die wichtigen Vereinbarungen würden deshalb dokumentiert. Präsentationen würden so gehalten, dass die Zuhörer nicht zum Multitasking verführt werden. Wenn es darum ginge, Entscheidungen vorzubereiten und gemeinsam zu fällen, würde man zunächst achtsam dafür sein, alle Sichtweisen zu hören, bevor man zum nächsten Schritt ginge. Anschließend würde der Überblick, die breite Perspektive erläutert. Stets wäre klar, welches Ziel die Diskussion verfolgt. Es wäre auch klar, was der Modus der Entscheidungsfindung ist. Einwände würden gehört, auch wenn sie unangenehm sind. Wenn eine Minderheit schließlich eine andere Entscheidung bevorzugte, würde sie trotzdem vollen Herzens die Entscheidung der Mehrheit mit umsetzen und vertreten. Denn die Spielregel ist ja: gemeinsam Ziele erreichen und nicht: solange sabotieren, bis mir persönlich alles passt!

Enrico Rück verbringt relativ viel Zeit in Meetings: *„Ich lese in Meetings keine E-Mails mehr. Ich nutze die Gelegenheit des Zuhörens, achtsam zu sein und mich aus Gedankenwanderungen wieder ins Jetzt zu bringen. Wenn ich allein bin, mache ich öfter mal kurz die Augen zu. Wenn ich mal Schmerzen habe, spüre ich sie, anstatt sie zu ignorieren."*

Präsentationen sind eine wunderbare Gelegenheit, achtsam zu sein, weil Menschen, die ungern Präsentationen geben, ohnehin tendenziell achtsam mit der Situation sind, allerdings aufgrund der starken BIS-Aktivierung: Was, wenn es schief läuft? Gefolgt von negativer emotionaler Grundstimmung und überdimensionierter Perfektion in der Vorbereitung als Strategie der Misserfolgsverhinderung — oft mit dem zweifelhaften Ergebnis von mehr Folien mit mehr Informationen auf jeder Folie. Schalten Sie doch mal um auf Mindfulness: Beobachten Sie einfach wie der Spiegel die Impulse, die Präsentation immer nochmals wieder verbessern zu wollen (bzw. als Chef: die Kommas und Pünktchen in der Präsentation des Mitarbeiters zwei Stunden vor Beginn nochmals durchzugehen); beobachten Sie Ihre Gefühlslage, die Gedanken, die Ihnen durch den Kopf gehen, und die Körperhaltung, die mit den Gefühlen und Gedanken einhergehen, wenn Sie die Bühne betreten. Üben Sie sich mal in der „Ja"-Haltung des Spiegels sich selbst gegenüber: Das ist nicht ein „Ja", das begeistert ist von Nervosität und dem Impuls zu Perfektion sowie von der Selbstkritik als Strategie für überzeugende Präsentationen; vielmehr ist es ein „Ja" zu dem, was ist — kein resigniertes „Ja", sondern ein „Ja, das ist so, es ist okay": ein wertschätzendes „Ja".

Achtsam mit Präsentationen umgehen heißt noch mehr: zum Beispiel das Wissen um die Unfähigkeit des Menschen, zu multitasken. Probieren Sie mal, einem Redner zuzuhören und gleichzeitig zu lesen, was auf seiner PowerPoint-Folie steht. Nicht umsonst gibt es Regeln wie „Bilder verwenden" oder „nicht mehr als 20 Worte auf einer Folie". Wenn Sie die Aufmerksamkeit Ihrer Zuhörer brauchen, sprechen Sie nur, wenn die Folie schon gezeigt ist, oder wenn keine Worte auf der Folie zu lesen sind. Seien Sie aufmerksam bezüglich der Körpersprache Ihrer Zuhörer: An der Körpersprache können Sie vieles ablesen, von der Stimmung bis zu einer Frage im Kopf eines Zuhörers. Natürlich können Sie nur vermuten, aber anschließend haben Sie die Möglichkeit zu fragen: „Verstehe ich Ihren Gesichtsausdruck richtig, dass Sie etwas beschäftigt, oder bilde ich mir das nur ein?" Übrigens hilft dieser direkte Kontakt auch, Stress abzubauen.

Wenn Sie genug „Platz in der Tasse" haben, um sich während der Präsentation noch eine Achtsamkeitsübung zu erlauben, dann beobachten Sie eines Ihrer Muster während der Präsentation, das Sie am liebsten abstellen würden. Ich war einmal in Spanien tätig, nachdem ich lange hauptsächlich mit angelsächsischen Kulturen zu tun gehabt hatte. In Spanien ist es ein Affront, als Dozent die Hände in die Hosentaschen zu stecken (was in Großbritannien und Nordamerika gang und gäbe ist). Das zu unterlassen fiel mir schwer. Die Lösung bestand darin, mir vor Seminarbeginn nochmals die Hände in beide Taschen zu stecken und dann einfach nur achtsam zu sein, wie oft ich den Impuls hatte. Einer meiner Seminarteilnehmer behauptete im Zusammenhang mit Automatismen in der Kommunikation, er wäre nicht jemand, der regelmäßig „Ja, aber" sagt. Ich bat ihn, als Experiment bis zum nächsten Treffen, sechs Wochen später nur achtsam zu beobachten, wie oft er den Impuls hätte, „Ja, aber" zu sagen. Beim nächsten Treffen berichtete der Teilnehmer, ungeahnt oft den Impuls des „Ja, aber" gehabt zu haben, war dem Impuls aber aufgrund der Mindfulness-Übung nur selten unachtsam gefolgt! Beobachten Sie mal ganz neugierig Ihre Impulse, ohne sie verändern zu wollen. Raj Bissessur: *„Das Beobachten meiner Impulse war eingangs eine richtig erhebende Erfahrung. Ich bin recht nervös. Jetzt kann ich vor und während einer Präsentation ruhig bleiben."*

Bei Konflikten steigt der Anspruch, Impulsen zu begegnen. Sie sind ein perfekter Auslöser, mit Kübeln die „Tasse vollzukippen"! Umso wichtiger ist es, Menschen, mit denen Sie im Konflikt sind oder in Konflikt zu geraten drohen, mit „ein bisschen Platz in der Tasse" zu begegnen. Sie merken hier, dass sich die Strategien in verschiedenen Szenarien ähneln. Dennoch wird es Ihnen helfen, die unterschiedlichen Szenarien zu beleuchten, denn in unserer Erfahrung fällt es den meisten Menschen — selbst erfahrenen Meditierenden — schwer, sich vorstellen zu können, wie Mindfulness in diesen herausfordernden Situationen angewandt werden kann. In allen uns bekannten Konfliktmanagement-Ansätzen wird immer dazu geraten, Verantwortung für die eigenen Gefühle, Bedürfnisse und Appelle zu nehmen. Welche bessere Strategie ist dazu geeignet als Mindfulness? Beginnen Sie damit, Ihre Aufmerksamkeit von der Position, der Persönlichkeit, dem Verhalten und der Vergangenheit des Konfliktpartners weg zu Ihren eigenen Emotionen, Bedürfnissen, Gedanken und Wünschen zu verlagern. Entscheiden Sie dann selbst, ob Sie diese vielleicht dem Konfliktpartner gegenüber transparent machen sollten.

Sören Fischer: *„In einem Meeting vor ein paar Tagen wurde ich echt sauer. Durch Mindfulness gelingt mir jetzt der Schwenk von einer emotionalen Reaktion, in der ich vielleicht Mitarbeiter vor den Kopf gestoßen hätte, zum gelassenen Ausdruck meiner Emotionen: ‚Ihr merkt, ich werde emotional, das ist Ausdruck meiner Frustration' – so kann ich mich ‚zurückfahren' und beruhigen."*

Feedback und „Feedforward": Das Ziel von Feedback und Kritik in einer Organisation muss sein, Ergebnisse zu verbessern und dabei Ressourcen möglichst schonend einzusetzen (um produktiv zu sein). Darüber hinaus ist es wünschenswert, dass der Feedback-Nehmer vom Feedback lernt und sich entwickelt. Dabei bedeutet Feedback für uns die Rückmeldung dessen, was geschehen ist. Um Ergebnisse auch wirklich zu verbessern, bedarf es deshalb zu jedem Feedback („Was ist geschehen"?) eines „Feedforward" („Was erwarte ich beim nächsten Mal?" bzw. „Was sollten wir das nächste Mal tun?"). Achtsames Feedback würde darüber hinaus bedeuten, möglichst achtsam Konkretes zu beobachten. Feedback würde sich dadurch wegbewegen von „Mensch, machst Du das toll" (bzw. schlecht) hin zu einer konkreten, nicht urteilenden, achtsam beschreibenden Beobachtung, so etwas wie: „Ich schätze die Art, wie Du im Meeting auf weitere Alternativen hingewiesen hast, während andere zu zögern schienen, nachdem der Chef seinen Standpunkt dargestellt hatte. Ich glaube, das hat uns die Möglichkeit gegeben, eine breitere Perspektive zu erörtern und eine bessere Entscheidung zu treffen. Außerdem wird es wahrscheinlich die Wirkung haben, dass Andere sich in Zukunft auch mehr trauen!" Übrigens hat eine Studie gezeigt, dass Schüler, die eine Aufgabe gut gelöst hatten, nach einem konkreten Feedback zu ihrer Leistung anschließend ihre Leistung steigern konnten, während Kinder, die man als „Genie" oder „Smart" bezeichnete, ihre Leistung nicht halten konnten und Herausforderungen zu scheuen begannen. Die Autoren vermuten, dass ein hochtalentiertes Kind, das einmal als Genie bezeichnet wird, unter so großem Erwartungsdruck steht, dass es Versagensangst entwickelt. Mit anderen Worten: Fehler wären für sie der Beweis für Dummheit. Dagegen wuchsen Kinder, die beschreibendes Feedback erhalten hatten, an ihren Herausforderungen.

Obwohl es erwiesen ist, dass ein Mensch leichter mit Kritik umgehen kann, wenn er vorher Wertschätzung erlebt, sind wir nicht überzeugt von einer Feedback-Kultur, die vorschreibt, jedem kritischen Feedback ein (gekünsteltes? Woher nehmen, wenn nicht stehlen?) Lob voranzustellen. Der Grund ist, dass in einer achtsamen Kultur der Selbstwert von Menschen dazu tendiert, hoch zu sein. Die Menschen sind eher in einer inneren Balance; sie sind sich ihrer Stärken und Schwächen bewusst. Man schätzt sich in den Unterschieden von Persönlichkeiten und weiß, dass der Andere keine Schuld hat, wenn ich ihn nicht mag. Da Feedback transparent geübt wird, werden die Menschen generell viel Wertschätzung erleben. Denn wenn es in einer solchen Kultur mehr Kritik als Lob gibt, die Mitarbeiter also mehr falsch als richtig machen, dann sind die falschen Leute am Werk, und es ist Zeit, neue Leute zu finden! Unter Anwendung dieser Prinzipien kann eine Kritik auch mal bedenkenlos achtsam und direkt geäußert werden.

> **Übung: Formulierung von „Feedforward"**
>
> Schreiben Sie alle Kritik auf, die Sie gegenüber Menschen (Arbeit und privat) in Ihrem Kopf haben. Formulieren Sie nun alle Kritikpunkte als „Feedforward". Beginnen Sie jeweils mit „Ich wünsche mir von Dir ..." oder „Ich erwarte von Ihnen ..." oder „Ich verlange von Dir ..." oder „Ich würde mich freuen, wenn ..." usw.

Eine „Mindful High Performance Culture" (Achtsame Hochleistungskultur)

Wir haben in diesem Buch Leistung als „Potential minus Störung" definiert. „Hochleistung" hieße dann so etwas wie „Abruf des vorhandenen Potentials bei einem Minimum von Störungen". Wenn wir von Störungen sprechen, meinen wir damit hauptsächlich innere Vorgänge, die „unsere Tassen füllen", unsere präfrontalen Ressourcen erschöpfen usw. Wir sollten uns aber noch einmal Gedanken über die Bilder machen, die wir beim Begriff „Hochleistung" im Kopf haben. Da gibt es „Hochleistungssportler", und wir assoziieren damit eine professionelle Erkennung von Talenten und ein Training, dass alles aus dem Sportler herausholt, was in ihm steckt. Wir assoziieren intrinsische (von innen stammende) Motivation. Und wir assoziieren den Druck bei Profisportlern: die Angst zu versagen und die mentale Komponente, mit dem Druck umgehen zu können. Im Berufsleben assoziieren wir vor allem den Druck. Damit einher geht oft das Bild von unrealistischen Erwartungen an unrealistische Ergebnisse. Dieses Bild wirkt sich aber negativ auf die Motivation der Mitarbeiter aus, denn Druck ist normalerweise mit Stress assoziiert. Dazu kommt der Vergleich mit den Überfliegern, die solche Erwartungen vielleicht sogar mal erreichen: Schaut, was die geschafft haben, Ihr seid nur „Under performer" oder „Low performer".

Da die Betroffenen oft nicht verstehen, warum sie immer mehr und mehr leisten sollen, bleibt ihnen als Erklärung oft nichts Anderes übrig als Annahmen wie „damit es dem Ego der Chefs dient" oder „für die Shareholder" zu treffen. Dies wiederum hieße, dass a) von innen her nicht unbedingt die Bereitschaft besteht, alles zu geben, und b) von außen nicht unbedingt darauf geachtet wird, ob das Potential auch vorhanden ist. Wenn sich unter diesen Umständen das Potential nachhaltig erschöpft (weil die Erwartungen und Anforderungen immer weiter steigen und dieser Erwartung kein Sinn verliehen wird), dann beginnt das vorhandene Potential rapide zu schrumpfen, was den Druck noch unerträglicher macht und zu einer negativen Spirale bis hin zum sogenannten „Burnout" führen kann. Sie sehen, so kommen wir mit unserer Definition nicht weit. Eine Leistungskultur muss zwangsläufig darauf abgestimmt sein, die Potentiale nachhaltig zu schützen, während Leute „ihr Bestes geben". Und da der Schutz von Potentialen inhärent mit der Erhaltung von präfrontalen Ressourcen gekoppelt ist, wird Mindfulness zum Schlüssel einer Hochleistungskultur.

Wie würde sich eine solche Kultur konkret möglicherweise auswirken? In der momentanen Diskussion, insbesondere in den USA, gibt es Skeptiker, die davor warnen, Mindfulness zu „entfremden", indem man es etwa als Mittel zur Leistungssteigerung und Resilienzstärkung „missbraucht."[4] Die Angst ist zum Beispiel, dass Unternehmer sagen: „Toll, das hört sich so an, als würden wir unseren Mitarbeitern etwas Gutes bieten, aber in Wahrheit quetschen wir dann noch ein bisschen mehr Leistungsfähigkeit aus ihnen". Oder „Die Wissenschaft sagt doch, dass Mindfulness hilft, Resilienz, die innere Widerstandsfähigkeit, zu steigern. Also verlangen wir von unseren Mitarbeitern noch mehr ab und wenn Sie krank werden, machen wir sie halt zum ‚Stehauf-Männchen'." Damit wären wir wieder ein paar Absätze weiter oben gelandet. Wenn ein Unternehmer selbst nicht meditiert, seinen Mitarbeitern einen Mindfulness-Kurs aufzwingt und dann als Gegenleistung mehr Produktivität und Resilienz verlangt, sind diese Bedenken verständlich. Unser Verständnis einer „achtsamen Hochleistungskultur" ist, dass zunächst mal die Führung selbst den Anspruch hat, achtsam zu sein, und dann ihre Mitarbeiter einlädt, Mindfulness zu lernen — oder es sogar von ihnen verlangt, denn es ist ja das gute Recht eines

Unternehmers, zu sagen: „Wer in meinem Unternehmen arbeiten will, soll diese Kompetenz haben."

Wer selbst Erfahrung in Mindfulness hat, weiß, dass man Produktivität als Konsequenz aus einer bestimmten Menge an Mindfulness-Praxis nicht fordern kann. Es gibt hier keine mechanischen Gesetze. Und Druck, „Ergebnisse zu liefern", ist kontraproduktiv zu Mindfulness. Oder können Sie sich vorstellen, urteilsfrei im Moment der Dinge gewahr zu sein, die gerade geschehen, und gleichzeitig sich unter Druck zu setzen, auf diese Art möglichst schnell besser zu funktionieren? Wer aber Mindfulness so, wie wir es hier vorstellen, als Schlüssel zur Hochleistung sieht und deshalb die eigenen Potentiale sowie die seiner Mitarbeiter nicht erschöpfen, sondern erhalten will, der kann mit Mindfulness nichts falsch machen: Er wird leichter bessere Ergebnisse mit Mitarbeitern erreichen, die dabei ausgeglichener und engagierter sind.

Liegestühle, Chillout-Räume, Massagesessel, Incentives für Wellness-Wochenenden und dergleichen wären für uns nicht unbedingt typisch für eine Unternehmenskultur basierend auf Mindfulness, wohl aber ein einfacher Meditationsraum, der Menschen die regelmäßige gemeinsame Übung erleichtert. Für uns gehen Wellness-Wochenenden und Massagesessel am Thema vorbei. Eine der Leistungsfähigkeit zuträgliche Arbeitsqualität braucht es, nicht Kompensation für eine schlechte Arbeitsqualität. Dies sagt auch eine Studie der Gallup-Organisation zum Thema Engagement. Hier skizzieren wir, in einem Mix aus unseren Erfahrungen und unseren Visionen, wie eine Unternehmenskultur, die sich verbindlich Mindfulness als Schlüssel für nachhaltige Leistungsfähigkeit verschrieben hat, aussehen könnte. Sie wäre geprägt von dem, was wir bisher schon beschrieben haben und weiterhin von:

- **Der Fähigkeit, nachhaltig auf eine Sache zu fokussieren** (und wenig von Multitasking-Ansprüchen).

- **Besonders konsequenter Zielorientierung**: Hier werden wir oft gefragt, ob dies denn nicht ein Widerspruch dazu sei, dass Mindfulness die Akzeptanz des gegenwärtigen Moments ist. Wir halten zwei Ebenen auseinander. Die eine ist die, dass wir nun mal leben und in diesem Leben Alternativen haben und uns zwischen ihnen entscheiden müssen. In einem Unternehmen entscheidet man sich auch für einen Unternehmenszweck, hat vielleicht eine Vision, welche Rolle das Unternehmen in der Wirtschaft spielen soll, und hat gewisse Ziele, die es dafür erreichen soll. Von den Zielen leitet man vielleicht Projekte ab, und denen werden Menschen zugeordnet. Wenn diese Entscheidungen gemacht sind, kommt die zweite Ebene ins Spiel: Das, was ich mache, was immer es sein mag, mache ich jetzt mit der inneren Haltung, die wir hier immer wieder darstellen. In dieser Haltung nehme ich aber etwa mein Budget nicht einfach „urteilsfrei" und gebe es für was immer mir einfällt aus — das wäre zügellos, unreif und hätte aus unserer Sicht nichts mit Mindfulness zu tun, sondern ich übernehme Verantwortung dafür, das Beste zu tun, um meinen Auftrag achtsam und präsent zu erfüllen und mich dafür einzusetzen. Bei dieser Aktivität übe ich mich dann in Mindfulness.

- **Guter Gesundheit und niedriger Abwesenheitsrate** (weil Mitarbeiter und Führungskräfte auf sich selbst und einander achten und außerdem gern bei der Arbeit sind) und nicht von Anwesenheit der Mitarbeiter aus Angst auch im Krankheitsfall.

- **Hohem Engagement** (das Gallup-Institut veröffentlicht jährlich den „Engagement Index, nach dem im Jahr 2013 rund zwei Drittel der deutschen Arbeitnehmer Dienst nach Vorschrift machen und weitere 17 Prozent innerlich gekündigt haben. Solche Zahlen sind aus unserer Sicht nicht Ausdruck einer „Mindful High Performance Kultur").

- **Einer guten inneren Balance und Leichtigkeit,** bei oder nach Stress immer wieder innere Ruhe einkehren zu lassen. Dazu zählen ungewöhnlich viele positive Emotionen bzw. die Fähigkeit, sich nach emotional unangenehmen Situationen zu beruhigen und emotional neutral oder positiv gestimmt zu sein. Denken Sie bitte in diesem Zusammenhang auch nochmals an die verschiedenen Strategien der Erhaltung der präfrontalen Ressourcen, die wir in Teil I.3 beschrieben haben. Positive Emotionen war eine dieser Strategien. Viele positive Emotionen können also die Leistungsfähigkeit im Unternehmen erhöhen.

- **Leidenschaftlichen Emotionen,** aber nicht vom Abladen negativer Emotionen aufeinander. Mitarbeiter würden Verantwortung für Ihre Emotionen übernehmen.

- **Relativ „objektiver" Verarbeitung von Informationen.** Denken Sie daran: Wenn wir unachtsam und gestresst sind, wird unsere

Amygdala erregt. In vielen Organisationen sind die Amygdalae der Beteiligten in einem Dauerzustand der Übererregung. Wenn das der Fall ist — das haben wir in Teil I des Buchs gelernt —, werden negative Informationen als Katastrophe interpretiert und sogar neutrale Informationen als negativ. In einem achtsamen Zustand beruhigt sich die Amygdala, und unsere Interpretationen von Informationen können wieder adäquater werden.

- **Empathie und einem guten Verständnis** dafür, was die Kollegen bewegt und was sie gegebenenfalls an Unterstützung brauchen. Rick Hanson sagt in dem Buch „Das Gehirn des Buddha": *„Empathie ist Mindfulness des Innenlebens anderer Menschen".*

- **Intuition, Innovation und Kreativität.**

- **Lern- und Veränderungsfähigkeit.**

- **Gelebter Flexibilität und Agilität.**

- **Mut,** Dinge anzugehen, die wir im narrativen Modus unter starker Amygdala-Aktivierung lieber vermeiden würden.

- **Wenig unnötiger Eskalation** von Themen, bei denen die Führung involviert wird. Stattdessen klären die Mitarbeiter typischerweise Konflikte und herausfordernde Themen untereinander.

- **Transparenter, zeitnaher Auseinandersetzung mit Konflikten** und Unstimmigkeiten ohne Schädigung der Beziehungen.

- **Dem Blick in die Zukunft und dem Blick in die Vergangenheit:** vor Allem zum Verständnis der eigenen Errungenschaften und des Lernens. Anstatt zu versuchen Schuldige und kausale Ursachen zu finden, würde man sagen: „Was zeigt uns dieses Beispiel dafür, was wir in Zukunft machen sollten, um noch erfolgreicher zu sein?"

- **Kreativem Umgang mit Unterschieden:** Unterschiedliche Sichtweisen, unterschiedliche Typologien, Charaktere, Herangehensweisen, Arbeitsweisen, Geschwindigkeiten, Methoden, all das sind Aufhänger für unangenehme Situationen in Organisationen. Wie würde eine „achtsame Unternehmenskultur" mit Unterschieden umgehen? Zunächst wären alle Beteiligten sich bewusst, dass ihre eigenen Sichtweisen nur jeweils eine mögliche Sicht darstellen. Das ist natürlich auch ohne Mindfulness-Training möglich, allerdings erleben wir im Allgemeinen in Organisationen wenig Akzeptanz dafür, wenn die eigene Sicht nicht „den Kampf gewinnt". In einer achtsamen Unternehmenskultur wäre die Auseinandersetzung mit Unterschieden zunächst einmal kein Kampf, sondern eine Chance, im Sinne eines guten Ergebnisses breit zu schauen und gemeinsam die beste Alternative zu wählen. Anerkennung von „Diversity" wäre nicht ein aufgezwungenes Verhalten, sondern eine Haltung, die wirklich die Stärken und das Besondere in der Unterschiedlichkeit schätzt. Il faut de tout pour faire un monde.

- **Einer besonderen Art von Vertrauen seitens der Führung:** Da Führungskräfte achtsam genug wären, zu sehen, dass es ihre eigene Kontrolltendenz ist, Mitarbeitern zu sagen, wie Sie ihre Arbeit zu tun haben, wäre es für sie leichter, diese Tendenz loszulassen und die Mitarbeiter stattdessen in der Art, die ihnen entspricht, zu unterstützen. Die Führung würde sich daher darauf begrenzen, klare Erwartungen der gewünschten Ergebnisse zu kommunizieren anstatt auch den Weg dorthin vorzugeben.

- **Einer achtsamen Wahrnehmung des Markts und einer gesunden Selbsteinschätzung,** in ihm agieren zu können.

In Studien haben Bill Joiner und seine Kollegen („Leadership Agility") verschiedene Führungsstile und ihre Wirksamkeit in komplexen Unternehmen untersucht. Sie kamen zu dem Ergebnis, dass Führungskräfte, die in der Lage sind, Nichtwissen, hohe Komplexität und Mehrdeutigkeit auszuhalten und diese nicht managen, reduzieren oder dagegen ankämpfen zu wollen, die höchste Wirksamkeit hatten. Bei einer weiteren Untersuchung stellten sie fest, dass unter den Führungskräften mit der höchsten Wirksamkeit 85 Prozent regelmäßig meditierten! Der Impuls, unkontrollierbare Situationen kontrollieren zu wollen ist sehr verständlich. Joiner und Kollegen haben auch festgestellt, dass solche Impulse die Gefahr von Burnout erhöhen: Wir reiben uns auf, ohne Wirkung erzielen zu können, und reiben uns an der verfehlten Wirkung weiter auf. Mindfulness in seiner inhärenten Akzeptanz hilft uns, auf Distanz zu unseren Impulsen zu gehen, mit denen wir den Dingen begegnen wollen, die wir nicht beherrschen können.

In letzter Konsequenz könnte man sagen, dass Mindfulness als Unternehmenskultur noch einige Schritte weitergeht als das, was wir in den ersten Kapiteln besprochen hatten: Mindfulness des Inneren, der äußeren Umstände, von Situationen, von Menschen, deren Handlungen, Entscheidungen, letztlich der Welt gegenüber. Hier bekommt Vertrauen eine neue Dimension. Es ist nicht das Vertrauen, „dass DU meine Erwartungen erfüllst" oder „dass es schon so kommen wird, wie ich hoffe", sondern ein Vertrauen, dass die unbeherrschbaren Dinge des Lebens so sind, wie sie sind, unabhängig davon, ob ich sie mir so gewünscht habe oder ob ich etwas daran ändern kann. Und diese Haltung ist nicht ein tatenloses Zusehen und unbeteiligtes Resignieren gemeint: im Gegenteil, mit der Klarheit von Mindfulness sind wir in der Lage, umso engagierter und leidenschaftlicher zu handeln. Aber wenn das, was wir gern hätten, am Ende des Tages nicht eintritt, können wir am Abend immer noch singen und feiern. Denn wir wissen, dass der Rest der Welt nicht existiert, um unsere Erwartungen zu erfüllen.

In Kürze

Mindfulness am Arbeitsplatz hat das Potential für zahlreiche positive Auswirkungen. Spezifische Herausforderungen dabei sehen wir zunächst in unserer Haltung zur Arbeit und zu den positiven und negativen Bewertungen, die wir unbewusst verschiedenen Tätigkeiten geben. Allein durch Mindfulness bei der Tätigkeit selbst könnte sich diese Aufspaltung allerdings bereits auflösen.

Typische Merkmale eines Unternehmens, in dem Mindfulness gelebt wird, wären der achtsame Umgang mit Stärken und Schwächen, sodass Mitarbeiter ihre eigenen Kompetenzen und Schwachpunkte kennen, sie nicht verbergen und sie sich im Team ergänzen, sowie das Lösen von Impulsen mit dem Ergebnis größerer Flexibilität, wie etwa bei Entscheidungen, sowie transparentem, lernorientiertem Feedback.

In konkreten Situationen wie Meetings und E-Mails könnte eine „achtsame Organisation" daran erkennbar sein, dass Mitarbeiter gelassener und weniger impulsiv kommunizieren und dadurch ihre eigenen Ressourcen und die ihrer Kollegen schonen. Dadurch werden die Kommunikation und die in Meetings verwendete Zeit produktiver und angenehmer. Präsentationen wären leichter verständlich, und die Zuhörer würden weniger zum „Multitasking verführt".

Eine „achtsame Hochleistungskultur" entsteht aus unserer Sicht dann, wenn Mindfulness hilft, die Potentiale der Mitarbeiter regelmäßig durch Reduzierung möglicher Störungen maximal abzurufen und gleichzeitig nachhaltig zu erhal-

ten. Dadurch entstünde hohes Engagement, was nachweislich den Gewinn erhöht. Einzelne Faktoren einer solchen Kultur könnten sein: Fokus, konsequente Zielorientierung, niedriger Krankenstand, gute Life-Balance, leidenschaftliche Emotionen, Empathie, Innovation, Flexibilität, Mut, Eigenverantwortung, Akzeptanz und ein kreativer Umgang mit Unterschiedlichkeiten, Vertrauen in die Führung und seitens der Führung.

Vertrauen nicht auf der Ebene von Hoffnung, dass Andere unsere Erwartungen erfüllen, sondern auf der Ebene, dass wir nur unser Bestes geben können und darüber hinaus bereit sind, die Konsequenzen zu akzeptieren, wäre ein möglicher Anspruch einer achtsamen Hochleistungskultur.

Teil II. 7: Mindfulness außerhalb der Arbeit: Bildung, Gesundheit, Hobby, Sport und Spiel

Die Leitung und Lehrkräfte der Marina Middle School (Realschulniveau) in San Francisco wussten sich nicht mehr zu helfen. Die Schule hatte zu der Zeit die meisten disziplinarischen Suspendierungen im Bezirk. Das Beispiel eines Schülers, der seinen Bruder und einen guten Freund im Zusammenhang mit gewalttätigen Auseinandersetzungen verloren hatte, war zwar extrem, aber viele seiner Kameraden lebten in ähnlich schwierigen Umfeldern. Die Klassenzimmer waren bis zu einem Grad unmöglicher Lernbedingungen überfüllt. Entsprechend schlecht waren die Noten der Schüler. Schlechtes Benehmen der Schüler war die Norm – sie waren fast in einem permanenten Zustand des Abschaltens und der Ablenkung, und es war für diejenigen, die lernen wollten, fast unmöglich sich zu konzentrieren – auch, weil sie gegängelt oder ausgeschlossen wurden.

Wie alt muss jemand sein, um von Mindfulness zu profitieren?

In diesem Kapitel schildern wir Ihnen zu Beginn nicht eine überlieferte oder erdichtete, sondern eine wahre Geschichte. Die Marina Middle School entschied sich in ihrer Situation dazu, ein Experiment mit Mindfulness zu versuchen. Die Schulleitung wählte für das Experiment eine siebte Klasse aus. Also kam eine junge Sozialpädagogin fünfzehnmal, um in jeweils 30-minütigen wöchentlichen Sitzungen den Schülern Mindfulness beizubringen und dadurch eine neue Grundlage für Lernerfolg zu schaffen. Über das Projekt gibt es einen Dokumentarfilm mit dem Namen „room to breathe". Das Ergebnis des Mindfulness-Experiments in einer Statistik:

- 80 % der Schüler beruhigten sich leichter, wenn sie die Fassung verloren hatten.
- 58 % konnten sich in der Schule besser konzentrieren.
- 40 % wandten Mindfulness an, um Streit oder körperliche Auseinandersetzungen zu vermeiden.
- 34 % gaben an, dass es ihnen geholfen hatte, ihre Noten zu verbessern.
- 86 % waren der Meinung, andere Schüler sollten auch Mindfulness lernen.

Der Schüler Jedidiah sagt über seine Erfahrung: *„Wenn ich es [Mindfulness, Anm. des Autors] anwende, fühle ich, dass ich einfach fokussieren sollte und* *ignoriere, was andere mir versuchen zu sagen; ich achte einfach darauf, was der Lehrer zu sagen hat. Meine Noten haben sich verändert – von Ds und Cs [das Deutsche Äquivalent ist in etwa die Note 3–4] zu As und Bs [entspricht etwa der deutschen Note 1–2]. Ich wende achtsames Atmen an (...) Ich habe meiner Mutter gezeigt, wie Mindfulness geht. Es hilft ihr sehr, denn sie gerät leicht in Rage, und wenn ich sie so sehe, erinnere ich sie daran ein paar achtsame Atemzüge zu machen, und sie beruhigt sich."*

Joyce sagt: *„Es hilft mir sehr, weil es mich beruhigt, wenn ich mit jemandem oder über etwas verärgert bin."*

Katy sagt: *„Mindfulness hat mich sehr verändert. Ich bin eines dieser Kinder, das andere mobbt, und nachdem Mindfulness ins Spiel kam, hörte ich damit auf. Ich habe mich immer sehr schlecht gefühlt, wenn ich andere gemobbt hatte. Ich habe es versucht, mich zu stoppen, aber es wurde immer schlimmer. Wenn ich jetzt den Impuls habe zu mobben, beruhige ich mich einfach und meditiere mit meiner Freundin. Dann vergesse ich alles und bin glücklich, ja, wirklich. Meine Freunde haben auch gemerkt, dass ich wirklich anders bin."*[1, 2]

Inzwischen wird Mindfulness von der Oxford University an manchen britischen Schulen eingeführt; es gibt diverse Forschungsprojekte in den USA und auch in Deutschland, um zu zeigen, welche Wirkung Mindfulness auf den Lernerfolg in Schulen hat. Es wird oft aufgrund der „Tiefe" des Themas angenommen, dass Kinder zu unreif für Mindfulness sind. Aber schon lange plädiert der bekannte Philosoph Thomas Metzinger dafür, dass Kinder durch Mindfulness in Schulen auf die Herausforderungen im Erwachsenenalter vorbereitet werden sollten. Ein weiteres eindrucksvolles Beispiel dafür, wie wirkungsvoll Mindfulness für junge Kinder sein kann, insbesondere im Bereich der Emotionsregulierung, wird in einem weiteren Dokumentarfilm aus den USA mit dem Titel „Free the Mind"[3] dargestellt, in dem es u.a. um Kinder im Alter von fünf Jahren geht, die unter Angstzuständen, ADHS usw. leiden. Mehr und mehr Universitäten in Deutschland und weltweit erkennen, dass Mindfulness den Studenten hilft, leichter zu lernen und in Prüfungssituationen ihr Wissen abzurufen. Deshalb bieten sie immer mehr Mindfulness-Kurse für Studierende an.

Eine lebensbejahende Haltung

Unsere Darstellung einer Haltung von Mindfulness im Sinne bedingungsloser Akzeptanz löst sehr oft starke Reaktionen aus. „Verliere ich so nicht meine Motivation?", „Was ist dann mit der Bereitschaft, Dinge zu verändern?", „Soll ich alles einfach über mich ergehen lassen?".

In der Tat gibt es verschiedene Formen, mit dem Thema umzugehen. Wir haben auch Menschen gesehen, die durch mönchartige Disziplin dem Leben sozusagen entflohen sind und mit tierischem Ernst ihre Meditation zum Fokus ihres Lebens gemacht haben. Wie achtsam sie dabei waren (im Sinne der Definition, Neues aufzunehmen und im Kontakt mit sich und der Umwelt zu sein), können wir nicht wissen. Für uns geht es aber um eine grundsätzliche Haltung zum Leben: Eine Haltung von „Ja" oder „Nein". Was sich zunächst banal anhört, ist nicht selbstverständlich. Denn ein grundsätzliches „Ja" könnte konsequenterweise nicht auf einmal „Nein" werden, wenn das Leben einmal schmerzhaft wird – und das wird es ja definitiv irgendwann für jeden! Und so sind wir wieder einmal beim Thema der bedingungslosen Akzeptanz. Das Motto für diese Akzeptanz ist bei Osho „Leben, Lieben, Lachen". Wenn sich das „Leben, Lieben, Lachen" damit verbinden lässt, sich dem Leben in allen Facetten zu stellen und ihm nicht davonzulaufen, lassen sich daraus viele Fragen ableiten, die jeder für sich beantworten kann. Wir Autoren wollen hier nur lebensbejahende Aspekte von Meditation und Mindfulness darstellen.

Gesundheit

Für uns ist Mindfulness ein Schlüssel zur Leistungsfähigkeit. Sie kann aber natürlich weder den Schlaf noch die Funktion des Kreislauftrainings komplett ersetzen. Wir empfehlen eine gute Balance zwischen Anspannung bzw. Aktivität und Ruhe, mit Beteiligung von Sport bzw. Bewegung, oder am besten mit Feiern und Tanzen und auf jeden Fall mit vielen positiven Emotionen. Mindfulness kann dazwischen seinen Platz bekommen. Die zentrale Funktion von Mindfulness in der Gesundheit ist, dass eine Haltung von Akzeptanz und eine achtsame Wahrnehmung der Bedürfnisse des Körpers uns eine vorausschauende, gesunde Lebensführung ermöglichen. Diese Haltung führt auch zu einem guten Gefühl für die Balance von Bedürfnissen und Gier. Wir empfehlen dazu eine Frage: Was kann im schlimmsten Fall passieren, wenn Sie X tun bzw. nicht tun? Stellen Sie sich Folgendes vor: *Sie haben sich für heute 18:30 Uhr mit einem Bekannten zum Jogging verabredet. Ihr Chef stellt um 14:00 Uhr eine Besprechung für 17:45 Uhr ein, die ihnen den Jogging-Termin streichen würde.* Was tun Sie? Was würde im schlimmsten Fall passieren, wenn Sie die Besprechung absagen, damit Sie für Ihre

Gesundheit sorgen können? Und wenn die Antwort ist: „Der Chef stellt mich auf das Abstellgleis", dann fragen Sie am besten gleich weiter: „Was kann im schlimmsten Fall passieren, wenn ich unter so einem Chef langfristig weiter arbeite?". Sicher ist es nicht immer leicht, Konsequenzen zu ziehen, wenn Ihnen Ihr derzeitiges Umfeld missfällt. Und wir empfehlen ja vor allem, Ihre Wirkkraft zu nutzen, um sich einzubringen und Ihr Umfeld nach Möglichkeit zu gestalten. Wir empfehlen Ihnen aber auch, zu reflektieren, welcher Preis höher ist: ein sicheres, aber toxisches Umfeld oder die Unsicherheit bei der Suche nach einem passenderen Spielfeld? Bei der achtsamen Beantwortung dieser Frage wird oft klar, dass wir doch mehr Zeit für uns selbst und unser Wohlergehen haben, als wir denken, dass es nur sehr unangenehm ist, sich in unsichere Gefilde zu begeben.

Positive Emotionen, Singen, Lachen, Tanzen: All das hat positive Wirkung auf das Immunsystem, auf Herz und Kreislauf und auf das Lebensgefühl. Ihre Schlafqualität verbessert sich, wodurch Sie am Tag fitter und positiver gestimmt sind, und so entsteht eine „Aufwärtsspirale". Dafür brauchen Sie auch nicht mehr diverse Datenbanken auf allen möglichen „Self-Technology"-Geräten. Anstatt sich von Ihrem Gerät sagen zu lassen, dass Sie genug gelaufen, geschlafen und gegessen haben und dass Ihre Herzfrequenz okay ist, empfehlen wir Ihnen, sich über Mindfulness in Kontakt mit sich selbst zu bringen. Wir sind intuitiv genug, um zu spüren, was unser Organismus braucht — allerdings nur, wenn wir ihm die entsprechende Aufmerksamkeit schenken und den Organismus (sprich Körper) so, wie er ist, akzeptieren. Auch hier ist die bedingungslose Akzeptanz gefragt — was sicher leichter gesagt ist als getan. Positive Emotionen erhöhen auch generell unsere Widerstandsfähigkeit und Belastbarkeit und heben den Erschöpfungszustand des präfrontalen Kortex auf (s. Teil I.1 und die im Kapitel 3 erwähnte Studie).

Ursula Leitzmann: *„Ich bin weniger zerstreut und mache mehr als früher das, was ich mir vorgenommen habe. Außerdem hilft mir Mindfulness auch beim Einschlafen."*

Auch im Umgang mit einem „nicht gut funktionierenden" Körper lohnt sich Mindfulness. Oft strengen wir uns noch stärker an, wenn wir zum Beispiel unter einer Erkältung leiden, „pushen" wir uns durch den Tag. Die Bedürfnisse des Körpers ignorieren wir dann oft umso mehr, da unsere präfrontalen Ressourcen schon erschöpft sind und daher auf „Schonprogramm" laufen. Oft wird versucht, dieses Defizit mit Medikamenten zu kompensieren. Auf diese Art entsteht eine Art

Kampf mit dem kranken Körper, der sich in der Folge schwer regeneriert. Aus dieser „Kampfhaltung" auszusteigen und den Körper so, wie er gerade ist, zu akzeptieren, ist oft schon sehr hilfreich und befreiend. Enrico Rück in persönlicher Korrespondenz mit mir an einem Tag, als er krank war: *„Heute bin ich sehr verschnupft. Mein ‚Sein'-Zustand fiel mir leichter als sonst. Das Denken fällt mir durch die Krankheit prinzipiell schwerer; ich fühlte mich gedanklich träge und gedämpft. Durch Mindfulness entfällt diese Anstrengung, denken zu ‚müssen'."*

Balance

Wenn Sie in einer lebensbejahenden Haltung unterwegs sind, brauchen Sie keine Work-Life-Balance im ursprünglichen Sinn mehr. Denken Sie daran: Eine lebensbejahende Haltung sagt auch zum Schmerz „Ja". Warum? Es nützt nichts, mit Schmerz zu kämpfen. Er ist entweder da oder nicht. Erinnern Sie sich: Wir erleben den Schmerz als mächtiger, wenn wir gegen ihn kämpfen, erreichen also das Gegenteil unserer Absicht. Durch Akzeptanz wird das Unangenehme erträglicher. Eine „Ja"-Haltung heißt also nicht, dass wir uns allem Übel ergeben: Wir gestalten, wo wir können; wo wir aber nicht gestalten können, akzeptieren wir. Sicher wird im Büro nicht immer alles so laufen, wie wir es gern hätten. Aber das heißt nicht, dass wir unsere bejahende Haltung ablegen müssen. Sonst wäre sie nicht bejahend! Die Arbeit vom Leben abzugrenzen ist aus unserer Sicht nicht mit Mindfulness vereinbar. In unserem Bezug zum Hier und Jetzt ist jeder Moment wertvoll und relevant – er gehört zum Leben! Wenn wir anfangen, die Arbeit nur als Investition in eine bessere Freizeit zu sehen, die Woche als Investition in das Wochenende, das Jahr in den Urlaub und das Arbeitsleben in die Rente, dann ist das ein perfekter Plan, das Leben zu verpassen. Die Frage nach der Balance wäre für uns eine Frage nach Bedürfnissen und Prioritäten, bei der die Arbeit eine wichtige Rolle spielt – aber als Teil des Lebens, nicht als Abgrenzung.

Sören Fischer: *„Ich bin über meine gesundheitliche Situation und Interesse am Thema ‚Burn-Out'-Prävention zum Thema Mindfulness gekommen. Ich habe einige Bücher gelesen und die Techniken dann in einem Coaching erlebt. Ich habe dadurch mehr Ausgeglichenheit, Stressreduzierung, Freude am Leben und weniger ‚Tunnelblicke'. Ich bin ruhiger geworden, habe Abstand gewonnen. Ich fliege viel. Meine letzte Woche war extrem fordernd. Im Flieger habe ich mich bewusst zehn Minuten achtsam wach gehalten und dann geschlafen, tief und fest, das war eine sehr positive Erfahrung."*

Enrico Rück: *"Ich habe mehr Ruhe und Geduld, höre besser zu. Ich sehe Situationen, die mich früher geärgert hätten, als Gelegenheit, achtsam zu sein. Bin aufmerksamer, munterer und stressfreier im Alltag. Sorgen, die ich oft habe, sind früh oder abends im Bett durch Mindfulness schnell wieder vergessen."*

Übung: „Balance"

Schreiben Sie bitte auf, wie viele Stunden pro Woche Sie mit den folgenden Aktivitäten verbringen. In der rechten Spalte tragen Sie gegebenenfalls ein, was Sie für sich verändern möchten. Füllen Sie in die leeren Zeilen weitere regelmäßige Aktivitäten ein, die in Ihrem Alltag eine Rolle spielen:

Aktivität	Stunden/Woche	Veränderungsbedarf
Arbeit		
Fahrt zur Arbeit		
Zeit mit Menschen, die mir Energie geben		
Zeit mit Menschen, die mir Energie rauben		
Meditation		
Fernsehen		
Kochen, Essen		
Sport		
Tanzen, Feiern		

Stress

Der Begriff „Stress" beschreibt im Allgemeinen zwei verschiedene Zusammenhänge: einmal die körperliche Reaktion auf ein als lebensbedrohend empfundenes Ereignis: der Körper wird durch eine autonome (also nicht bewusst gesteuerte) Kettenreaktion unter anderem von Cortisol und Noradrenalin, Blutkreislauf, Muskelanspannung und Fokussierung der Aufmerksamkeit für Kampf oder Flucht vorbereitet. Denken Sie bitte nochmals zurück an Teil I.1., in dem Stress als eine Art Kompetenz beschrieben wurde, die uns hilft, Höchstleistung unter Bedrohung zu erbringen. Die zweite Beschreibung bezieht sich auf einen Dauerzustand, in dem es nicht um die akute Gefahrensituation geht, sondern um eine erlernte Langzeitreaktion des Organismus: Er kommt nicht mehr zur Ruhe, erholt sich nicht mehr: Schlechter Schlaf, Gereiztheit bzw. Sorgen, körperliche Schmerzen, Schwierigkeiten bei der Fokussierung der Aufmerksamkeit und vielem mehr sind die möglichen Folgen. Im ersten Fall ist der Stress sehr nützlich: Er hilft uns, Gefahrensituationen zu bewältigen. Im zweiten Fall beeinträchtigt Stress unsere Leistungsfähigkeit nachhaltig und kumulativ (mit anderen Worten: Es wird immer schlimmer). Eine unachtsame Reaktion auf diesen Fall könnte sein, diese Realität zu verleugnen, immer weiter zu kämpfen und die unangenehmen Gefühle und die Schlaflosigkeit mit Medikamenten oder Drogen zu bekämpfen. Das Problem: Dadurch wird es noch schlimmer. In Teil I.1. haben wir eine Studie zitiert, die zeigt, dass dies ganz besonders gilt, wenn wir glauben, dass Stress für uns schlecht ist.

Normalerweise denken wir intuitiv, dass wir die Leistungsfähigkeit überschreiten, weil wir uns *zu lange* anstrengen oder überfordert werden. Was wir hier lernen, geht darüber hinaus. Jeder Sportler — ob Profi oder nur zum Hobby — kennt es, dass er manchmal „in Form" ist und manchmal nicht. Das gilt aber nicht nur für den Körper, sondern auch für die mental-emotionale Dimension. Darüber hinaus sind die drei Dimensionen auch nicht trennbar. Wenn wir nicht genug geschlafen haben oder krank sind, leisten wir auch geistig weniger. Ob „Gehirnjogging" das Gehirn so fit (leistungsfähig) hält, wie der Begriff zu versprechen scheint, wird von Hirnforschern infrage gestellt. Spannend ist, dass körperliches Fitnesstraining die kognitive Fähigkeit des Gehirns gleichzeitig nachweislich und nachhaltig verbessert! Wenn wir aber „geistig" reizbar sind, uns Sorgen machen und wir Schwierigkeiten haben, zu fokussieren, hat das selbst bei Spitzensportlern erhebliche Auswirkungen auf die körperliche Leistungsfähigkeit.

Unsere „Form" hängt vor allem davon ab, wie gut unser Zugang zu unserem Potential, unseren inneren Ressourcen ist. Und der ist besonders gut, wenn unsere präfrontalen Ressourcen „unerschöpft" und wir in einem Zustand von Mindfulness sind. Das heißt, wir überschreiten schneller unsere Leistungsfähigkeit, wenn wir nicht achtsam und (dadurch) unsere präfrontalen Ressourcen erschöpft sind. Oder: Wir sorgen am besten für unsere Leistungsfähigkeit vor, wenn wir meditieren. Und für Nicht-Sportler empfehlen wir eine Stressvorsorge, die vermutlich unseren Vorfahren geholfen hat, im Anschluss an ihre echten lebensbedrohlichen Situationen gut zu ruhen: regelmäßiges Tanzen, Feiern, Lachen und Singen.

Sport

Wir Autoren kennen eine Menge Menschen, die ein Interesse an ihrer Gesundheit, einer guten Balance und an Stressausgleich haben. Leider organisieren sich viele von ihnen eine Routine, die sie militärisch befolgen, aber mehr aus Angst und ohne jede positive Emotion. Manchmal hat man dann das Gefühl, dass der Jogger, der mit verbissenem Gesichtsausdruck seine Datenbank darauf prüft, ob er heute bloß nicht einen Herzschlag zu wenig hatte, keinen Moment der wunderbaren Natur mitbekommen hat, durch die er die letzten 90 Minuten gehetzt ist. Eine achtsame Haltung zu Sport wäre für uns: Lust darauf, Spaß daran und Gelassenheit: Verbissenheit und tierischer Ernst sind sicher nicht gesundheits- und balanceförderlich. Und dabei sind wir nicht gegen Wettkämpfe. Im Gegenteil, Wettkampfsport kann eine wunderbare Gelegenheit sein, Mindfulness ins tägliche Leben zu integrieren. Und deshalb vorweg die Ausnahme: Wenn es um sehr technische Dinge geht, in denen eine komplexe Vielfalt an Möglichkeiten besteht, sollte der Experte (der Profi oder Leistungssportler) im Interesse eines guten Ergebnisses seinem Automatismus (Impuls) vertrauen. Mindfulness macht den Automatismus bewusst, was etwa beim Tennisaufschlag das Ergebnis verschlechtern könnte. *Der Hase fragte den Tausendfüßler: „Onkel, wie machst Du das eigentlich, dass Du mit Deinen tausend Füßen nicht stolperst?" In diesem Moment dachte der Tausendfüßler: „Wie mache ich das eigentlich?" und stolperte.*

Dieses Phänomen wurde unter anderem in einer Studie untersucht, in der Profihandballern und Hobbyhandballern ein Video einer Angriffssituation gezeigt wurde. Das Video wurde in dem Moment gestoppt, in dem der ballführende Spieler einen Spielzug startete. Dann wurden die Probanden gefragt, welches der richtige Spielzug wäre, um mit der größten Wahrscheinlichkeit ein Tor zu erzielen. Die Profis lagen dann besonders richtig, wenn sie ohne nachzudenken spontan die Antwort gaben, während die weniger erfahrenen Spieler besser lagen, wenn sie erst mal überlegten und analysierten. Fazit: Je höher die Expertise, desto mehr sollte man dem unwillkürlichen Automatismus, der Intuition vertrauen. Das würde aber voraussetzen, dass wir in der Lage sind, unserer intuitiven Expertise im Wettkampf stets ganz zu vertrauen, ohne gedanklich uns selbst zu nerven. Jeder, der schon mal meditiert hat, weiß, wie unwahrscheinlich das ist.

Und so begründete in den siebziger Jahren ein junger Tenniscoach namens Tim Gallwey einen interessanter Coachingansatz namens „The Inner Game" („Das innere Spiel"). Bei diesem Ansatz ging es nicht mehr darum, den Schülern die Technik beizubringen, sondern ihnen zu helfen, sich von den eigenen selbstkritischen und störenden Gedanken nicht mehr von ihrem intuitiven Leistungsvermögen ablenken zu lassen. Dazu verlagerte Gallwey den Fokus immer wieder auf das, was im Moment geschah. Er fragte zum Beispiel seine Schüler, ob sie die Schrift auf dem Ball lesen konnten. Oder er empfahl ihnen, laut „bounce" zu sagen, wenn der Ball aufsprang, und genau in dem Moment, in dem Sie den Ball mit dem Schläger trafen, „hit" zu sagen. Durch diese Methoden wurde der Spieler so in den Moment gebracht, dass die kritischen inneren Stimmen in den Hintergrund traten. Die Methode ist nicht weit weg von der Idee, auf den Atem zu achten und so in den Moment des derzeitigen Geschehens zu kommen. Auf diese Weise kann Mindfulness beim Wettkampfsport wieder hilfreich sein. Ich hatte einmal einen „Inner Game"-Coach und war fasziniert davon, wie seine Methoden mir helfen konnten, mentale „Störungen" zu minimieren und so besseren Zugang zu meinem Potential zu bekommen.

Denken Sie bitte daran, „spielerisch zu experimentieren", wenn Sie beim Sport oder im Hobby Mindfulness ausprobieren. Vielleicht steigern Sie sich manchmal so sehr in das Spiel hinein oder haben einen nervösen Tag, sodass Sie den Stress einfach nicht loswerden. Sehen Sie es gelassen. An anderen Tagen werden Sie vielleicht beim Seitenwechsel im Tennis ganz ruhig, oder Sie können leichter fokussieren, während Sie sonst vor dem Aufschlag des Gegners nervös werden. Tennis ist ein Beispiel aus meinem sportlichen Repertoire. Ebenso ist Mindfulness förderlich bei allen anderen Sportarten und wahrscheinlich ganz besonders bei sich wiederholenden Bewegungen wie Laufen, Radfahren, Rudern, Schwimmen etc.

Dr. Holger Rohde ist Triathlet und sagt: „*Beim Schwimmen habe ich ohnehin nichts anderes zu tun, als zu atmen. Es ist eine wunderbare Gelegenheit, achtsam den Atem zu beobachten. Unser Trainer hat uns jüngst eine Technik beigebracht, mit der wir in die Arme keine Kraft mehr investieren, nur noch an der Bewegung arbeiten. Das sind fantastische Bedingungen, achtsam zu sein.*" Holger übt auch, beim Laufen achtsam zu sein. Er wechselt gerne den Fokus zwischen den Füßen, den Geräuschen, die er wahrnimmt, und dem, was er sieht. Für viele Ausdauersportler ist es nicht leicht, sich des Atems bewusst zu sein, ohne ihn kontrollieren zu wollen. Das Kontrollieren geht aber meist auf Kosten der Leistungsfähigkeit. Holger hat eine weitere spannende Erfahrung gemacht. Er berichtet: „*Ich habe es nie geschafft, das fünfundzwanzig Meter Streckentauchen zu absolvieren. Dann habe ich mal probiert, den Atem vorher achtsam zu beobachten, und auf einmal fiel mir das Tauchen leicht!*"

Musik und Hobbys

Was Sie zum Gegenstand Ihrer Mindfulness machen ist zweitrangig. Ich hatte zum ersten Mal so etwas wie eine Meditationserfahrungen, als ich als junger Mensch in den Genuss der Symphonien von Beethoven kam. Ich war so absorbiert von der Musik, dass ich alles um mich herum vergaß. In der Tradition des Tantra in Indien und Tibet geht es sogar darum, im sexuellen Akt achtsam zu werden. Wir alle haben in unterschiedlichsten Situationen spontan schon mal irgendwann im Leben Zustände erlebt, in denen wir sehr intensiv mit dem gegenwärtigen Moment in Kontakt waren — in der Kindheit wahrscheinlich viel mehr als im Erwachsenenalter. Noch einmal der Hinweis: Es geht immer um dieselbe Haltung zu dem, was Sie tun (oder nicht tun): Sich dessen, was in Ihnen und um Sie herum geschieht, wie ein Spiegel gewahr zu sein, ohne zu urteilen. Die Haltung desjenigen, der achtsam ist, dürfte so in jeder Aktivität die gleiche sein. Lassen Sie sich auch nochmals daran erinnern, dass der Anspruch nicht ist, *immer* achtsam zu sein. Aber selbst wenn Sie das noch so ernsthaft versuchten, es würde Ihnen ohnehin nicht gelingen. Zu stark ist der Zug unserer emotionalen Impulse, uns immer wieder zu irgendwelchen Gedanken zu bringen, die sich auf belohnende oder bedrohliche Dinge (meist Phantasien und seltener Realitäten) beziehen! Zu stark der Drang, die Bewertung dessen, was in der Vergangenheit geschehen ist, immer wieder durchzuspielen. Die Kunst ist es, zwischendurch immer wieder Momente zu finden, in denen wir das ständige „Hin-Zu" und „Weg-Von" unterbrechen und die Magie des Hier und Jetzt erleben dürfen.

Wir Autoren haben hier deshalb so viele verschiedene Gelegenheiten wie möglich angesprochen, die Ihnen einerseits dazu dienen könnten, Mindfulness zu üben, und in denen Sie andererseits ausprobieren könnten, welche unterschiedliche Wirkung es auf Sie hat, ob Sie die Aktivität in einem „nicht achtsamen" oder in einem achtsamen Zustand ausführen. Sie suchen sich dann Ihre „Experimentierfelder" am besten danach aus, was für Sie stimmig erscheint. In unserer Erfahrung ist es leichter, in solchen Aktivitäten Mindfulness zu üben, die man gern macht und die man gut kann — und am besten auch noch in Aktivitäten, die einem gut tun und die lebensbejahend sind: Singen, Musizieren, Tanzen, Musik hören, Spazierengehen, gemeinsam Lachen, Essen und Trinken, Malen usw.

Ich möchte dieses Kapitel mit einem Gedicht eines Zen Meisters namens Matsuo Bashō beenden. Das Gedicht stammt aus der Tradition der Zen Haikus. Dies sind sehr kurze Gedichte, deren Zweck es ist, den gegenwärtigen Moment möglichst so ganz und gar zu erfassen, dass man als Leser eine ansatzweise Erfahrung von Mindfulness bekommen kann:

> *Der alte Teich*
> *Ein Frosch springt rein*
> *Plop*

In Kürze

Entgegen des gesunden Menschenverstands, der nahelegt, dass man erwachsen sein muss, um einen anspruchsvollen inneren Zustand wie Mindfulness erleben zu können, gab es in den vergangenen Jahren erhebliche Erfolge mit Mindfulness an Schulen. Ein eindrucksvolles Beispiel wird in dem Film „Room to Breathe" dargestellt, in dem Schüler in kurzer Zeit durch Mindfulness befähigt werden, ihre Noten zu verbessern, ihre Emotionen besser im Griff zu haben und besser auf den Unterricht zu fokussieren.

Um Mindfulness wirklich als Qualität in Ihr Leben einzubringen, brauchen Sie eine Haltung der bedingungslosen Akzeptanz des Lebens. Wo diese fehlt, entziehen sich viele Meditierende dem Leben, entsagen ihm. Für diese „Ja-Haltung" braucht es eine achtsame und akzeptierende Wahrnehmung gegenüber dem eigenen Körper, ein gutes Gefühl für die Balance zwischen dem, was uns im Leben wichtig ist und dem Preis, den wir für unsere Entscheidungen bereit sind zu zahlen, sowie positive Emotionen.

Dieses bedingungslose „Ja" muss auch die Arbeit einbeziehen, sonst wäre es nicht bedingungslos. Was wiederum die Spaltung von Arbeit und Leben in einer sogenannten „Balance" ad absurdum führt. Für uns gehört die Arbeit zum Leben. Die Balance ist eher eine Frage der Bedürfnisse und Prioritäten. Wir empfehlen Ihnen dazu, eine ehrliche Bilanz darüber zu ziehen, wie Sie Ihre Zeit verbringen.

Stress ist für uns eine hilfreiche Ressource der Natur, die uns hilft, Höchstleistung zu bringen. Um aber zu vermeiden, in einem Dauerzustand von Stress zu sein und einen entsprechenden Leistungsabfall zu erleben, empfehlen wir eine permanente Sorge für Zugang zur eigenen Leistungsfähigkeit durch Mindfulness, Bewegung und positive Emotionen.

Sport, Musik und Hobbys sind wunderbare Gelegenheiten, Mindfulness zu üben. Ausdauersportarten eignen sich besonders gut dafür, auf den Atem zu achten oder regelmäßige Bewegungsabläufe zum Gegenstand von Mindfulness zu machen. Aber auch in Sportarten wie Tennis, bei denen intuitive Bewegungsabläufe über das Spiel entscheiden, eignen sich Techniken aus dem „Inner Game" besonders, um sich den mentalen Herausforderungen zu stellen. Wir empfehlen, dass Sie sich anhand der Vielfalt unserer Vorschläge überlegen, welche Situationen für Sie stimmig sein könnten, um Mindfulness als Qualität zu üben und sich dabei möglichst für das zu entscheiden, was Sie gut können, was Sie gern machen und was „lebensbejahend" ist.

Epilog – abschließende Gedanken

Denken Sie nochmals zurück an unsere Geschichte aus der Einleitung. Die meisten Menschen bezeichnen ihr Leben, ihre Arbeit, die Absicherung ihrer Kinder und ihres Alters, wenn sie sich dazu äußern, als Kampf, als Hetze, als Druck, viele fühlen sich überlastet, gestresst, nicht in „Balance". Viele können selbst im Urlaub nicht mehr abschalten. „Nichtstun" bedeutet auf dem Sofa liegen und fernsehen, mit dem iPad spielen oder die Zeitung lesen. Wirkliches Nichtstun ist gar nicht mehr vorstellbar.

Das, was die Meditierenden in der Einleitung und im Verlauf des Buchs in den Interviews sagten, bringt Dimensionen von Lebensqualität ins Spiel, die für viele nur noch im Traum denkbar sind. Aber was, wenn wir noch einen Schritt weiter gehen? Haben Sie wirklich nach all dem, was wir in diesem Buch besprochen haben, noch ein plausibles Argument dagegen, dass wir uns das Leben grundsätzlich sogar als Abenteuer, als Tanz, als Spiel vorstellen könnten? Dass wir morgens ausgeruht aufwachen, mit einem inneren Lächeln aufstehen, mit einem äußeren Lächeln in den Spiegel schauen und uns selbst so, wie wir sind, wertschätzen? Klar, ein Musterbruch wäre das schon in einer Kultur, in der „Eigenlob stinkt". (Und bitte kein Missverständnis: Wir Autoren folgen diesen Prinzipien auch nicht perfekt so, wie es hier steht.) Und dennoch: Warum nicht solch einen Anspruch stehenlassen? Nicht um ihn perfekt zu leben, sondern als Anspruch.

Und damit meinen wir nicht, so wie wir es in der Einleitung auch schon mal unterstrichen haben, dass wir Sie provozieren, Ihr Leben so zu gestalten, dass es für Sie nicht mehr herausfordernd ist. Wir meinen auch nicht, dass Sie einen Job finden müssen, in dem Sie immer nur das tun, was Sie am liebsten tun. Im Gegenteil, nach der Kostprobe in Mindfulness, die Sie jetzt hatten, können Sie sich doch vorstellen, dass es – zumindest theoretisch – möglich ist, in jeder Situation Distanz zu haben, zu wissen, dass Sie es sind, der Ihre negativen Emotionen generiert, Sie es sind, der „sich einen Kopf macht", der Angst hat, grübelt, und der auch vergleichbare Situationen erlebt hat, in denen es möglich ist, auf Distanz zu all dem zu gehen. Und dass es deshalb auch Sie sind, der es in der Hand hat, das Leben voll und ganz anzunehmen, „to love the work you find" (frei nach einem meiner Kollegen in den USA, dessen Workshop heißt: „Find the work you love and love the work you find.")

Und was wäre, wenn wir das wirklich konsequent leben würden? Dann würden selbst die größten Herausforderungen ein Spiel. Nicht dass das Spiel einfach wäre. Aber Sie wollen doch nicht bei den Anfängern mitspielen, oder? Wir spielen jedenfalls lieber „Champions League", wenn es darum geht, Herausforderungen anzunehmen und Ansprüche an die Intensität und Vielseitigkeit des Lebens zu stellen. Und glauben Sie jetzt wirklich noch, dass Sie im Spiel besser abschneiden, wenn Sie gegen es kämpfen, sich abmühen, verausgaben, sich mit Abhängigkeiten beruhigen? Oder wenn Sie sich darauf konzentrieren, was Sie alles schlecht und falsch machen und es dann mit Schauspielerei und Kaschieren versuchen zu verstecken?

Mindfulness ist kein geradliniger Weg zum Glück, keine Abkürzung. Jon Kabat-Zinn hat am Eingang zu seinen Seminaren ein Plakat hängen: „Mindfulness ist nichts für Zaghafte." („Mindfulness is not for the faint-hearted"). Es erfordert auch Mut. Vielleicht haben Sie davon eine Kostprobe bekommen. Und niemand kann den Weg für Sie gehen, jeder von uns muss den seinigen gehen. Aber es lohnt sich. Alles Gute auf dem Weg!

Anmerkungen

Vorwort

1 Die Zitate stammen aus Interviews, die wir mit Menschen geführt haben, in deren Leben Mindfulness ein wichtiger Bestandteil ist.

2 An der Oxford University ist ein „Mindfulness Centre" gegründet worden. Dazu kommen wir später in Teil II.7. An diversen Universitäten im In- und Ausland gibt es heute Mindfulness-Kurse, die Studenten helfen, sich auf Prüfungen vorzubereiten. Bei einem der erfolgreichsten Weiterbildungsprogramme des US-Unternehmens Google mit dem Namen „Search Inside Yourself" geht es primär um Mindfulness. Zu dem seit 2007 existierenden Programm gibt es einen gleichnamigen New-York-Times-Bestseller. Auch europäische Unternehmen wie die Deutsche Bank, Airbus, Rewe, BMW und Beiersdorf haben Mindfulness in ihre Weiterbildungs-Curricula aufgenommen. Darum, wie in Unternehmen Mindfulness als Komponente einer gelebten Kultur aussehen könnte, geht es in Teil II.6.

3 „Achtsamkeit" ist heute die deutsche Übersetzung des Begriffs „Sati" bzw. „Sammasati" aus den Schriften Buddhas, die ursprünglich in der alt-indischen Sprache Pali verfasst sind, die Gautam Buddha seinerzeit sprach. Wortwörtlich ist es auch mit „richtige Erinnerung" übersetzbar. Der Begriff „Sati" wurde im 19. Jahrhundert erstmals ins englische mit „Mindfulness" übersetzt, woraus dann im Deutschen „Achtsamkeit" wurde. Im Zusammenhang mit Meditation hat sich der Begriff im Sprachgebrauch allerdings erst in der zweiten Hälfte des 20. Jahrhunderts etabliert, nachdem er eine lange Geschichte anderer Bedeutung, insbesondere die des „Achtgebens" oder des „Sich-in-Acht-nehmens" hatte.

Teil II. 1.

1 Die Geschichte ist aus der Zen-Tradition überliefert. Angeblich hat sie sich wirklich so oder so ähnlich zugetragen. Der Weise in der Geschichte war ein Meister namens Nan-In, der Gelehrte unbekannt.

2 E-Mail-Apnoe ist ein Begriff, der auf Forschungen zurückgeht, die zeigen, dass Menschen ihren Atemrhythmus dramatisch ändern, wenn sie am Computer arbeiten. Oft ist beobachtbar, dass Menschen der Atem stockt, wenn sie ihre E-Mails bearbeiten.

3 MBCT wurde eingesetzt, um Rückfälle in Depression bei Patienten zu reduzieren, die in Remission waren, nachdem ihnen erfolgreich mit Medikamenten aus einer akuten Depression geholfen worden war.

4 Gibberish ist eine angeblich auf den Mystiker Jabbar zurückgehende kathartische Technik, die Mindfulness sehr effektiv vorbereiten kann.

5 Wenn wir hier von Hypnose sprechen, beziehen wir uns auf den „Vater der modernen Hypnotherapie" Milton Erickson. Seine Sicht der Hypnose hat nichts mit irgendwelchen esoterischen Wundern zu tun, die man im Fernsehen manchmal angeboten bekommt. Vielmehr ist klinische Hypnose ein auf einem tiefen Verständnis des subtilen Wirkens des Unbewussten basierende Form der Kommunikation, die Musterunterbrechung und -bildung auf der Suche nach einer Problemlösung fördern kann.

6 Self-Technology sind Technologien wie z. B. Pulsuhren, die uns Daten über uns selbst widerspiegeln, wie etwa unseren Puls, unseren Herzrhythmus, die Anzahl der verzehrten Kalorien usw. Viele dieser Technologien führen uns lediglich Daten zu, die uns aber nicht näher in Kontakt zu uns selbst bringen. Das Emwave von Heartmath misst unsere Herzratenvariabilität und lehrt uns, einen kohärenten Zustand über Steuerung unseres Atems, unserer emotionalen Lage oder unserer Mindfulness zu erzeugen.

7 Spire ist ein Self-Technology Gerät, dass über das Messen des Atems feststellt, in welchem Gesamtzustand wir sind und uns Hinweise gibt, wie wir uns in Balance bringen können. Dieser Ansatz bringt uns in Kontakt mit uns selbst, da wir seine Empfehlung automatisch innerlich prüfen, anstatt nur Daten zu verarbeiten — diese behält der Spire größtenteils für sich.

8 Hypnose wieder im Sinne wie oben erklärt. Eine „Phantasiereise" ist typischerweise eine Intervention, bei der Sie Ihre Augen schließen und eine Stimme Sie an einen Ort der Phantasie oder in eine Zeit der Phantasie führt, z. B. um in Ihnen einen wünschenswerten, angenehmen emotionalen Zustand zu generieren.

9 „Ressource" meint in diesem Kontext ein inneres Potential. Ein „ressourcevoller Zustand" ist ein Zustand, in dem die Person in Kontakt mit ihren inneren Potentialen oder Ressourcen ist. Oft reicht es dafür schon, dass sich die Person selbst als kompetent erlebt.

10 Mindfulness ist ein Zustand, der keine kognitiven und sprachlichen Ressourcen in Anspruch nimmt. Dadurch „verschwindet" ein gedanklich-sprachlich entstandenes Bild im Zustand von Mindfulness „automatisch". „Weiße Bären" gibt es in der Welt von Mindfulness nicht. Alle anderen Strategien, mit denen wir das Bild des „weißen Bären" aus unserem Kopf entfernen können, müssen auf sprachlich-kognitive Leistungen zurückgreifen. Sie müssen also auf ein anderes Bild fokussieren, um das des weißen Bären loswerden zu können, was die Ressourcen des Präfrontalkortex in Anspruch nimmt, wodurch letztlich das Leistungsvermögen beeinträchtigt wird.

11 Manche Formen des Yoga arbeiten mit kontrolliertem Atmen. Zum Beispiel werden die Atemzüge verlängert. Dies bedeutet einerseits eine An-

strengung und andererseits einer Intention. Beides lässt sich mit Mindfulness nicht vereinbaren.

12 Manche Hirnforscher nennen das Gehirn eine „Zukunftsvorhersage-maschine". Um das leisten zu können, muss das Hirn dauernd abgleichen: Erfahrungen aus der Vergangenheit — Aussicht auf die Zukunft — Erwartung dessen, was wohl geschieht — Handlung — usw. Dies wäre möglicherweise eine Erklärung dafür, warum die Gedanken meist mit der Vergangenheit und Zukunft beschäftigt sind.

13 Sie können dies mit den schon erwähnten Apps „Zazen Suite", „Zazen Meditation Timer" oder „Timer+" aus dem iTunes- oder Android-Store erreichen, oder nach dem Stichwort „Mindfulness" im jeweiligen Appstore suchen.

14 Diverse Varianten der Methode sollen schon vor mehreren Tausend Jahren im Hinduismus praktiziert worden sein. In den Veden werden solche Methoden beschrieben. Besonders bekannt wurden die Methoden im Buddhismus, sie wurden also vor ca. 2.500 Jahren von Gautam Siddhartha begründet.

Teil II. 2.

1 Die Geschichte ist aus der chinesischen Tradition überliefert.
2 Es gibt viele verschiedene Mantras, von bedeutungsvollen „heiligen" Worten bzw. Aussagen zu einsilbigen Klängen bis hin zu Osho's Vorschlag, den eigenen Namen als Mantra zu verwenden. Das Mantra „Om" steht für den „lautlosen Klang", für den Ursprung allen Seins.
3 Bis zu 20.000-mal am Tag: Der ideale Atemrhythmus variiert stark je nach Aktivität, Größe und Körpergewicht. Ein Mann mit 1,88 Meter Größe und 90 Kilogramm Gewicht sollte im Ruhezustand etwa fünfmal pro Minute ein- und ausatmen. In der Aktivität steigert sich die Atemfrequenz natürlicherweise. In diversen Untersuchungen stellte sich heraus, dass wir aufgrund eines permanent erhöhten Erregungsniveaus (sprich Stress) oft im Ruhezustand eher zwölf bis fünfzehn Atemzüge pro Minute machen.

Teil II. 3.

1 Die Geschichte ist aus der Tradition des Buddhismus überliefert.
2 Richard Davidson und Kollegen führten Forschungen mit Mönchen durch, die bis zu 40.000 Stunden und mehr Ihres Lebens meditiert hatten.
3 In der Mindfulness-Tradition wird diese aus dem Buddhismus stammende Methode „Vipassana" genannt. Es heißt, Gautam Siddhartha selbst habe diese Methode geübt bzw. gelehrt.

4 Denken Sie zurück an die Übung aus Teil I. 1.: Dort lernten Sie, wie wir unsere Emotionen „konstruieren".

5 Wenn wir starke Emotionen unterdrücken wollen, machen wir das am besten über den Atem: Wir halten das Zwerchfell fest (und hören auf zu atmen) und spannen die betroffenen Muskelpartien an. Wenn wir das oft genug tun, werden die Spannungen chronisch und unsere Atmung fließt nicht mehr natürlich. Das hat eine ganze Reihe Auswirkungen auf die Gesundheit, warum wir sagen „es manifestiert sich im Körper". Es hat auch zur Folge, dass wir durch die Spannungen nicht mehr so leichten Zugang zu den Gefühlen haben, weshalb mancher Erwachsener „nicht mehr weinen kann".

6 Wir beziehen uns hier auf das Gedicht „Stirb, bevor Du stirbst" von Mevlana Jalal-ad-in Rumi, dem bekanntesten Dichter der Sufi-Tradition, der uns in dem Gedicht auffordert, unser „falsches Selbst", unser „Ego" sterben zu lassen, um wirklich leben zu können. Interessierte können sich unter www.mevlana.net näher informieren.

7 Für weitere Informationen zu George Gurdjieff siehe http://www.gurdjieffwork.de/pages/einfuehrung.html.

8 Für weitere Informationen zu Osho siehe www.osho.com. OSHO®, Osho Kundalini MeditationTM und Osho Dynamic MeditationTM sind geschützte Marken der Osho International Foundation.

9 Als weiterführende Lektüre zum Thema Mindfulness mit Kindern empfehlen wir Ihnen: Siegel, Daniel/Bryson, Tina: Achtsame Kommunikation mit Kindern, Arbor (2013) und Kabat-Zinn, Myla/Kabat-Zinn, Jon: Mit Kindern wachsen: Die Praxis der Achtsamkeit in der Familie, Arbor (2011).

Teil II. 4.

1 Die Geschichte ist aus der chinesischen Tradition des Tao überliefert.

2 Zen ist eine Form des Buddhismus, die später im Kapitel erläutert wird. Schon im Zen galt, dass die Qualität Mindfulness in das ganze Leben integriert werden sollte. Das ist die Bedeutung des Zitats: „Was immer Du machst, sei voll und ganz dabei, beim Sitzen wie bei allen anderen Aktivitäten." Allerdings lebten die Praktizierenden des Zen in Klöstern.

3 Unter der Dusche ist wahrscheinlich am ehesten das Default Mode Network aktiv. Weil Sie in der Situation in der Regel recht entspannt sind und auch nicht abgelenkt werden, bekommen Sie leichter Zugang zu Ihrer Intuition. Allerdings fördert das aktive Default Mode Network dabei keine neuen, sondern nur bereits existente Ideen, Erfahrungen, Bewertungen und Emotionen zutage. Wenn Sie wirklich auf Neues aus sind, dann sind Sie mit Mindfulness besser bedient! Denn Mindfulness befreit uns von

unseren automatischen Bewertungen und Impulsen und fördert dadurch wirklich neue Ideen.

4 Dies wird im Teil II. 5 näher erklärt.

5 Im Zen und bei den Benediktinern gab es Programme, bei denen „Arbeitsmeditation" gemacht wurde.

6 Die Geschichte ist aus der Zen-Tradition überliefert.

7 Daniel Kahneman beschreibt in seinem Buch „Schnelles Denken, langsames Denken" den Effekt der „cognitive ease." Die „Faulheit" des Gehirns verleitet uns sozusagen dazu, uns für gute Gefühle zu belohnen, indem wir leichter „Ja" sagen.

8 Dabei handelt es sich um eine Form von Group Think, die auch mit „cognitive ease" zu tun hat.

Teil II. 5.

1 Das Zitat von Osho stammt aus einem privaten Interview des Autors mit John Andrews.

2 Es gibt zwei sich nahestehende Prinzipien: Das erste ist: „Neurons wire together when they fire together", eine Redewendung, die oft als Hebbsches Gesetz (in Anerkennung des berühmten Neuropsychologen Donald O. Hebb) bezeichnet wird. Sie bedeutet zum Beispiel Folgendes: Wenn Sie ein sehr emotionales Erlebnis haben, kann die allein die Erinnerung an das Erlebnis später die Emotion abrufen. Ebenso kann das Fühlen der Emotion schon die darauf bezogene Erinnerung wachrufen. So können Sie sich erklären, dass Sie als Erwachsener beim Geruch von Klassenzimmern in der Schule Erinnerungen an die Schulzeit, aber auch die entsprechenden Emotionen wachrufen. Das andere Prinzip „energy flows where attention goes" ist in diesem Zusammenhang relevant: Wenn ich meine Aufmerksamkeit auf etwas lenke, feuern in meinem Gehirn entsprechende Neuronen. Wenn ich die Aufmerksamkeit immer wieder auf Negatives lenke, verstärkt sich mein negatives Erleben. Durch Verlagerung der Aufmerksamkeit — oder durch Mindfulness dessen, worauf unsere Aufmerksamkeit liegt — können wir den Energiefluss (also unser Erleben) beeinflussen.

3 Timothy Wilson und Kollegen gaben Probanden die Aufgabe, allein in einem leeren Raum auf einem Stuhl zu sitzen und nichts zu tun. Die einzige Möglichkeit der „Ablenkung", die sie zur Verfügung hatten war, sich selbst leichte Stromschläge zu verabreichen. Zwei Drittel der männlichen und etwas ein Viertel der weiblichen Probanden fanden das Alleinsein tatsächlich so schlimm, dass sie sich selbst lieber Stromschläge verabreichten, als das einfach nur still auszuhalten.

4 Das Arbeitsgedächtnis, das oft auch Kurzzeitgedächtnis genannt wird, kann sieben bis acht „chunks" gleichzeitig verarbeiten. Diese Größe wird auch die „Millersche Zahl" genannt.

Teil II. 6.

1. Die Geschichte ist aus Indien überliefert.
2. „Flow" ist ein Begriff aus der Psychologie und bezeichnet einen Zustand, in dem man völlig in einer Tätigkeit aufgeht und die Zeit vergisst. Aus Forschungen geht hervor, dass dieser Zustand im Allgemeinen beglückend ist.
3. Man weiß heute aus der Hirnforschung, dass der Mensch mit einem riesigen Überangebot von Talenten geboren wird. Bei Geburt sind diese Talente schon individuell hochentwickelt. Das Hirn entwickelt sich letztlich nutzungsorientiert, d.h. die Talente, die nie genutzt werden, bleiben im Verborgenen. Aufgrund der Neuroplastizität spricht auch nichts dagegen, dass alte Menschen noch nie entwickelte Talente entdecken.
4. Als ein Beispiel siehe Anna Norths Artikel in der New York Times vom 30. 6. 2014, online verfügbar: http://op-talk.blogs.nytimes.com/2014/06/30/the-mindfulness-backlash/?_r=0

Teil II. 7.

1. Der Film ist zum Zeitpunkt der dritten Auflage dieses Buches noch nicht auf Deutsch verfügbar. Nahere Informationen finden Sie unter http://www.roomtobreathefilm.com/.

    Die vollständigen Interviews mit den Schülern sind online verfügbar: Jeddiah: https://www.youtube.com/watch?v=n3KkD8SFL0Y, Katy: https://www.youtube.com/watch?v=CQ4JBP8jLGQ, Joyce: https://www.youtube.com/watch?v=Mh6lNu-RBc0.

2. Die Organisation „Mindful Schools" bietet online Fortbildungen für Lehrer an, mit denen sie lernen können, Mindfulness in der Schule zu integrieren. Informationen online verfügbar: http://www.mindfulschools.org/about-mindfulness/mindfulness/.
3. Weitere Informationen über den Film „Free the Mind" finden Sie hier: http://danishdocumentary.com/site/freethemind/.

Glossar

Achtsamkeit: wird im Allgemeinen in der deutschen Übersetzung als Begriff für „Mindfulness" benutzt. „Achtsam" wird hier als Adjektiv von „Mindfulness" verwendet.

Aktive Meditation: Eine Form der Mindfulness-Praxis, bei der man nicht gleich eingangs still sitzt und meditiert, sondern als „Vorbereitung" auf die eigentliche Meditation zunächst körperlich aktiv ist. Der hinter der Idee der aktiven Meditation stehende Grundsatz ist, dass der moderne Mensch leichter Zugang zum Zustand der „wachen Entspannung" findet, wenn er zunächst über körperliche Aktivität (manchmal auch „kontrollierte Katharsis" genannt) seine Unruhe „herauslässt".

Amygdala: Teile des Limbischen Systems, die anzeigen, was für uns emotional von Bedeutung ist. Die Amygdala spielen vor allem bei negativen Emotionen, wie Wut, Angst und Sorge eine Rolle.

Behavioural-Activation-System (BAS): Die individuelle Sensitivität für Belohnung, die Annäherungsverhalten kontrolliert.

Behavioural-Inhibition-System (BIS): Die individuelle Sensitivität für Bestrafung, die entscheidet, ob entweder das FFFS oder das BAS aktiviert wird.

Bottom-up-Prozess: Ein Prozess, der automatisch und unwillkürlich abläuft.

Coaching: Ist zu verstehen als eine Form der Unterstützung beim Erreichen von Entwicklungszielen. Dabei hat der „Coach" die Aufgabe, den „Coachee" (Klienten) so zu unterstützen, dass dieser Zugang zu seinen inneren Ressourcen findet, und so seine eigenen Potentiale realisieren kann. Coaching ist also kein Training und keine Vermittlung von klassischen Ratschlägen. Der Coach vermittelt kein Wissen, sondern stellt eher potentialorientierte Fragen oder bietet denkbare Alternativen an, für deren Umsetzung der Coachee die Gesamtverantwortung hat.

Default Mode Network (DMN): Ein funktionelles Netzwerk, das aktiv ist, wenn wir ‚rein gar nichts' machen. Dieses Netzwerk ist beteiligt, wenn wir planen, tagträumen oder grübeln.

Direct Experience Network (DEN): Ein funktionelles Netzwerk, das aktiv ist, wenn wir körperliche Sinneseindrücke wahrnehmen und unsere Aufmerksamkeit fokussieren. Wenn dieses Netzwerk aktiviert wird, erfahren wir die Welt direkt durch unsere Sinne, ohne darüber nachzudenken.

Emotionale Bewusstheit: Die Fähigkeit, emotionale Zustände bei Ihnen und anderen erkennen und beschreiben zu können.

Emotionale Intelligenz: Die Fähigkeit, Gefühle und Emotionen von sich selbst und anderen zu beobachten, zwischen diesen unterscheiden und diese Informationen nutzen zu können, um das eigene Denken und Handeln zu bestimmen.

Fight-Flight-Freeze-System (FFFS): Ein Überlebensmechanismus, der vom Thalamus und vom autonomen Nervensystem angetrieben wird und der uns bereit macht zu kämpfen (fight), zu fliehen (flight) oder zu erstarren (freeze).

Funktionelles Netzwerk: Mehrere unterschiedliche Hirnregionen, die eine zeitlich synchronisierte Aktivierung zeigen (d. h., gleichzeitig aktiv sind) und eine bestimmte Funktion erfüllen.

Gedankenwanderung: Der Zustand, in dem die Gedanken in der Zukunft oder in der Vergangenheit sind. Bei der Gedankenwanderung ist das „Default Mode Network" aktiv. Mindfulness reduziert die Aktivität des Default Mode Network.

Gegenstand von Meditation oder Mindfulness: Wenn sich unsere Meditation auf etwas bezieht (z. B. auf den Atem, auf unsere Emotionen oder auf bestimmte Sinneseindrücke), sprechen wir vom Gegenstand (oder „Objekt") unserer Meditation. Wenn wir die Mindfulness-Praxis ausweiten auf alles, was wir wahrnehmen (bzw. „was im Spiegel unserer Mindfulness erscheint"), dann bezieht sich unsere Meditation nicht mehr auf einen spezifischen Gegenstand.

Hippocampus: Teil des Limbischen Systems, der dabei hilft, Informationen, die im Kurzzeitgedächtnis gespeichert sind, ins Langzeitgedächtnis zu übertragen.

Hypothalamus: Teil des Limbisches Systems, der in Zusammenarbeit mit dem autonomen System eine wichtige Rolle in der Regulierung vieler Körperfunktionen wie Herzschlag, Atmung und Blutdruck spielt.

Ironic-Rebound-Effekt: Der Effekt, der zeigt, dass wenn wir intensiv etwas versuchen zu erreichen (z. B. nicht an einen Eisbär zu denken), wir oft das Gegenteil erreichen (z. B. an einen Eisbär denken).

Kognitive Neubewertung: Eine Strategie, um mit Emotionen, Gedanken und Impulsen umzugehen, bzw. ihnen eine neue Bedeutung zu geben, damit wir nicht in ihrem Sinne handeln, sondern unsere langfristige Ziele erreichen.

Kortex: Die äußere Hülle des Gehirns, die graue Masse des Gehirns.

Limbisches System: Eine Funktionseinheit des Gehirns, die eine wichtige Rolle in der Verarbeitung von Emotionen und der Speicherung neuer Gedächtnisinhalte spielt.

Magnetresonanztomographie (Kernspin): Ein bildgebendes Verfahren, das zur Darstellung von Struktur und Funktion der Gewebe und Organe im Körper (sowie des Gehirns) eingesetzt wird.

MBSR – Mindfulness Based Stress Reduction (auf Deutsch in etwa: Stressmanagement auf Basis von Mindfulness bzw. Achtsamkeit): Dies war ursprünglich ein Programm am Medical Center der University of Massachussettes. Begründet wurde das Programm in den 1970er Jahren von Jon Kabat-Zinn. Später führte Kabat-Zinn Ausbildungen durch, deren zertifizierte Absolventen auf der ganzen Welt Kurse und Coaching in MBSR anbieten. Das Programm besteht aus wöchentlichen Meditations- und Lerneinheiten über einen Zeitraum von acht Wochen.

Meditation: Wir benutzen den Begriff „Meditation" in diesem Buch synonym mit „formaler Mindfulness-Praxis". Der Begriff „Meditation" wird in der Literatur und in der Erwachsenenbildung für viele andere Techniken verwendet.

Mindfulness: Wird in diesem Buch definiert als die Qualität, sich dessen, was im gegenwärtigen Moment in uns und um uns herum geschieht, willkürlich (willentlich) und ohne Urteil gewahr zu sein.

Multitasking: Bedeutet im Allgemeinen die Fähigkeit, mehrere Dinge auf einmal zu tun, für die wir unsere Aufmerksamkeit brauchen, ohne dabei unaufmerksam für eines dieser Dinge zu werden. Wir Autoren bezeichnen Multitasking in diesem Buch aber lediglich als den Versuch, mehrere Dinge auf einmal zu tun, da das Arbeitsgedächtnis nachweislich nicht die Fähigkeit hat, mehrere Dinge gleichzeitig zu tun, es sei denn, wir können sie „automatisch" (also ohne ihnen besondere Aufmerksamkeit schenken zu müssen) tun.

Neuroplastizität: Das Phänomen, dass sich unser Gehirn lebenslang verändern kann.

Nucleus Accumbens: Ein Kern des ventralen Striatums, der für das Empfinden von Belohnungen verantwortlich ist.

Perspektivenwechsel: Der Versuch, die Welt durch die Augen unseres Gegenübers zu sehen, um ein besseres Verständnis der Situation zu bekommen und gegensätzliche Ansichten zu versöhnen.

Präfrontalkortex: Teil des Kortex, der eine wichtige Rolle bei der Selbstregulation und den exekutiven Funktionen spielt.

Resting-state-Aktivität: die Gehirnaktivität im Ruhezustand bzw. in der Abwesenheit einer Aufgabe.

Ressource: Mit „Ressource" sind im Allgemeinen innere Kompetenzen, Stärken und Fähigkeiten gemeint. Der Fokus liegt hier auf „innere".

Rohdaten-Netzwerk: siehe „Direct Experience Network"

Sein-Modus: Bezeichnet hier den Modus (die innere Haltung, den inneren Seinszustand), in dem wir im Zustand von Mindfulness sind, unabhängig davon, was wir gerade tun oder nicht tun. Gegenstück des „Sein-Modus" ist der „Tun-Modus".

Selbstregulation: Die Fähigkeit, Emotionen, Impulse und Gedanken zu regulieren, um langfristige Ziele verfolgen zu können.

Self-Technology: Eine Gruppe von technisches Geräten, die uns etwas über uns selbst sagen: von der Fitness-Uhr über Apps, die uns mitteilen, wie viele Schritte wir heute gegangen oder wie viele Kalorien wir zu uns genommen haben, bis zu komplexen Geräten, die uns basierend auf unserer Herzratenvariabilität oder unseren Atemrhythmus Lebensstil-Empfehlungen geben können.

Spiegel sein: In diesem Buch verwenden wir „Spiegel" als Metapher für Mindfulness: Wenn wir in einem Zustand von Mindfulness sind, akzeptieren wir Dinge mit der gleichen „Distanz", urteilsfrei, wie ein sauberer Spiegel, der nicht über das urteilt, was sich in ihm reflektiert, sondern alles genau so zeigt, wie es ist.

Spitzenleistung: das maximale Ausnutzen unseres Potentials.

Störungen: Interne Blockaden, die uns daran hindern, unser Potential zu nutzen.

Temporoparietaler Übergang: Teil des Kortex, der eine wichtige Rolle für Perspektivenwechsel, Empathie und Mitgefühl spielt.

Thalamus: Teil des Limbischen Systems, der für die Selektion und Weiterführung von Sinnesinformationen wichtig ist.

Top-down-Prozess: Ein Prozess, der Energie und Anstrengung braucht.

Tun-Modus: Bezeichnet hier das Gegenstück zum „Sein-Modus". Der „Tun-Modus" ist unser normaler Modus, unabhängig davon, in welcher Aktivität wir engagiert sind. Im „Tun-Modus" tendieren unsere Gedanken dazu, zu wandern. Wir können auch still sitzen und den Anschein erwecken, nichts zu tun, und dabei im „Tun-Modus" sein. Entscheidend ist der innere Modus (innere Haltung, innerer Seinszustand): Wandern unsere Gedanken, sind wir im „Tun-Modus". Sind wir achtsam, sind wir im „Sein-Modus".

Unwillkürlich: Ist hier im Sinn von „ungewollt" gemeint. Der Begriff „unwillkürlich" wird oft synonym mit „unbewusst" verwandt. Wir können uns aber durchaus der Dinge bewusst sein, die uns unwillkürlich widerfahren. Entscheidend ist die innere Erfahrung dessen, dass nicht wir es sind, die die Dinge zu kontrollieren scheinen, sondern „es scheint zu passieren". Wir verwenden den Begriff in Anlehnung an Dr. Gunther Schmidt.

Ventrales Striatum: siehe Nucleus Accumbens.

Urteilsfrei: Bezeichnet die Aufnahme von Informationen über das „Direct Experience Network", das wir auch „Rohdaten-Netzwerk" genannt haben. Mindfulness aktiviert das Direct Experience Network vermehrt, wodurch es uns gelingt, urteilsfrei zu beobachten. Daher auch die Metapher des „Spiegels". Urteilsfrei meint hier also nicht nur „negatives" oder „bewertendes" Urteilen, sondern alles Etikettieren, alle sprachliche Intervention in die Aufnahme von „Rohdaten".

Utilisieren: Ist ein Begriff, der auf Dr. Gunther Schmidt zurückgeht. Im Kontext dieses Buchs bedeutet er eine neue Beziehungsgestaltung mit dem „störenden" Phänomen. „Störung" ist eine Wertung. Wenn wir dem Phänomen in der Spiegelhaltung begegnen, können wir es sogar als nützlich empfinden. Denn jede Chance, etwas zum Gegenstand unserer Meditation zu machen, ist ein Fortschritt.

Verdrängung: Eine Strategie, um mit Emotionen, Gedanken und Impulsen umzugehen bzw. nicht an Sie zu denken.

Was-soll's-Effekt (engl.: What-the-hell-effect): Das Brechen mit weiteren Vorsätzen, nachdem wir einen Vorsatz gebrochen haben.

Willkürlich: Ist hier im Sinne von „willentlich" oder „absichtlich" zu verstehen. Siehe auch „unwillkürlich" als Gegenstück. Die Erfahrung von Willkür in diesem Sinne ist: „Ich entscheide mich für etwas" im Gegensatz zu: „Es geschieht mir etwas". Mit Bezug auf Mindfulness geht es um die willkürliche, willentliche Entscheidung, die Aufmerksamkeit urteilsfrei auf den jetzigen Moment zu lenken, im Gegensatz zu der Aufmerksamkeitslenkung, die mir zum Beispiel widerfährt, wenn in unmittelbarer Nähe ein lauter Knall zu hören ist.

Zen: Zen ist eine Form des Buddhismus. Schon im Zen galt, dass die Qualität Mindfulness in das ganze Leben integriert werden sollte. „Sitzen in Zen, gehen in Zen" bedeutet so viel wie „Was immer Du machst, sei voll und ganz dabei, beim Sitzen wie bei allen anderen Aktivitäten". Allerdings lebten die Praktizierenden des Zen hauptsächlich in Klöstern und sind diesem Anspruch möglicherweise nur geringfügig gerecht geworden.

Literatur

Teil I. 1:

Heatherton, T.F.; Wagner, D.D. (2011). Cognitive neuroscience of self-regulation failure. Trends in Cognitive Sciences 15, 132-139.

Goleman, Daniel (1999). Working with Emotional Intelligence. Bantam Books.

Nolte, J. (1999). The Human Brain: An Introduction to Functional Anatomy, (4th Edition). St. Louis MO: Mosby Press.

Keller, A.; Litzelman, K.; Wisk, L.E.; Maddox, T.; Cheng, E.R.; Creswell, P.D.; Witt; W.P. (2012). Does the perception that stress affects health matter? The association with health and mortality. Health Psychology, 31(5), 677-684.

Jamieson, J.P.; Mendes, W.B.; Nock, M.K. (2012). Improving acute stress responses: The power of reappraisal. Current Directions in Psychological Science, 22(1), 51-56.

Das Schiessen des Kajiemes Powells:
https://www.youtube.com/watch?v=DjrEY2vEv8E

Lewis, M.; Haviland-Jones, J.M.; Feldman Barrett, L. (2010). The Handbook of Emotions. The Guilford Press, NY.

Catalino, L.I. & Fredrickson, B.L. (2011). A Tuesday in the life of a flourisher: The role of positive emotional reactivity in optimal mental health. Emotion, 11, 938-950.

Cohn, M.A.; Fredrickson, B.L.; Brown, S.L.; Mikels, J.A.; Conway, A.M. (2009). Happiness unpacked: Positive emotions increase life satisfaction by building resilience. Emotion, 9, 361-368.

Fredrickson, B.L. (1998). What good are positive emotions? Review of General Psychology, 2, 300-319.

Loughran, S.P.; Wood, A.W.; Barton, J.M.; Croft, R.J.; Thompson, B.; Stough, C. (2005). The effect of electromagnetic fields emitted by mobile phones on human sleep. Neuroreport, 16(17), 1973-1976.

Thomée, S.; Härenstam, A.; Hagberg, M. (2011). Mobile phone use and stress, sleep disturbances, and symptoms of depression among young adults — a prospective cohort study. BMC Public Health, 11:66.

Teil I. 2:

Gray, J.A. (1982). The neuropsychology of anxiety: An enquiry into the functions of the septo-hippocampal system. Oxford: Oxford University Press.

Torrubia, R.; Avila, C.; Molto, J.; Caseras, X. (2001). The Sensitivity to Punishment and Sensitivity to Reward Questionnaire (SPSRQ) as a measure of Gray's anxiety and impulsivity dimensions. Personality and Individual Differences, 31(6), 837-862.

Biswald, B.B. (2012). Resting state fMRI: A personal history. Neuroimage, 62(2), 938-944.

Hesselmann, G.; Kell, C.A.; Eger, E.; Kleinschmidt (2008). Spontaneous local variations in ongoing neural activity bias perceptual decisions. PNAS, 105(31), 10984-10989.

Hahn, T.; Dresler, T.; Pyka, M.; Notebaert, K.; Fallgatter, A.J. (2013). Local Synchronization of Resting-State Dynamics Encodes Gray's Trait Anxiety. PLoS One, 8(3), e58336.

Hahn, T.; Dresler, T.; Ehlis, A.C.; Pyka, M.; Dieler, A.C.; Saathoff, C.; Jakob, P.M.; Lesch, K.P.; Fallgatter, A.J. (2012). Randomness of resting-state brain oscillations encodes Gray's personality trait. Neuroimage, 59(2), 1842-1845.

Hahn, T.; Heinzel, S.; Dresler, T.; Plichta, M.M.; Renner, T.J.; Markulin, F.; Jakob, P.M.; Lesch, K.P.; Fallgatter, A.J. (2011). Association between reward-related activation in the ventral striatum and trait reward sensitivity is moderated by dopamine transporter genotype. Hum Brain Mapp, 32(10), 1557-1565.

Hahn, T.; Dresler, T.; Plichta, M.M.; Ehlis, A.C.; Ernst, L.H.; Markulin, F.; Polak, T.; Blaimer M.; Deckert, J.; Lesch, K.P.; Jakob, P.M.; Fallgatter, A.J. (2010). Functional amygdala-hippocampus connectivity during anticipation of aversive events is associated with Gray's trait „sensitivity to punishment". Biological Psychiatry, 68(5), 459-464.

Heatherton, T. F. & Weinberger, J. L. (1994). Can personality change? Washington, DC, US: American Psychological Association.

Hölzel, B.K.; Carmody, J.; Vangel, M.; Congleton, C.; Yerramsetti, S.M.; Gard, T.; Lazar, S.W. (2011). Mindfulness practice leads to increases in regional brain gray matter density. Psychiatry Research: Neuroimaging, 191 (1), 36-43.

Roozendaal, B.; McEwen, B.S.; Chattarji, S. (2009). Stress, memory and the amygdala. Nature Reviews Neuroscience, 10(6), 423-433.

Roozendaal, B.; Barsegyan, A.; Lee, S. (2008). Adrenal stress hormones, amygdala activation, and memory for emotionally arousing experiences. Progress in Brain Research, 167, 79-97.

Teil I. 3:

Natasha Tsakos: http://www.natashatsakos.com.

Selbstregulation und Gehirn und für eine Übersicht von Faktoren die Selbstregulation beeinflussen: Heatherton, T.F. & Wagner, D.D., (2011). Cognitive neuroscience of self-regulation failure. Trends in Cognitive Sciences 15, 132-139.

Tangney, J.P.; Baumeister, R.F.; Boone, A.L. (2004). High self-control predicts good adjustment, less pathology, better grades, and interpersonal success. Journal of Personality, 72(2), 271-324.

Der Marshmallow-Test: https://www.youtube.com/watch?v=QX_oy9614HQ

Kieras, J.E., et al. (2005). You can't always get what you want: effortful control and children's responses to undesirable gifts. Psychological Science, 16(5), 391-396.

Duckworth, A.L. & Seligman, M.E. (2005). Self-discipline outdoes IQ in predicting academic performance of adolescents. Psychological Science, 16(12), 939-44.

Gottfredson, M.R. & Hirschi, T. (1990). A general theory of crime. Stanford, CA: Stanford University Press.

Kuhnen, C.M. & Knutson, B. (2005). The neural basis of financial risk taking. Neuron, 47, 763-770.

Baumeister, R.F., et al. (1998). Ego depletion: is the active self a limited resource? Journal of Personality and Social Psychology, 74(5), 1252-65.

Wagner, D.D. & Heatherton, T.F. (2013). Self-regulatory depletion increases emotional reactivity in the amygdala. Social Cognitive and Affective Neuroscience, 8(4), 410-417.

Cotman, C.W. & Berchtold, N.C. (2002). Exercise: A behavioral intervention to enhance brain health and plasticity. Trends in Neuroscience, 25, 295-301.

Emry, C.F., et al. (1994). Relationships among age, exercise, health and cognitive function in a British sample. Gerontology, 35, 378-385.

Tomporowski, P.D. (2003). Effects of acute bouts of exercise on cognition. Acta Psychologica (Amst), 112, 297-324.

Dement, W.C. & Vaughan, C. (2000). The Promise of Sleep. New York: Random House, 372-376.

Pilcher, J.J. & Huffcutt, A.A.J. (1996). Effects of sleep deprivation on performance: A meta-analysis. Sleep, 19(4), 318-326.

Wagner, U., et al. (2004). Sleep inspires insight. Nature, 427, 325-355.

Jansen, A. (1998). A learning model of binge eating: cue reactivity and cue exposure. Behaviour Research and Therapy, 36(3), 257-72.

Tice, D.A., et al. (2007). Restoring the self: Positive affect helps improve self-regulation following ego depletion. Journal of Experimental Social Psychology, 43, 379-384.

Muraven, M.; Tice D.M.; Baumeister, R.F. (1998). Self-control as limited resource: regulatory depletion patterns. Journal of Personality and Social Psychology, 74(3), 774-89.

Muraven, M.; Pogarsky G.; Shmueli, D. (2006). Self-control depletion and the general theory of crime. Journal of Quantitative Criminology, 22, 263-277.

Kober, H., et al. (2010). Regulation of craving by cognitive strategies in cigarette smokers. Drug and Alcohol Dependence, 106(1), 52-55.

Gross, J.J. & Levenson, R.W. (1997). Hiding feelings: The acute effects of inhibiting negative and positive emotion. Journal of Abnormal Psychology, 106(1), 95-103.

Wegner, D.M. (1994). Ironic processes of mental control. Psychological Review, 101, 34-52.

Wegner, D.M. (2009). How to think, say or do precisely the worst thing for any occasion. Science, 325, 48-51.

Westbrook, C., et al. (2013). Mindful attention reduces neural and self-reported cue-induced craving in smokers. Social Cognitive and Affective Neuroscience, 8(1), 73-84.

Teil I. 4:

Gross, J.J. & Levenson, R.W. (1997). Hiding feelings: The acute effects of inhibiting negative and positive emotion. Journal of Abnormal Psychology, 106(1), 95-103.

Kober, H., et al. (2010). Regulation of craving by cognitive strategies in cigarette smokers. Drug and Alcohol Dependence, 106(1), 52-55.

Heatherton, T.F.; Wagner, D.D. (2011). Cognitive neuroscience of self-regulation failure. Trends in Cognitive Sciences 15, 132-139.

Westbrook, C., et al. (2013). Mindful attention reduces neural and self-reported cue-induced craving in smokers. Social Cognitive and Affective Neuroscience, 8(1), 73-84.

Maguire, E.A.; Woollett, K.; Spiers, H.J. (2006). London taxi drivers and bus drivers: a structural MRI and neuropsychological analysis. Hippocampus, 16(12), 1091-1101.

Hölzel, B.K.; Carmody, J.; Vangel, M.; Congleton, C.; Yerramsetti, S.M.; Gard, T.; Lazar, S.W. (2011). Mindfulness practice leads to increases in regional brain gray matter density. Psychiatry Research: Neuroimaging, 191 (1), 36-43.

Lazar, S.W.; Kerr, C.E.; Wasserman, R.H.; Gray, J.R.; Greve, D.N.; Treadway, M.T.; McGarvey, M.; Quinn, B.T.; Dusek, J.A.; Benson, H.; Rauch, S.L.; Moore, C.I.; Fischl, B. (2005). Meditation experience is associated with increased cortical thickness. Neuroreport, 16(17), 1893-7.

Desbordes, G.; Negi, L.T.; Pace, T.W.W.; Wallace, B.A.; Raison, C.L.; Schwartz, E.L. (2012). Effects of mindful-attention and compassion meditation training on amygdala response to emotional stimuli in an ordinary, non-meditative state. Frontiers in Human Neuroscience, 6, 1-15.

Hölzel, B.K.; Hoge, E.A.; Greve, D.N.; Gard, T.; Creswell, J.D.; Warren Brown, K.; Feldman Barrett, L.; Schwartz, C.; Vaitl, D.; Lazar, S.W. (2013). Neural mechanisms of symptom improvements in generalized anxiety disorder following mindfulness training. NeuroImage: Clinical, 2, 448-458.

Raichle, M.E.; MacLeod, A.M.; Snyder, A.Z.; Powers, W.J.; Gusnard, D.A.; Shulman, G.L. (2001). A default mode of brain function. Proceedings of the National Academy of Science USA, 98, 676-682.

Farb, N.A.S.; Segal, Z.V.; Mayberg, H.; Bean, J.; McKeon, D.; Fatima, Z.; Anderson, A.K. (2007). Attending to the present: mindful meditation reveals distinct neural modes of self-reference.

Mason, M.F.; Norton, M.I.; Van Horn, J.D.; Wegner, D.M.; Grafton, S.T.; Macrae, C.N. (2007). Wandering Minds: The Default Network and Stimulus-Independent Thought. Science, 393-395.

Übersicht positive Auswirkungen von Mindfulness: Davis, D.M. & Hayes, J.A. (2011). What are the benefits of mindfulness? A practice review of psychotherapy-related research. Psychotherapy, 48, 198-208.

Chambers, R.; Lo, B.C.Y.; Allen, N.B. (2008). The impact of intensive mindfulness training on attentional control, cognitive style, and affect. Cognitive Therapy and Research, 32, 303-322.

Chambers, R.; Gullone, E.; Allen, N.B. (2009). Mindful emotion regulation: An integrative review. Clinical Psychology Review, 29, 560-572.

Davidson, R.J.; Kabat-Zinn, J.; Schumacher, J.; Rosenkranz, M.; Muller, D.; Santorelli, S.F.; Sheridan, J.F. (2003). Alterations in brain and immune function produced by mindfulness meditation. Psychosomatic Medicine, 66, 149-152.

Hoffman, S.G.; Sawyer, A.T.; Witt, A.A.; Oh, D. (2010). The effect of mindfulness-based therapy on anxiety and depression: A meta-analytic view. Journal of Consulting and Clinical Psychology, 78, 169-183.

Hölzel, B.K.; Ott, U.; Gard, T.; Hempel, H.; Weygandt, M.; Morgen, K.; Vaitl, D. (2008). Investigation of mindfulness meditation practitioners with voxel-based morphometry. Social Cognitive and Affective Neuroscience, 3, 55-61.

Jha, A.P.; Stanley, E.A.; Kiyonaga, A.; Wong, L.; Gelfand, L. (2010). Examining the protective effects of mindfulness training on working memory capacity and affective experience. Emotion, 10, 54-64.

Moore, A. & Malinowski, P. (2009). Meditation, mindfulness and cognitive flexibility. Consciousness and Cognition, 18, 176-186.

Ortner, C.N.M.; Kilner, S.J.; Zelazo, P.D. (2007). Mindfulness meditation and reduced emotional interference on a cognitive task. Motivation and Emotion, 31, 271-283.

Grossman, P.; Niemann, L.; Schmidt, S.; Walach, H. (2004). Mindfulness-based stress reduction and health benefits. A meta-analysis. Journal of Psychosomatic Research, 57, 35-43.

Shapiro, S.L.; Brown, K.W.; Biegel, G.M. (2007). Teaching self-care to caregivers: Effects of mindfulness-based stress reduction on the mental health of therapists in training. Training and Education in Professional Psychology, 1(2), 105-115.

Cohen, S. & Miller, L. (2009). Interpersonal mindfulness training for well-being: A pilot study with psychology graduate students. Teachers College Record, 111, 2760-2774.

Teil II. 1.

Burton, Robert A., MD (2008). On Being Certain. New York, USA: St. Martin's Press.

Chabris, C. & Simons, D. (2011). The Invisible Gorilla. London, GB: Harper.

Langer, E. J. (2001). Kluges Lernen, rororo.

Gazzaniga, M (2000). The Mind's Past. Berkeley and Los Angeles, USA: University of California Press.

Kast, B. (2008). Die Macht des Unbewussten. Neue Zürcher Zeitung Folio, online verfügbar: http://folio.nzz.ch/2008/april/die-macht-des-unbewussten.

Hallowell, E. (1999). The Human Moment at Work. Harvard Business Review, online verfügbar: https://hbr.org/1999/01/the-human-moment-at-work.

Gazzaniga, M (2000). The Mind's Past. Berkeley and Los Angeles, USA: University of California Press.

Killingsworth, M. & Gilbert, D.T. (2010). A wandering mind is an unhappy mind. Science no. 330, 932.

Siegel, D. (2007). The Mindful Brain. New York, USA: W. W. Norton & Company.

Crane, R. (2009). Mindfulness-Based Cognitive Therapy. London, GB: Routledge.

Chiesa, A.; Calati R.; Serreti A. (2011). Does mindfulness training improve cognitive abilities? A systematic review of neuropsychological findings. Clinical Psychology Review, 31(3) 449-464.

Teper, R. & Inzlicht, M (2014). Mindful individuals less swayed by immediate rewards, Emotion, 14(1), 105-114, online verfügbar: http://media.utoronto.ca/media-releases/mindful-individuals-less-affected-by-immediate-rewards/.

Hafenbrack, A.C.; Kinias, Z.; Barsade, S.G. (2013). Debiasing the Mind Through Meditation: Mindfulness and the Sunk-Cost Bias, APS Association for Psychological Science, XX(X) 1-8.

Brummel, B. (2014). Examining Workplace Mindfulness and its Relations to Job Performance and Turnover Intention, Human Relations Vol. 67 no. 1, 105-128, online verfügbar:
http://hum.sagepub.com/content/67/1/105.abstract.

Hasenkamp, W. & Barsalou L. (2013). How to focus a wandering mind, www.dailygood.com, Online verfügbar: http://greatergood.berkeley.edu/article/item/how_to_focus_a_wandering_mind.

Teil II. 2.

Hölzel, B.K.; Carmody, J.; Vangel, M.; Congleton, C.; Yerramsetti, S.M.; Gard, T.; Lazar, S.W. (2011). Mindfulness practice leads to increases in regional brain gray matter density. Psychiatry Research: Neuroimaging, 191 (1), 36-43.

Killingsworth, M. & Gilbert, D.T. (2010). A wandering mind is an unhappy mind. Science no. 330, 932.

Kahneman, D. (2012). Schnelles Denken, langsames Denken, 22. Auflage, Siedler Verlag.

Dalio, R: Interview in der Financial Times in einem Artikel „Zen and the art of management" am 16.9.2013.

Osho (2014). Das Blaue Meditationsbuch, Goldmann Verlag.

Teil II. 3.

Covey, S. (2000). Die sieben Wege zur Effektivität, 6. Auflage, München: Heyne Sachbuch.

Davidson, R., with Begley, S. (2012). The emotional life of your brain, New York, USA: Hudson Street Press.

Adams Heminski, C. (2014). Rumi: Daylight: A Daybook of Spiritual Guidance (Amazon Kindle edition), Shambala Publications.

Ouspensky, P.D. (2013). Der Vierte Weg: Anleitung zur Entfaltung des wahren menschlichen Potentials nach G. I. Gurdjieff, advaitaMedia.

Osho (2014). Das Blaue Meditationsbuch, Goldmann Verlag.

Vyas, A. (2014). Effects of Seven-Day Osho Dynamic Study.
Vyas, A (2007). Effects of Seven-Day Osho Dynamic Study, Psychological Science: Research, Theory and Future Directions, Atiner, 205.
Pfeifer, D. & Wolski, M. (2013). Aktive Meditation: Bewegung und Stille, Apeiron Akademie.

Teil II. 4.

Kamenetz, A. (2011). Meditate your way to a more creative mind, Fast Company, online verfügbar: http://www.fastcompany.com/1751573/meditate-your-way-more-creative-mind.
Sadler-Smith, E. & Levy, E. (2007). Developing Intuitive Awareness in Management Education. Academy of Management Learning & Education. Vol. 6, No. 2, 186-205.
Metzinger, T. (2009). Der Ego-Tunnel, Berlin Verlag.
James, William (1884). What is an emotion? Mind, 9, 188-205.
Strack, F.; Martin, LL.; Stepper, S. (1988). Inhibiting and Facilitating Conditions of the Human Smile. A nonobtrusive Test of the Facial Feedback Hypothesis, Journal of Personality and Social Psychology 54(5), 768-77.
Teper, R. & Inzlicht, M. (2014). Mindful individuals less swayed by immediate rewards, Emotion, 14(1), 105-114, online verfügbar: http://media.utoronto.ca/media-releases/mindful-individuals-less-affected-by-immediate-rewards/.
Kahneman, D. (2012). Schnelles Denken, langsames Denken, 22. Auflage, Siedler Verlag.
Siegel, D. (2007). The Mindful Brain. New York, USA: W. W. Norton & Company.
Teper, R. & Inzlicht, M. (2014). Mindful individuals less swayed by immediate rewards, Emotion, 14(1), 105-114, online verfügbar: http://media.utoronto.ca/media-releases/mindful-individuals-less-affected-by-immediate-rewards/
Gottman, J. (1998). Kinder brauchen emotionale Intelligenz: Ein Praxisbuch für Eltern, Heyne.
Wang, Y. & Yang, L. (2014). Suppression Impairs Subsequent Error Detection: An ERP Study of Emotion Regulation's Resource-Depleting Effect: Plos One, DOI: 10.1371/journal.pone.0096339, online verfügbar: http://www.plosone.org/article/info%3Adoi%2F10.1371%2Fjournal.pone.0096339.
Friese, M.; Messner, C.; Schaffner, Y. (2012). Mindfulness meditation counteracts self-control depletion: Consciousness and Cognition, 21(2) 1016-1022.
Creswell, J. (2012). Mindfulness-Based Stress Reduction training reduces loneliness and pro-inflammatory gene expression in older adults: Brain, Behavior and Immunity, 26(7), 1095-1111, online verfügbar: http://www.sciencedirect.com/science/article/pii/S0889159112001894%2020.
Harris, R. (2008). The Happiness Trap: How to Stop Struggling and Start Living: A Guide to ACT, Trumpeter.
Langer, E. (2014). Mindfulness, Merloyd Lawrence Books.
Langer, E. (2010). Counterclockwise, Hodder & Stoughton.

Ouspensky, P.D. (2013). Der Vierte Weg: Anleitung zur Entfaltung des wahren menschlichen Potentials nach G. I. Gurdjieff, advaitaMedia.

Krishnamurti, J. (2002). Einbruch in die Freiheit, Lotos.

Teil II. 5.

Schmidt, G. (2012). Liebesaffären zwischen Problem und Lösung: Hypnosystemisches Arbeiten in schwierigen Kontexten, 4. Auflage, Carl-Auer.

Wilson, T. (2014). Just think: The challenges of the disengaged mind, in Science, Vol. 345 no. 6192, 75-77.

Halm-Weber, D. (2012). Volksleiden Kopfschmerz: Meditation wirkt ähnlich gut wie Schmerzmedikament, rtl.de online verfügbar: http://www.rtl.de/cms/news/rtl-aktuell/volksleiden-kopfschmerz-meditation-wirkt-aehnlich-gut-wie-schmerzmedikament-204d3-51ca-32-1065438.html.

Kabat-Zinn, J. (2008). Gesund durch Meditation: Das große Buch der Selbstheilung mit MBSR, Fischer Taschenbuch.

Siegel, D. (2007). The Mindful Brain. New York, USA: W. W. Norton & Company.

Osho (2011). Ancient Music in the Pines: In Zen, Mind Suddenly Stops: New York, USA: Osho Media International.

Nass, C. (2013) im Interview mit Ira Flatow auf NPR, online verfügbar: http://www.npr.org/2013/05/10/182861382/the-myth-of-multitasking.

Hamilton, J. (2008). Think you're multitasking? Think again, NPR morning edition, online verfügbar: www.npr.org/templates/story/story.php?storyId=95256794.

University of Utah News Center, 29.6.2006. Drivers on Cell Phones are as bad as Drunks, online verfügbar: http://www.unews.utah.edu/old/p/062206-1.html.

Studie der Direct Line Versicherung, (2002). Handy-Gespräche am Steuer gefährlicher als Alkohol, online verfügbar: http://www.presseportal.de/pm/43258/335944/handy-gespraeche-am-steuer-gefaehrlicher-als-alkohol-britische-studie-im-auftrag-von-direct-line.

Stahl, S. (2013). „Das Handy in der Hand ist wie Alkohol im Blut" auf Motor Talk Auto News, online verfügbar: http://www.motor-talk.de/news/das-handy-in-der-hand-ist-wie-alkohol-im-blut-t4451062.html.

Stone, L.: What is Continuous Partial Attention? Online verfügbar: http://lindastone.net/qa/continuous-partial-attention/.

Nass, C. (2013) im Interview mit Ira Flatow auf NPR, online verfügbar: http://www.npr.org/2013/05/10/182861382/the-myth-of-multitasking.

Levy, D.; Wobbrock, J.; Kaszniak, D.; Ostergreen, M. (2012). The Effects of Mindfulness Meditation Training on Multitasking in a High-Stress Information Environment, Graphics Interface, online verfügbar: https://faculty.washington.edu/wobbrock/pubs/gi-12.02.pdf.

Teil II. 6.

Csíkszentmihályi, M. (2014). Flow: Das Geheimnis des Glücks: 17. Auflage, Klett-Cotta.
Csíkszentmihályi, M. (2004). Good Business: Great Britain: Coronet Books, Hodder & Stoughton.
Kahneman, D. (2012). Schnelles Denken, langsames Denken, 22. Auflage, Siedler Verlag.
Killingsworth, M. & Gilbert, D. T. (2010). A wandering mind is an unhappy mind. Science no. 330, 932.
Csíkszentmihályi, M. (2014). Flow: Das Geheimnis des Glücks: 17. Auflage, Klett-Cotta.
Hüther, G. (2011). Was wir sind und was wir sein könnten, Frankfurt: S. Fischer.
Osho (1995). Returning to the Source: Köln: Rebel Publishing House.
Bush, M.; Hunter, J.; Goleman, D.; Davidson, R.; Kohlrieser, G. (2013). Working with Mindfulness – Research and Practice of mindful techniques in organizations: More Than Sound.
Dewar, G. (2013). Right praise sets toddlers on path to success, posted am 6.2.2013, online verfügbar: http://blogs.babycenter.com/mom_stories/study-the-right-praise-sets-toddlers-on-the-path-to-success/.
Sorensen, S. (2013). Don't pamper employees – engage them, In: Gallup Business Journal, online verfügbar: http://www.gallup.com/businessjournal/163316/don-pamper-employees-engage.aspx.
Artikel in der Wirtschaftswoche vom 31.3.2014 online verfügbar: http://www.wiwo.de/erfolg/beruf/engagement-index-den-meisten-mitarbeitern-ist-ihre-firma-gleichgueltig/9693254.html.
Hanson, R. & Mendius, R. (2010). Das Gehirn eines Buddha, Arbor.
Joiner, B. & Josephs, S. (2007). Leadership Agility: San Francisco, USA: John Wiley & Sons, Inc.

Teil II. 7

Metzinger, T. (2009). Der Ego-Tunnel, Berlin Verlag.
Osho (2003). Leben, Lieben, Lachen: Köln: Innenwelt Verlag.
Gigerenzer, G. (2007). Bauchentscheidungen: Die Intelligenz des Unbewussten und die Macht der Intuition: 7. Auflage: München: C. Bertelsmann.
Raab, M. & Johnson, J. (2003). Take the first: Option-generation and resulting choices. Organizational Behavior and Human Decision Process, 91, 215-229.
Anand, M. (1995). Tantra: oder die Kunst der sexuellen Ekstase: Goldmann.
Hüther, G. (2012). Vortrag auf dem Entrepreneurship Summit 2012.
Gomez-Pinilla & F., Hillman, C. (2013). The influence of exercise on cognitive abilities: Comprehensive Physiology, 3(1), 403-428.
Gallwey, Timothy (1986). The Inner Game of Tennis: New York, USA: Macmillan.
Basho, M. (2009). Hundertundelf Haiku: Gedichte: S. Fischer.

Gigerenzer, G. (2007). Bauchentscheidungen: Die Intelligenz des Unbewussten und die Macht der Intuition: 7. Auflage: München: C. Bertelsmann.

Epilog

Kabat-Zinn, J. (2005). Wherever you go, there you are: Mindfulness Meditation in everyday life (Rough Cut), New York, USA: Hyperion.

Die Autoren

Karolien Notebaert
ist promovierte Neurowissenschaftlerin und leitet „Notebaert Consulting", ein Unternehmen, das sich darauf spezialisiert hat, neueste Erkenntnisse aus der Hirnforschung für andere nutzbar zu machen. Zudem arbeitet sie als Senior Faculty an der Goethe Business School Frankfurt und ist Dozentin am Management Institut St. Gallen, wo sie im Bereich Executive Education (Leadership Development) arbeitet.

Peter Creutzfeldt
ist Gründer von „Working in the Zone" und begleitet jedes Jahr rund 1.000 Führungskräfte als Development Professional und Coach in Teamentwicklungsmaßnahmen und im Mindful Leadership. Dabei greift er auf seine eigene 15-jährige Führungserfahrung zurück und verhilft damit Entscheidern aus Hochleistungsorganisationen zu einer „Mindful High Performance".

Sibylle Gerbers
ist gelernte Bankkauffrau und Bankbetriebswirtin. In ihrer 20-jährigen Tätigkeit in den verschiedenen Bereichen des nationalen und internationalen Kreditgeschäftes hat sie ein fundiertes Wissen des Bank- und Finanzwesens erworben. Nach dem Umzug der Familie begann sie 2012 das Psychologiestudium an der Goethe-Universität, Frankfurt, das schnell zur fesselnden Herausforderung wurde. Im März 2016 schloss sie das Bachelorstudium ab und arbeitet an ihrem Masterabschluss.